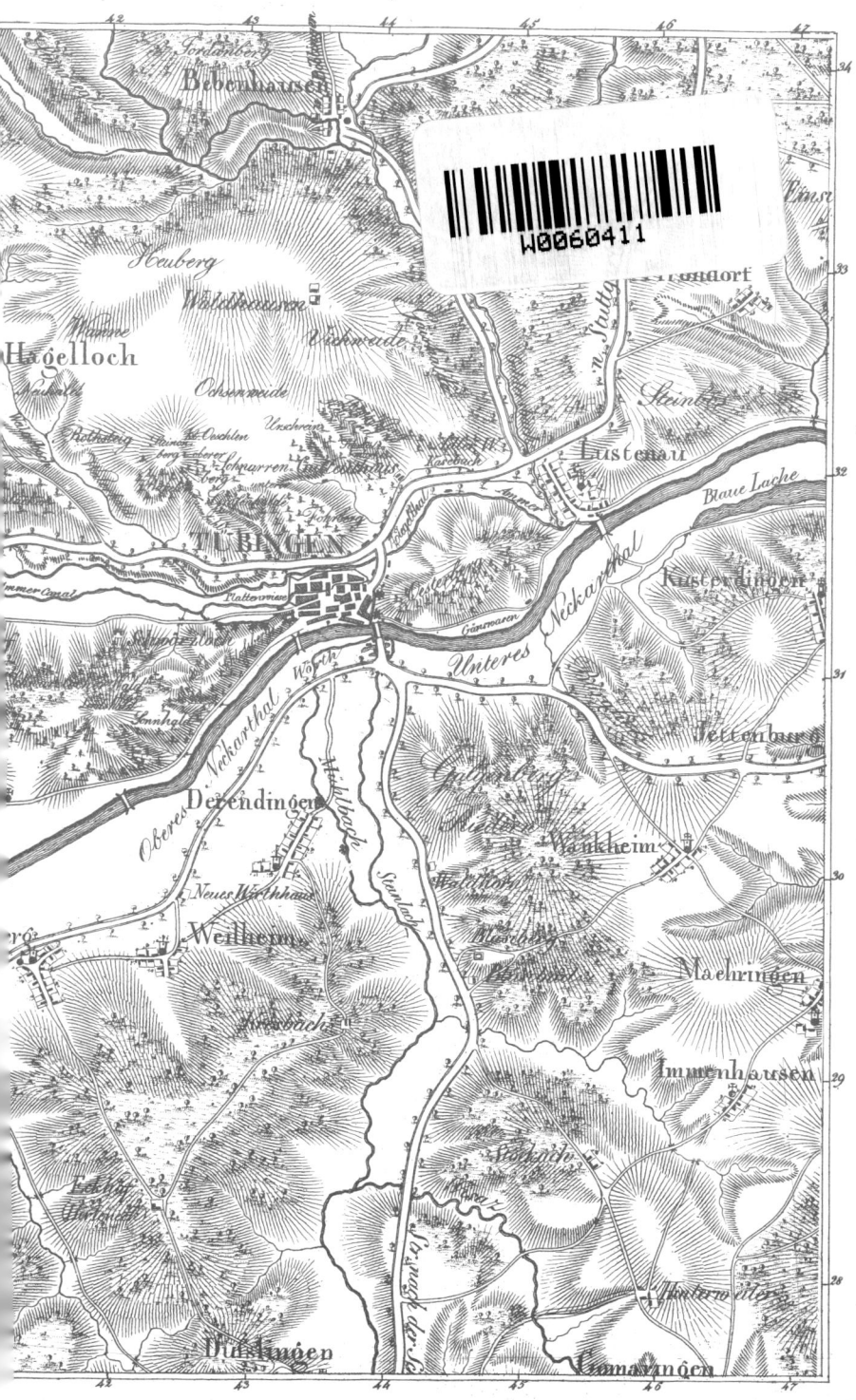

Martin Kazmaier

Tübinger
Spaziergänge

Neske

Alle Rechte vorbehalten. © Verlag Günther Neske Pfullingen 1977
Schutzumschlag: Tübingen um 1860 nach einer Litographie von Carl
Friedrich Baumann. Satz u. Druck der Druckerei Scheel in Fellbach.
Reproduktionen der Graph. Kunstanstalt Willy Berger, Stuttgart.
Gebunden bei der Großbuchbinderei Heinr. Koch in Tübingen.
Printed in Germany. ISBN 3 7885 0071 9

INHALT

ERSTER SPAZIERGANG

GESELLIGES WANDELN IM SONNTAGSSTAAT

Als Osterspaziergang ist die Szene »Vor dem Tor« aus Goethes Faust allbekannt. »Vom Eise befreit sind Strom und Bäche«, wird schon mancher gebildete Tübinger Osterspaziergänger zur geputzten Begleiterin gesagt haben, um Spaziergangs-Stimmung literarisch abzusichern und um – bei dieser allgemeinen Befreiung – seinen eigenen Gefühlen etwas freieren Lauf zu lassen.

»Spaziergänger aller Art« sind bei Goethe unterwegs. Handwerksbursche ziehen zum Jägerhaus, Bürgermädchen tuscheln über ihren Schatz, Schüler, Soldaten –, und allen spukt Frühlings-Gefühl im Kopf herum, »kurtessieren«, »karessieren«, »poussieren«, kurz »spazieren«, das sich freilich auch im Saufen und Händeln entladen kann. Nur die Bürger sprechen von Bürgeranliegen, sie politisieren, denken an den neuen Bürgermeister, an die Steuern und an das Gläschen Wein. Faust und Wagner gehen bis zum Dorf. »Juchheisa! Heisa! He!« klingt es vom Tanzboden, der Hochgelahrte mischt sich unters Volksgedränge, und weiter geht's, hinauf zu einem Stein. »Hier wollen wir von unserer Wandrung rasten«, spricht Faust zu Wagner und blickt grübelnd zurück auf Dorf und Leben.

Die beiden Wissenschaftler machen also eine kleine Wanderung, mischen sich unter Spaziergänger – ein eigentlicher »Osterspaziergang« ist es nicht, kein Sonntags- und Fami-

lienspaziergang, der seine eigenen Gesetze und Erscheinungs-
formen hat. Wo das berühmte Ostergewimmel zu denken ist,
erfährt man nicht. Doktor Faust könnte auch in Tübingen gewohnt haben, auf dem Wöhrd (über der Neckarbrücke) Spaziergängern aller Art, ländlichem Tanz und Volksgedräng' in
Derendingen begegnet sein und schließlich seinen Gedanken
auf dem Bläsiberg nachgehangen haben. Oder: über Schwärzloch auf den Spitzberg, über Lustnau auf den Österberg.
Denn solche Spaziergänge »vor dem Tore«, die heute kaum
noch aus dem Stadtgebiet herausführen, gab es im alten Tübingen nach allen Richtungen der Windrose.
Goethe schrieb den »Osterspaziergang« um 1800. Sein Werk,
seine Tagebücher, seine Erholungsgewohnheiten würden eine
Kulturgeschichte des Spazierganges in der Goethezeit ergeben. 1797 ging er auch in Tübingen spazieren. Auf der
Schweizerreise wohnte er bei seinem Verleger Cotta in der
Münzgasse, gab über die engen Verhältnisse der Universi-
tätsstadt ein wenig schmeichelhaftes Urteil ab und entzog sich
der Enge auch zugleich durch die Ersteigung der beiden
»Hausberge«.
Den Schloßberg am 7. September 1797, den Österberg am
8. September, ohne daß er sich übrigens bemüht hätte, die
Namen der Berge festzuhalten, nicht einmal für die vom
Österberg aus betrachtete Alb prägt er sich den ortsüblichen
Namen ein. »Höhere Berge in ernsthafter Reihung« lautet die
Umschreibung, und nur die Ammer darf sich mehrfacher Na-
mensnennung schmeicheln. Der Dichter war auf seinen Gän-
gen nie allein, sondern auf dem Schloßberg Gast bei Dr. Gme-
lin, auf dem Österberg bei Professor Ploucquet.

Dem mittelalterlichen Städtchen konnten viele bis in die Mitte
des vergangenen Jahrhunderts nicht allzuviel abgewinnen:
Fachwerkgiebel galten ihnen als schief, und krumme Gäß-
chen nicht als malerisch. Schon Friedrich Nicolai – er kam
1781 auf seiner Reise durch Deutschland und die Schweiz

nach Tübingen – erlebt die wirre Enge des Städtchens im Gegensatz zu einer geraden Allee, durch die der Wagen im Sternenlicht fuhr. Man übernachtet in Tübingen, »wo wir« – so schrieb er – »nur so viel sehen konnten, daß die Straßen bergicht und uneben, und die Häuser sehr schlecht (= schlicht) gebauet sind, wobei uns die Bemerkung anschauend ward, daß Wissenschaften und Zufriedenheit auch in krummen Straßen und schlechten Häusern wohnen können«.

Auch der Pfarrer Max Eifert aus Calmbach bei Wildbad, dessen »Geschichte und Beschreibung der Stadt Tübingen« 1849 erschien, macht einen Spaziergang durch Tübingen – mit ganz anderen Eindrücken, als man sie von einem heutigen Führer hören würde. Die Stiftskirche liege »an Schönheit der Bauart und an Reichtum weit hinter den Kirchen mancher unwichtigeren und kleineren Stadt zurück«. Der Chor gehe ja noch, aber nach Westen nehme der Bau, mit seinen Turmansätzen wie »unerfüllte Versprechungen«, an Geschmack ab, bis hin zum »ganz charakterlosen Turm«. Diese Ungeratenheit der Stiftskirche überwiegt in den Augen des Chronisten, »so schön die Stätte ist, welche sie einnimmt«.

Der Pfarrer bedauert also offensichtlich, daß man einen landschaftlich reizvollen Punkt mit dieser Kirche verbaut hat – er schreibt als Spaziergänger. Auch das Stift bietet nach Eifert »nichts besonders Sehenswertes«. Der Klassizist Eifert wandert weiter, hinauf zum Schloß, erlebt endlich das Portal wie einen renaissance-ornamentierten Rahmen, Vorbereitung für die schönen Blicke vom Observatorium.

Der Betrachter wendet sich in alle Richtungen und kann da und dort einen »Reichtum an romantischen Stellen ahnen«, die es auf Spaziergängen zu erreichen gilt. Die Zeit kündigt sich an, in der allenthalben jene mehr oder weniger schönen Konstruktionen, die Aussichtstürme, gebaut werden, auf denen sich, am Ziel eines Spaziergangs angekommen, das Lied des Türmers deklamieren läßt.

Die enge, düstere Stadt, die freundliche Umgebung, die mit Beiwörtern wie »reizend« und »lieblich« überschüttet wird, als Trost und Gegengewicht – dieser Kontrast findet sich in vielen Tübingen-Erinnerungen des vergangenen Jahrhunderts. Rosalie Braun-Artaria, deren Mann in Tübingen – schließlich vergeblich – auf eine archäologische Professur wartet, schreibt rückblickend (1861 zog das Ehepaar nach München): »Vielleicht wäre es mir bei längerem Aufenthalt geglückt, auch die besten Seiten der Stadt und ihrer Bewohner kennen zu lernen«; und dabei nennt sie zunächst »die schönen Gänge im Sommer auf den Bergen, wie unter den uralten Lindenalleen am Neckar«.

»Aus grauer Städte Mau-au-ern, ziehn wir in Wald und Feld« ...»Im Frühtau zu Berge wir ziehn, fallera ...« Wer solche Hintergrunds-Chöre hört, hat sich geirrt, denn der bürgerliche Spaziergang hat eine andere Geschichte als das Wandern, und wären sich die letzten Spaziergänger und die ersten zünftigen Wanderer begegnet, hätten sie sich verständnislos betrachtet. Sie haben nur eins gemeinsam: daß sie sich, außerhalb des Hauses, zu Fuß fortbewegen – doch schon ihr Schritt ist anders.

Max Dauthendey erzählt in den Erinnerungen an seinen 1819 geborenen Vater, dieser habe ihm noch das Fenster gezeigt, an welchem sein Vater, ein Aktuar, »mit Rauchen und Lesen seine Mußestunden verbracht hatte, denn Spazierengehen kannte man in der Großväterzeit noch kaum. Die Leute sahen zum Fenster hinaus, wenn sie sich Luft und Erholung gönnen wollten«. Und dieses Fenster, das muß man bedenken, ging meist auf die Straße.

Ab wann ging man spazieren? Freilich wurde das Spazierengehen von niemand erfunden, und trotzdem gehört es, als bürgerlicher Familienspaziergang, zu einer bestimmten Zeit. Man erging sich auch schon früher im Garten außerhalb der Mauern. Hofmannsthals »Jedermann« beschäftigt sich mit

Bürgerliche Tafelrunde
auf der Wielandshöhe
um 1835

seinem Lustgarten, und schon das mittelalterliche Burgfräulein hat wohl einmal den Weg um das heimische Gemäuer gemacht und erstaunt ins Tal hinab gesehen.

Natürlich ging man schon lange in die Weinberge und sah sich die Fluren an, auch wenn es nichts zu tun gab. Sowohl die Geometrie der Parkanlagen als auch der verschlungene Pfad des englischen Gartens wollte ergangen sein. Jägersleute, Landleute, Weingärtner, Wanderburschen zieren die Waldränder auf vergilbten Stichen, andere sind mit Körben auf dem Feld, und Burschen und Mädchen eilen zum Tanz – doch das alles ist eben kein bürgerlicher Familienspaziergang.

Neben dem sonntäglich-bürgerlichen Familienspaziergang – den wir jetzt nur noch »Spaziergang« nennen wollen, gab es viele andere Arten, sich allein oder zu mehreren im Gelände zu bewegen. Gerade in Tübingen, der engen Stadt mit lockender Umgebung, sind alle Formen zu belegen, alle nach Zeit, Ort und Umständen – und Kleidung! – zu klassifizieren: Der studentische Spaziergang (zum Waldhörnle, ins Bläsi- oder Pläsierbad), als freies Schweifen oder mit der Wirtschaft als Ziel, zu Wasser, zu Pferd oder zu Lande, sonntags oder donnerstagnachmittags, am Dies academicus, mit Sonderformen wie Spuz und Tanz.

Den studentischen Spaziergang gibt es auch als einsame Wanderung, in jugendlichem Gefühl, als Drang, »manche Stunde bei Tag und Nacht, bei Sturm und Sonnenschein, in Berg und Tal einsam umherzuschweifen«, »unbekümmert um die Kritik der Freunde«, wie Karl Gerok, Liebhaber solcher Wanderungen, anmerkt. Wäre Gerok auch in Mannesjahren in Tübingen geblieben, hätten sich seine einsamen Wanderungen vielleicht zum Gelehrtenspaziergang geläutert, wie Ludwig Uhlands und Karl Mayers Spaziergänge den Wöhrd hinaus, und schließlich gab es auch damals schon Wanderungen, die im allgemeinen weiter führen als die Spaziergänge. Freilich hatten Reise und Wanderung in den Tagen Heines und Eichendorffs, der Handwerker auf der Walz und der Jünglinge in altdeutscher Tracht eine ganz andere Bedeutung.

Doch ein Spaziergang ist nichts, was sich in Metern fassen läßt, eher an bestimmten Merkmalen. Vor allem ist er ein geselliges Vergnügen bürgerlicher Familien an Sonntag-Nachmittagen. Es können sich auch – biedermeierliche Lithographien geben die Beispiele – Herren in ernstem Gespräch ergehen, oder gar Damen, doch diese selten allein. Selbst wenn sie paarweise wandeln, haben sie gerne Gießkännchen, Sonnenschirme oder kleine Kinder bei sich, die sie spazieren führen; insgesamt also Gegenstände, die zeigen, daß sie nicht den Gefühls-Erregungen klatschender Mägde verfallen sind, die den Weg zur Arbeit als Spaziergang nützen.

An sich war es ja kühn, von allen beobachtet unbeschäftigt herumzugehen. In der Woche hätte man sich gefragt, ob diese Leute nichts zum »Schaffen« haben. Daher ist die Zeit solcher Spaziergänge auf den Sonntag-Nachmittag eingeschränkt. Daß man im »Sonntagsstaat« spazierenging, schränkt sie räumlich ein, denn wenige Wege waren dafür geeignet.

Vielfach war ein »Besüchle« das Ziel eines solchen feierlichen Ausmarsches, oft auch eine kleine Einkehr. Ökonomische Väter führten die Familie jedoch lieber zu Aussichtspunkten, wobei die Erklärungen dessen, was sich dort bot, im Laufe des Jahrhunderts wohl immer detaillierter wurden. Das Ziel, das man aber immer im Auge behielt, war die eigene Haustür; dort galt es, unbeschädigt wieder anzukommen, undurchnäßt und ohne daß sich der kleine Liebling ein Loch in die Hosen fiel. Er durfte nämlich, sei es mit Steckenpferd oder Schmetterlingsnetz, die Freiheit unter freiem Himmel, stellvertretend für die Familie, mehr darstellen als erleben.

So war der Spaziergang eine Fortsetzung des geselligen Verkehrs der bürgerlichen Familien untereinander, mit anderen Mitteln. Er erlaubte Repräsentation ohne größeren Aufwand, ohne daß man dazu in die gute Stube mußte. Man konnte ein bißchen schwätzen, ohne gleich etwas anbieten zu müssen. In Ausnahmefällen konnte man sogar seinen Bekanntenkreis erweitern, freilich nicht unvermittelt, irgendwie mußte man in eine gemeinsame Lage gekommen sein, und sei es, daß zwei Familienväter ratlos waren, wie der Vogel hieß, der dort im Zweige sang.

Die Stadt habe außer Stiftskirche, Stift, Schloß wenig »des Schönen und Merkwürdigen«, schrieb Pfarrer Eifert, und wir sahen, daß er selbst diesen Merkwürdigkeiten wenig Begeisterung entgegenbringt. Freilich ist die Stadt damals klein, um 1800 hat sie weniger Einwohner als die Hälfte der heutigen Studentenschaft. Lohnender sei »ein Gang durch ihre Umgebung, die voll von Reizen ist, und zu den schönsten des Schwabenlandes mit Recht gezählt wird. Sei es uns gestattet, auch hierfür uns zum Geleitsmann anzubieten.«
Wir nehmen sein Geleit gerne an, nachdenkend darüber, daß die Stadtbeschreibungen im vergangenen Jahrhundert meist als Beschreibung von Spaziergängen gegeben sind, anders als heute, wo ein Dia »Stiftskirche« vor dem geistigen Auge erscheint und dann Erläuterungen dazu folgen, falls es sich nicht gleich um Befehle handelt, zu welchen Punkten des Stadtplan-Monopolis vorzurücken sei. Doch lassen wir den höflichen Führer nicht zu lange warten.
Zunächst geleitet er an die Orte, an denen eine heute ziemlich unbekannte Art des Spazierengehens gepflegt wurde, bei der man auf beschränktem Raum, auf »angelegten Lustwegen«, gemessenen Schrittes auf und ab ging. Nicht einmal die »Platanenallee« kann, wegen ihrer Fortsetzung über das »Seufzerwäldchen« hinaus, die rechte Vorstellung von jenem Auf und Ab geben, das heute nur noch in Theaterhallen und Kurbädern üblich ist, und daher der Jugend unbekannt.
»Außerhalb der Stadt und am Eingang der neuen Wilhelm-Straße ladet zuerst das Museum zu einem Besuche ein, erbaut

Im Botanischen Garten
um 1830

im Jahr 1821 ... Hinter demselben aber breitet sich der Botanische Garten aus, angelegt seit 1805 auf dem früheren Tummelplatz des Collegiums, und seit 1829 erweitert durch den ehemaligen Gottesacker. Der Garten, für die Wissenschaft in reichem Maße ausgestattet, bietet mit seinen lieblichen Baumpartien und trockenen Kieswegen für die schöne Welt in Tübingen einen angenehmen Spazierplatz besonders in den Tagen des ersten Frühlings.« Nach den Beschreibungen der Zeit ähnelte er damals ganz einer Kurpromenade: Ruhebänke, Palmkübel, plaudernde Damen, Dienstmädchen mit »besseren« Kindern und würdig wandelnde Greise. Dazu das leise Knirschen der Kieselsteine.

ZWEITER SPAZIERGANG

GELEGENHEIT ZUM GENUSS

»Ja wahrlich, die Stadt Tübingen, die außer schönen Kunst-
bauten aus alter und neuerer Zeit auch noch durch herrliche
Spazierwege und lauschige Ruheplätzchen in dem botanischen
Garten und in den einzigartigen, domgewölbten Alleen dem
Besucher die bequemste Gelegenheit zum Genuß reizvoller
Naturschönheiten darbietet, sie kann sich mit allen anderen
Musenstädten Deutschlands wohl messen. Dazu ist aber auch
die nähere und weitere Umgegend der Stadt durch ihre besonders schöne Lage überreich gesegnet mit schönen Aussichtspunkten und anmutigen Naturbildern, die sich auf den
luftigen Höhen und herrlichen Bergen, in den nahen Wäldern
und lieblichen Tälern dem Wanderer darstellen, und die wir
nun in den folgenden Blättern näher beschreiben wollen.«
So beginnt Carl Walz seine Beschreibung »Tübinger Spaziergänge und Ausflüge« (1910). Wie bei allen Beschreibungen
des vergangenen Jahrhunderts, klingt auch hier noch eine
feine Einteilung in kleine Spaziergänge (man könnte sie Promenaden nennen), in mittlere oder eigentliche Spaziergänge
und kleine Ausflüge an. Wir wollen hier über die Ziele des
bürgerlichen Sonntagsspaziergangs nicht hinausgehen, und
für eine gutangezogene Bürgersfamilie des 19. Jahrhunderts
ist Bebenhausen als Ziel des Spazierens meistens schon zu
weit.

Die nächste Promenade bot der 1805 angelegte und 1829 erweiterte botanische Garten, der Frühlings-Spazierplatz der »schönen Welt«. »Ein weiterer, schön angelegter Garten, dessen Zutritt ebenfalls gestattet ist, liegt hinter dem neuen Universitätsgebäude«, meldet die Oberamtsbeschreibung von 1867. Wo sich heute hinter der Universität der Verkehr staut, umgab dieses »Silcherwäldchen« einen dem Dichter-Komponisten gewidmeten Obelisken. Auch die übrigen klassizistischen Bautrakte hatten lauschige Vorgärten. Wo man heute durch Verkehrsampeln zum »Verweilen« gezwungen wird, spazierten einmal an schönen Abenden die Bürger, um sich von städtischer Enge zu erholen.

Eine andere beliebte Promenade war die alte Lindenallee: »Diese herrliche Halle gab Gelegenheit zu Spaziergängen im Schatten«, schreibt Max Eifert. Außer dieser Lindenallee, der beliebtesten Sommerpromenade, »war kein eigentlich angelegter Lustweg um Tübingen her, so reich freilich seine Umgebungen an kunstlosen Spaziergängen allezeit waren«.

Das Alleengebiet am Neckar, das alte Spazier- und Festgelände der Tübinger, hat seine eigene Geschichte; ein naher Dichterhain, und doch, da durch den Neckar von der Stadt getrennt, ein wenig fern: Uhlands, Silchers und Ottilie Wildermuths wird durch Denkmäler dort gedacht.

Der spätere Führer durch die »Musenstadt Tübingen« (1904) besingt die Lindenallee als »den vielfach erneuerten Wandelgang der Alten, den luftigen Spielort der Kinder, den prächtigen Festplatz der akademischen Jugend«. Kommerse, Waterloofest, Maifeste wurden dort gefeiert. Weitere Alleen, die Platanen-, Akazien- und Kastanienallee wuchsen herauf und mußten teilweise schon wieder weichen. 1902 wurde in der bahnhofnahen Kastanienallee zum erstenmal ein Kinderfest gefeiert. Heute erinnert nur noch ein kleiner Spielplatz, nahe der Straße, an den »luftigen Spielort der Kinder« – die Kastanien sind alt, ihre Reihen gelichtet, ihre Äste gestutzt; auch

dieser Wandelgang muß wieder erneuert werden – und wie-
viele »Kinder« von damals erinnern sich wohl noch an dieses
Kinderfest?

Daß ein Kind in den Anlagensee fiele, war dabei übrigens
nicht zu befürchten. Was viele wundern mag: der See wurde
erst 1908 in großstädtischer Eile gegraben, mit ausgewachse-
nen Bäumen umpflanzt und dem Schutze des Publikums übergeben, und seitdem spiegelt sich Danneckers Gogen-Witz-
umrankte Nymphengruppe in den niederen Wassern.

Das Lustrevier der Tübinger hat eine alte turnerisch-ertüch-
tigende Tradition, die weit hinter die Sportplätze, die Gym-
nasien mit ihren Turnhallen zurückreicht. Wo heute Bahn-
geleise sind, war die »Badschüssel«, die akademische
Schwimmanstalt mit ihrem Professorenhäuschen (1850 bis
1908). »Zwei Menschengeschlechter schulden ihr ein dankbares Andenken«, resümierten die »Tübinger Blätter« bei ihrem Verschwinden.

Wenn man auf der Neckarbrücke stand und sich noch für keinen Spaziergang entschieden hatte, kamen noch andere Wege
in stiller Gartengegend in Frage. Nahziele sind »ferner die
stillen, zwischen schönen Gärten hinführenden Straßen tal-
abwärts zwischen dem Österberg und dem Neckar, am Philo-
sophenbrunnen vorbei, oder talaufwärts am südlichen Fuß
des Schloßbergs hin« – also die Gartenstraße und die Neckarhalde.

Schon um 1900 konnte man talauf- und -abwärts eine Lehrwanderung in Architekturgeschichte machen, denn in der
Neckarhalde und in der Olgastraße entstanden die Häuser im
unverkennbaren Stil der Jahrhundertwende, die trotzdem An-
leihen bei allen Epochen der Vergangenheit machten. »Nek-
karblick«, »Berghaus«, »Luginsland« hießen sie, um nur einige Anwesen an der Neckarhalde, der »Tübinger Riviera«,
zu nennen.

Verlassen wir das Gebiet der »angelegten Lustwege« und suchen einige kunstlose Spazierpfade auf. Nicht, daß es im vergangenen Jahrhundert »Spazierkunst« und »Spazierkünstler« gegeben hätte – die »kunstlosen« sind einfach die, welche nicht auf kunstvoll angelegtem Wege verliefen. Sie führen in alle vier Himmelsrichtungen: zum Schloß- und Österberg, zum Schönbuch und zum Fuße der Alb.

Im Unterschied zu den »Promenaden« auf angelegtem Spazierweg haben diese Spaziergänge Ziele, auch wenn es ganz kleine sind: eine Bank, ein schöner Blick, ein schönes Plätzchen oder der Schatten eines Wirtshausgartens (an dieser Stelle bedürfte die Phantasie des Lesers einer sommerlich-atmosphärischen Stütze, um die Wonne des schattigen Zieles nachzuempfinden). Gehen wir »von der Neckarbrücke den Wöhrd hinauf aufs Schloß«, wie Max Eifert empfiehlt, das heißt: durch die Platanenallee und dann über die Alleenbrücke.

Dieser Aufstieg konnte schon Anlaß für eine Einkehr in der Schloßwirtschaft sein, die unser Bild zeigt. Diese Wirtschaft ist von Mörike und vielen anderen besungen worden. »Des Schloßküpers Geister zu Tübingen« ist Mörikes Gedicht (1837) überschrieben. Zwischen ihm und unserem Bild liegen wohl sieben Jahre, und Mörikes »Ballade, beim Weine zu singen«, eine Phantasie auf die alte »Burschenherrlichkeit« ist ein Spaziergang in die Vergangenheit: »Ins alten Schloßwirts Garten / Da klingt schon viele Jahr kein Glas; / kein Kegel fällt, keine Karten, / Wächst aber schön lang Gras.«

Wie es mit solchen vor allem von einer Clique besuchten Lokalen heute noch geht: eine Zeitlang traf man sich täglich dort, hielt die »Schloßküferei« für den schönsten Ort der Welt, und bald darauf wurde ein anderes Lokal mit allen Vorteilen entdeckt, und man zog weiter. Als Hermann Kurz

Wirtschaft auf dem Schloß
zu Tübingen
um 1830

Mörikes Gedichte zur Ausgabe von 1838 ordnete, erinnerte er sich: »Ich habe zu meiner Zeit« – er hatte das Stift gerade drei Jahre verlassen! – »diese Kneipe als meine ›Insel Felsenburg‹ entdeckt, mehrere Gedichte dort geschrieben, und zuletzt einigen guten Freunden den ›Falstaff‹ vorgelesen. Danach kam der Ort wieder in die Mode und war namentlich den Schloßpredigern sehr gelegen, wie ich denn auch manchmal den Geist dort empfangen habe.« Kurz, von seinen Stiftsgenossen »das blaue Genie« genannt, ein Spitzname, der auf seine Gewandung zurückgeht, war ein äußerst eigenwilliger Stiftler, der es später nicht in Pfarrherrnenge aushielt und für seine Unbotmäßigkeit auf dem Schloß – als Bibliothekar – Buße tun mußte.

Man kann übrigens in Mörikes Gedicht Anklänge an Wilhelm Hauffs »Phantasien im Bremer Ratskeller« entdecken. Sie waren 1827, im Todesjahr Hauffs (geb. in Stuttgart 1802) erschienen. Vor einem Erzähler, der Auerbachs Keller genausogut kennt wie E. T. A. Hoffmanns Spukgeschichten, tut sich in diesem Ratskeller um Mitternacht eine verriegelte Tür auf, Geister stellen sich ein, Trinklieder erschallen, die Szene wird zum Bacchanal. Bevor allerdings der nächtliche Spuk in dieser »Gedächtnisnacht« im Schoße der Erde so richtig losgeht, gleich nachdem ihn der Ratsdiener mit drei Flaschen und neun Kerzen alleingelassen hat, überfallen den Zecher die Erinnerungen an die »Rosentage« seiner Jugend. Erinnerungen an Tübingen, denn Wilhelm Hauff wuchs in der Haaggasse im Schatten des Schlosses auf, wo sich die verwitwete Mutter ein Haus gekauft hatte: »Tauchet auch ihr auf, aus dem Nebel verschwundener Jahre, ihr Mauern des alten Schlosses. Wie oft dienten deine halbverfallenen Gänge, dein Keller, dein Zwinger, deine Verließe der fröhlichen Schar zum Tummelplatz ihrer Spiele! Soldaten und Räuber, Nomaden und Karavanen! Wie wohl war uns oft in der untergeordneten Rolle eines Kosaken, während andere – Generale, Platow, Blücher, Napoleon und dergleichen vorstellten und sich prügelten? Ja, waren wir nicht zu Zeiten sogar ein Pferd, dem Freunde zu gefallen? O Himmel, wie schön ließ es sich dort spielen!«

Auch mit Wilhelm Hauff könnte man in Tübingen spazierengehen. Hinter seinem Gedicht »Sehnsucht« steht ein Morgen, ein Mittag, ein Abend und eine Nacht in Wöhrd-Gefilden. In den Memoiren des Satans studiert der Satan selbstverständlich in Tübingen, und wird in der »Kurzei« an der alten Lustnauer Straße ins Burschenbrauchtum eingeweiht.

Doch wir wollen nicht mehr von seinem Jugendspielplatz zum Ort der Burschenherrlichkeit hinabsteigen. Nicht einmal zum gedenktafelgeschmückten Haus in der Haaggasse. Wir bleiben auf dem Schloß. Für Uhland, Hauff, Mörike und sogar schon für Hölderlin (»Burg Tübingen«) wurden die ruinösen Gemäuer zu Kulissen für poetische Ritterphantasien.

Die dichtenden Jünglinge waren jedoch auch im vergangenen Jahrhundert nicht allein die Herren des Schlosses. Wie heute noch, war es zugleich Studienort und Ziel von Spaziergängern, die müßig in die Ferne blickten oder unter der Schloßlinde auf Tübingen hinabträumten. Nur die Leute, die mit dem Gesangbuch durchs Tor kamen, um die Kandidaten in der Schloßkirche zu hören, und die Studenten und Dozenten, die die Bücherbestände der Universität benutzen wollten, fehlen im heutigen Bild. Denn 1819/20 war neben vielfältigen Sammlungen die Universitätsbibliothek im Schloß eingezogen. Der Weg von der damaligen Universität war nicht weit. Doch trotz »Schloßküferei« und Kegelbahn mag das Schloß, das nun so viele Stätten des Fleißes beherbergte, etwas vom wilden Reiz von Hauffs halbverfallenem Jugend-Tummelplatz eingebüßt haben. Den Bücherbeständen zuliebe wollte der Oberbibliothekar Adalbert Keller 1847 sogar die Galerien abreißen lassen: »Die Galerie, so wie sie ist, hat aber für die Bibliothek unbestreitbare Nachteile. Einmal führt von derselben eine Reihe von Fenstern in die künftigen Bibliothekssäle und ein Einbruch von dieser Seite wäre auf das allerleichteste zu bewerkstelligen. Sodann ist die Galerie von jeher, namentlich an Sonn- und Feiertagen der Tummelplatz für Müßiggänger und mutwilliges Gesindel gewesen, wobei durch Tabakrauchen, Feuerexperimente und anderen Unfug die Bibliothek in Gefahr kommen könnte.«

Wenn man das liest, stellt man sich den Tübinger Schloßhof um die Mitte des vergangenen Jahrhunderts ähnlich wie einen heutigen Bahnhof vor: Treffpunkt in einer Stadt, deren Behäbigkeit viele ausschließt. Schließlich wurde der ganze Rittersaal zum Bibliotheksraum: »Die Geschichte von Hohentübingen ist an einem Wendepunkt angelangt. Bald schlägt die Stunde, wo die Universitätsbibliothek ihr neues Heim bezieht. Mögen die von ihr verlassenen Räume eine dem Alter und der Bedeutung des Schloßes würdige Verwendung finden.« Diesen frommen Wunsch sprach der Chronist 1906 aus. Inzwischen ist das neue Heim der Bibliothek schon wieder zu klein geworden, und immer noch wurde keine würdige Verwendung für den Saal gefunden. Wo »zierliche Schriften, in gläsernen Kästen verbreitet« auf die Studenten warteten, zittern heute die Fensterscheiben bei einfallslos dekorierten Faschingsbällen. In den Nischen, wo Gips- und Bronzeabgüsse antiker Statuen, Mumien und andere Altertümer die Studierenden belehren und erfreuen sollten, kochen dann rote Würste, werden Bierkrüge gefüllt, und die würdige Verwendung des Saales ist immer noch nicht gefunden.
Doch zurück ins Freie. Bleiben wir auf dem Schloßberg, diesem alten Tübinger Spazierberg, der im späten 19. und im frühen 20. Jahrhundert immer mehr Attraktionen bekam. In der Zeit, in der hier die Verbindungshäuser gebaut wurden, spazierte man zunächst zur Lichtenberger Höhe, bewunderte den Bismarckturm und seine Anlagen, ging dann zum Spitzberg und kehrte schließlich – wenn man nicht die Wanderung zur Wurmlinger Kapelle machen wollte – in Tübingens neuem Höhen-Zoo ein. »Ein sehr beliebter Ausflugsort ist der seit

einigen Jahren angelegte Tiergarten des Eugen Mannheim
mit guter Wirtschaft und schönem Tierbestand. Eintritt für
Erwachsene 30 Pfennig, für Kinder 10 Pfennig. Das ganze
Jahr geöffnet. Der Garten ist in außerordentlich gut geschütz-
ter Lage angelegt und sehr sehenswert. Die Aussicht von der
Glasveranda des Wirtschaftsgebäudes ist ganz hübsch.« In
der zweiten Ausgabe des Wanderführers fehlt der »schöne
Tierbestand«.

»Ich mußte nämlich schon am dritten Tag einrücken«, erzählte mir Eugen Mannheim, den ich kurz nach seinem 93. Geburtstag besuchte, in seinem Haus in der Goethestraße. Sein
Tiergarten war eine weitbekannte Attraktion; für den Bestand hat man immerhin in der Woche »zwei bis drei Pferdle
geschlachtet«. Eugen Mannheim, in der Kornhausgasse geboren (Vater und Großvater waren Förster in Kreßbach), kam
auf den Gedanken, einen Tiergarten auf seinem Grundstück
anzulegen, als in Stuttgart Nills Tiergarten schloß. Von ihm
übernahm er Käfigmaterial und Gartenmöbel. Die Käfige
mußten schon etwas aushalten: Elefanten, Löwen, Bären gab
es auf dem Spitzberg. Später züchtete Herr Mannheim immerhin noch Meerschweinchen, ein Gockel krähte, als ich bei ihm
war – doch hinter dem Haus. An den Wänden seiner Stube
hingen Diplome für Tauben- und Kaninchenzucht.

»In den schön eingerichteten Lokalen können wir uns nun an
Küche und Keller Herrn Mannheims, die kein geringeres Lob
als sein Tiergarten verdienen, gütlich tun.« Herr Mannheim
tat sich, als er diese Beschreibung von damals zeigte, an seinem eigenen Most gütlich und dachte zurück an die Zeit, als
beim Spitzberg die Walzerweisen der »Lustigen Witwe« aus
einem Riesengrammophon erklangen und man spät und be-
glückt, mit Blasmusik und Lampions, ins Städtle zurückspa-
zierte. Auch Eugen Mannheim ist nun tot. Sein Haus in der
Goethestraße verleugnet seinen ländlichen Charakter, und
das Echo des heiseren Hahnenschreis dringt nicht mehr zu
mir, dem Bewohner des nördlichen Österberghanges.

Ein »bewirtschafteter« Spaziergang ist seit bald zweihundert Jahren der gleiche geblieben, nur daß er vom Stadtrand aus immer kürzer wurde: der Weg nach Schwärzloch. Vom Haagtor aus ging man – wie eben beschrieben – entweder »bei Haus Nr. 19 links« den Staffelweg hinauf und über die Höhen, oder an den Mühlen des Ammertales entlang. Von der ehemaligen Kirche St. Nikolaus, die später zum Wohnhaus umgebaut wurde, wissen manche Führer des vergangenen Jahrhunderts Fabelhaftes zu berichten, indem sie die Fabelwesen, die Fresken-Reste, das Rankenwerk des Gemäuers auf einen »Heidentempel« zurückführen, anstatt sie im frühen 13. Jahrhundert anzusiedeln.

Doch war es wohl selten kunstgeschichtlicher Wissensdurst, der in den »tiefbeschatteten Wirtschaftsgarten« hinausführte. »Unter den Obstbäumen, die den Hügel beschatten, labt den Gast ein gutes Bier, und daneben die Aussicht in das stille grüne Tal hinauf, auf den nahen Ammerhof... oder ostwärts auf die Stadt, die von hier aus gesehen die ganze Breite des Tales füllt und größer erscheint, als sie es in Wahrheit ist.« So 1849.

»Gemütlicher Aufenthalt in dem einzig schönen Wirtschaftsgarten. Beste Aufnahme bei aufmerksamer Bedienung«, annoncierte Otto Grünvogel, der Schwärzlocher Wirt, im Jahre 1910. Auf unserem Bild sieht man ihre Kollegin, eine Magd des vorigen Jahrhunderts, eine »aufmerksame Bedienung« in Person, mit Schwung und tüchtig-kräftigem Schritt die Apsis aus dem frühen 13. Jahrhundert umschreiten, um im Wirtsgarten ein Vesper zu servieren.

Der Familienvater mag – beim kühlen Bier unter schattigen Bäumen – vollkommen zufrieden gewesen sein, und vollends glücklich, wenn er durch seinen Feldstecher die nahe Heimat absuchen konnte. Die Mutter beschäftigte sich mit den Kindern, denen die Einkehr langweilig war, das Bier zu bitter und der Weg nach Hause zu weit. Sie durften auf dem Tisch die Früchte ihres Sammeleifers ausbreiten, seien es Schmetter-

Ausflugsziel Schwärzloch
ein »Sammelbild« aus
dem 19. Jahrhundert

linge, die unterwegs erhascht, seien es heimische Pflanzen, die
für Botanisiertrommel und Herbarium gerupft wurden, und
so endete – labsam und belehrend – ein Familienspaziergang.

DRITTER SPAZIERGANG

FLUSSLANDSCHAFT FÜR DICHTER UND BAUER

»Soeben vernehme ich, daß die Pappeln auf dem Graben um-
gehauen werden und daß auch denen auf dem Weg nach Rottenburg ein gleiches Schicksal bestimmt sein soll, ich bitte nun
um Nachricht darüber, inwiefern diese Nachricht gegründet
ist.« Dies ist kein Leserbrief an das »Schwäbische Tagblatt«,
sondern so schrieb im November 1841 Stadtdirektor Ströhlin
an den Stadtschultheißen. Doch die Erkundigungen kamen zu
spät, das Schicksal hatte die Pappeln an der Rottenburger
Chaussee schon ereilt, und die Axt der Gemeinde-Arbeiter
hatte nicht einmal vor dem Wäldchen auf dem Wöhrd halt-
gemacht. Mit Extrablättern, Komitee-Sitzungen und publizi-
stischen Kampfansagen kam es daher im Frühjahr 1842 zum
reinsten »Pappelkrieg«: Auf dem Wöhrd begegneten sich das
verständliche Nützlichkeitsdenken der ländlichen Einwohnerschaft und die idealen Interessen der Tübinger Spaziergänger,
das heißt des gebildeten Bürgertums. Auf der einen Seite
stand der Stadtrat (von ihm wurden vor allem die »Urein-
wohner« vertreten), auf der anderen Seite die königlichen
Behörden und die Universität, angeführt von Berufsspaziergänger Dr. Friedrich Theodor Vischer, damals außerplanmä-
ßiger Professor der Ästhetik. Beiden Parteien ging es also
schon vor 130 Jahren um »Umweltschutz« – nur hatten sie
keine gemeinsame Umwelt zu schützen.

Sehen wir also vom Schloßberg – von dort waren wir beim zweiten Spaziergang ausgegangen – auf den Wöhrd hinab; das heutige Anlagengebiet und Platanen- und Lindenallee, von der Neckarbrücke bis zum Freibad, zwischen Neckar und Bahnlinie etwa, damals noch unbegrenzt freies Feld, unbebaut und ohne Uhlandstraße – an ihrer Stelle wandelte der Dichter zwischen Ziegenherden.

Friedrich Theodor Vischer, später selbst Uhlandstraßen-Anlieger, beschreibt seine Spaziergefilde in der Stuttgarter Zeitschrift »Der Beobachter« vom 15. März 1842 in einem Appell zur Anlage eines befestigten städtischen Spazierweges: »Nicht leicht ist eine fast in jeder Beziehung für eine Anlage der fraglichen Gattung günstigere Örtlichkeit denkbar, als das rechte Neckarufer unmittelbar der Stadt gegenüber und eine kleine Strecke oberhalb derselben, wie es nördlich durch den Fluß, nach Osten und Süden durch die Rottenburger Chaussee, und westlich durch einen vom Ende der großen Lindenallee gegen den Neckar hinziehenden Graben gegrenzt ist. Frühere Zeiten haben hier tüchtig vorgearbeitet. Die Gründung zweier herrlicher Lindenalleen danken wir einem nun schon fernliegenden Jahrhundert, ihre Erhaltung der einst heilig gehaltenen Sitte, die eines schönen Baumes gewölbtes Laubdach mit Stolz und Pietät zu hegen gebot, im letzten Viertheil des vorigen Jahrhunderts ward mit einer Pappelreihe die ganze nördliche Seite des angegebenen Raumes abgeschlossen; noch nicht zwanzig Jahre sind es (so Vischer, 1842), daß durch Anlage dreier neuer Baumgänge von Kastanien, Akazien und Platanen – abgesehen von einem zwischen der großen Lindenalle und dem Neckar gepflanzten Obstbaumgang – ein dankbar anzuerkennender Schritt zur Verschönerung des Wöhrd geschehen ist; eine der lieblichsten Zierden aber dieses Platzes bildete gegenüber der unteren Neckarhalde ein dichtes Boskett von Weiden und anderem Gehölze, schattig und kühl, bevölkert von unzähligen Singvögeln, mit einzelnen hochstämmigen wie für den Pinsel des Künstlers von selbst sich gruppierenden Waldbäumen, welchen auf dem linken Ufer unmittelbar unter dem Hirschauer Steg ähnliche Gruppen entsprachen, so daß beide dem Bilde der Stadt und des Österbergs, von eben jenem Steg aus gesehen, als Vordergrund und Rahmen dienten.«

So also sah das Auge des Ästheten die Idylle aus Wiesen, Weiden, Wäldchen, die sich im vergangenen Jahrhundert noch nicht so langweilig-geometrisch durch Neckar und Kanal gegliedert präsentierte, sondern zum Teil als inselreiches und künstlich verteidigtes Überschwemmungsgebiet des Flußes (damit hängt auch der Name Wöhrd zusammen). Für die ländliche Bevölkerung war die »Wöhrdwaide« ausschlaggebend, als Allmende war sie Ziegen- und Schweineherden offen, dort holte man die Weiden zur Befestigung des Neckarufers. Für die akademische Bevölkerung aber war der Wöhrd Spaziergebiet, und von Bursa, Aula und Stift war ja der Weg über den Hirschauer Steg oder die Neckarbrücke, von der ein einfacher Holzsteg auf die Fluren führte, wirklich nicht weit. Schon zweihundert Jahre vor Vischers Beschreibung, auf Geyslers Südansicht von 1620, bietet sich das gleiche Bild: Leute aus der unteren Stadt treiben peitschenschwingend durch die Neckargasse ihr Vieh zum Neckartor, über die Nekkarbrücke zur »Wöhrdwaide«. Während auf dem Wöhrd Studiosi, wohl Stiftler, beim Wandeln lesend, spazierengehen, ist anderwärts nützlicher Fleiß am Werke: auf dem Neckarhauptarm Schiffer mit Flößen, Hölzer lagern auf der Wiese, Fischernetze hängen zum Trocknen, ein Jägersmann, der über den Mühlbach schreiten wird.

Um die Spaziergänger also eine Landschaft des Fleißes und der Nützlichkeit. Eine Gouache in den Städtischen Sammlungen, um 1700 entstanden, zeigt das gleiche Bild. Auch dort geht ein Herr in Kutte, ein Buch vor der Nase, auf dem Wöhrd auf und ab. Es scheint sich um eine Art Imponiergehabe zu handeln, und dieser Fleiß wurde sicherlich von der Obrigkeit im nahegelegenen Stift mit Genugtuung zur Kennt-

Die Löbliche Statt Tübingen

nis genommen. Hier war noch obrigkeitliches Gelände, auch
in späterer Zeit, in der die Stiftler statt der Kutte Mantel und
Kragen trugen und den göttlichen Klopstock in den Weiden-
stümpfen am Wöhrd verbergen mußten, wenn ein Famulus
des Weges kam.

Weniger Verständnis für das Spazier-Bedürfnis hatte man
allerdings in der unteren Stadt; damals nicht, und im vergangenen Jahrhundert erst recht nicht. Die Begeisterung der
»Maifeste für die Jugend«, der Waterloofeste, die akademische Teilnahme an den Freiheitsbestrebungen der Zeit nach
1800 fand auf dem Wöhrd ihren idyllisch-idealen Schauplatz.
Dies Streben konnte die idealen Lebenszwecke der Leute aus
der unteren Stadt nicht verstehen, die »Borstenvieh«, Ziegen,
Gänse auf die frische Flur führen wollten. Immer wieder liest
man von Auseinandersetzungen zwischen ländlichen Ein-
wohnern, den Behörden, der Polizei und der Universität.
Schon zwanzig Jahre vor dem »Pappelkrieg«, nach den Kriegs-
und Hungerjahren um 1820, kam es zu einem Höhepunkt
der Auseinandersetzungen, die – im Grunde beileibe kein
Satyrspiel – Max Eifert (1849) heiter beschreibt: »Ein Auf-
lauf nur ereignete sich um jene Zeit, aber sein Ende war heiter. Wie schon früher einmal, drang die ›untere Stadt‹ wieder
auf die Benutzung auch der Wöhrdwaide, über welche damals zu andern Zwecken verfügt werden sollte. Das Verlangen wurde abgeschlagen und Befehl gegeben, dem Auszuge
des Viehs das Neckartor zu verschließen. Da drängte sich
eines Morgens brüllend die ganze Herde der unteren Stadt,
die Weingärtner drohend in Masse darunter gemischt, wie
ein feindliches Heer die Neckargasse herab gegen das ge-
schlossene Neckartor, und begehrte Öffnung. Der Lärm war

Der »Wöhrd«
Tübingens Spaziergelände
um 1620

ungeheuer, die Verwirrung und Verwicklung von Mensch und Vieh erschrecklich. In die Mitte sprengte auf seinem Rappen Polizeicomissär Groß, zur Beschwichtigung der Gemüter seine (leeren) Pistolenhalfter zeigend, und sprach zu dem tobenden Haufen: ›Bürger von Tübingen! Wißt ihr nicht, was Rom den Untergang gebracht hat? Das waren innere Zwistigkeiten!‹ Niemand weiß, was diese Rede für eine Wirkung hätte haben können, wenn sie nur Zeit gehabt hätte zu wirken. Allein in demselben Augenblick erscholl drüben am Tor ein gewaltiges: ›Auf muß es!‹ Ein heftiges Rütteln erschütterte es, die gesprengten Ketten klirrten, auseinander rauschten grillend die Flügel, Menschen und Kühe drückten schreiend heraus, und Rom war auch so gerettet.«

Die Sache ist ernst genug, wenn ein Polizeikommissar, vom Pferd herab, auf altrömische Vorbilder pocht. Vielleicht wäre es weniger glimpflich abgegangen, wenn die Weingärtner die berühmte Rede von Magen und Gliedern gekannt hätten, die einst, auf dem Heiligen Berge, Menenius Agrippa schwang. Den Tübinger Plebejern ging es um ihr Weideland, und zur Verteidigung ihrer Interessen hatten sie keinen Volkstribunen. Jene Rede war übrigens damals – nicht von ungefähr – sehr geläufig: das Programm des Darmstädter Gymnasiums meldet am 30. März 1831, Georg Büchner (der spätere Dichter des »Woyzeck«) werde »im Namen des Menenius Agrippa das auf dem heiligen Berg gelagerte Volk zur Rückkehr nach Rom in lateinischer Sprache mahnen«.

Auch der Polizeikommissar hätte lateinisch sprechen können, die Weingärtner hätten seine Gründe ebensowenig verstanden. Doch auch die, welche den Wöhrd »andern Zwecken«, turnerisch-freiheitlichen Idealen, heiligen wollten, wurden nicht gerne gesehen: der Theologe Johann Friedrich Bahnmaier, Gründer des Tübinger Prediger-Instituts und Organisator der Wöhrd-Festivitäten, wurde schließlich nach Kirchheim/Teck strafversetzt. Das Auge der Obrigkeit wachte über Spaziergänger und Ziegenhirten.

Im Protokoll des akademischen Senats vom 10. Mai 1827
liest man, der Stadtrat wolle »den bisherigen Viehtrieb aufheben« und den Wöhrd verteilen. »Die ökonomische Kommission habe geglaubt, darauf anzutragen, daß bei der Ver-
teilung auf Freilassung von Spaziergängen sowie auf einen
geräumigen Platz zu Spielen und gymnastischen Übungen
der Jugend Rücksicht genommen und deswegen bei der Ver-
teilung eine Deputation des Senats beigezogen werde.« So
ging es hin und her, bis die Pappeln fielen und damit ein
neuer Anstoß gegeben war.
Es waren die Pappeln an der Rottenburger Chaussee, deren
Verschwinden den Unmut von Professoren und Studenten,
und damit der »höheren Stände«, heraufbeschwor. Die Gegend sei eines Schmuckes beraubt, und dagegen protestierten
Studenten und Professoren in Extrablättern. Besonders setzte
sich der »Wohltätigkeitsverein der Studierenden« für den
Landschaftsschutz ein – das heißt: ein Ausschuß, der sich
auf Wohltätigkeitsbasis um die Interessenten an der Wöhrd-
weide kümmerte und drohte, die milde Hand zurückzuziehen,
falls das Volk nicht die höheren, edleren Bedürfnisse der Mitglieder der Hochschule berücksichtige: Umweltschutz paarte
sich mit Prestigedenken.
Auf die Erklärung von Studenten und Professoren folgte die
Aufklärung des Stadtrates: zunächst erwähnt wurden die Klagen der Güterbesitzer, »daß die Pappeln mit ihren Wurzeln,
Schatten und Insekten den Genuß und Werth ihres Besitzes
beeinträchtigen. Sicherheits- und landwirtschaftspolizeiliche
Rücksichten waren es, welche das Fällen geboten haben. An
ihre Stelle wurden sogleich Obstbäume gesetzt, deren Blüte
und Früchte gerechten Ansprüchen an die Spende der Natur,
sowie an die Wachsamkeit und Vorsorge der Verwaltungs-
Behörde bald und in erfreulicher Weise entsprechen dürften«.
Im übrigen bedauert der Stadtrat das Eingreifen in die Be-
stände des »Wäldchens«, zu welchem »ein seine Schranken
nicht genau genug berechnender Berufs-Eifer den Gemeinde-

41

Inspector hingerissen hat«. Schließlich und endlich hätten die Pappeln nicht einmal Schatten gegeben, da sie nördlich der Chaussee standen, auf der in Zukunft die Postkutsche nach Rottenburg, bienenumsummt im Schatten junger Apfelblüte, ungefährdet verkehren sollte.

Äpfel und Birnen, zum Essen und zum Mosten, das also schien den Einheimischen der gerechte und berechtigte Anspruch an die Natur, und nicht Vischers malerische Pappelgruppen, die sich »wie für den Pinsel des Künstlers« präsentierten, und, zusammen mit anderen Bäumen, »wünschenswerte Durchblicke auf die Alp und andere Dörfer gewährt« hatten.

SCHMUTZIGE STIEFEL ALS SYMBOL

Wir gingen auf dem Wöhrd spazieren. Ängstlich und hoff-
nungsfroh sieht man hinüber zum Schwanzer und vergleicht
die Landhaus-Idylle mit den Plänen zum Schloßberg-Tunnel.
Es ist nicht das erstemal in der Geschichte dieser Landschaft,
daß es gilt, aktuelle Interessen mit der Erhaltung der Erho-
lungslandschaft zu verbinden. Schon lange seufzen die Wöhrd-
spaziergänger das Lied von »einst« und »jetzt«.
Vor hundert Jahren stand der berühmte Karl Gerok, der Dichter der Palmblätter, ein geistlicher Grandseigneur und Stuttgarter Oberhofprediger, noch einmal auf dem Schauplatz seiner Jugend (1832–1836 war er Stiftler und ab 1840 Repetent) und genoß in seinen Jugenderinnerungen »die Aussicht auf den zwischen Wiesen und Weidengebüsch sanft hin-
wallenden Fluß, den baumreichen Wörth, die Rottenburger
Landstraße und im Hintergrund hinter freundlichen Dörfern,
fruchtbaren Feldern und waldigen Hügeln staffelförmig aufsteigend die blaue Schwabenalb bis hinauf zum Hohenzollern.
So war es wenigstens damals. Seither hat sich auch dort manches verändert und nicht durchweg zum Vorteil. Die stolze
Pappelallee an der Rottenburger Chaussee ist gefallen, ich
weiß nicht, welchem landwirtschaftlichen Prinzip zum Opfer.
Auf dem grünen Wörth, gegenüber der Stadt hat sich der
Bahnhof angesiedelt und mit dem schrillen Pfiff der Lokomo-
tiven das Nachtigallenwäldchen von seinen lieblichen Sän-

gern entvölkert. Auf der Straße gen Rottenburg, wo sonst der mutige Hufschlag lustiger Studentenausritte den Staub aufwirbelte, kriecht nun der langgestreckte Wurm der Bahnzüge hin.«

Ja, damals . . . Auch der Tübinger Ästhetikprofessor Friedrich Theodor Vischer konnte sich ja nie erklären, welchen Prinzipien die Pappeln zum Opfer fielen und warum man seine Landschaft so zerstört hatte. Er berichtet im Stuttgarter »Beobachter« (1842): »Die Alleen sind noch da, aber die meisten sind nur doppelte Baumreihen im Wiesengrund, bei nassem Wetter nicht gangbar, von den andern hat die schönste eine so unbeschreitbar unebene Bahn, daß sich außerhalb derselben die eigentlichen Spazierpfade bilden mußten; die Allmand selbst ist in kleine Parzellen zum Gebrauch einzelner Bürger verteilt, und die Stückchen sind zum Teil aus Wiesen in Kartoffeläcker verwandelt worden.«
Es sei empörend, äußerte er, daß die Stadt noch Dank dafür erwarte, »wenn sie den Angehörigen der Universität zwischen Kartoffel- und Krautfeldern und einigen Klee- und Wiesenstücken durch ein paar geradlinige Reihen schattenloser junger Apfelbäume in nassem Grase oder glühendem Sonnenschein zu wandeln gestatte«.
Unermüdlich stellt er den sicherheits- und landwirtschaftspolizeilichen Rücksichten, mit denen der Stadtrat seine Eingriffe in die Landschaft begründete, gesundheitspolizeiliche entgegen, denn nach Vischers Ansicht bilden »wohlangelegte Spaziergänge einen nicht unwichtigen Gegenstand der Polizei«. Mit Entschiedenheit fordert er einen »Trimm-Pfad« für die städtische Bevölkerung Tübingens (und das vor 130 Jahren!): »In frischer Luft und auf gut gebahnten Pfaden, trotz

Der »Wöhrd« um 1820,
die Pappeln stehen noch,
weit und breit kein Haus

nasser Jahreszeit trockenen Fußes, trotz heißer Sommertage unbelästigt von Sonne und Staub unter schattigen Bäumen sich ergehen zu können, ist nicht nur eine Lust, sondern ist dem Städter umso mehr Bedürfnis, je enger und schmutziger, je weniger zum Aufatmen und Ausschreiten geeignet die Straßen seines Wohnorts sind.«

Eine solche »bequeme Anlage zum Lustwandeln« sei »von höchster Wichtigkeit für Männer und Jünglinge, deren Beruf sie an Studierzimmer und Geschäftsstube fesselt, und überhaupt für Familien höherer Stände, deren Lebensweise ihnen ungesucht die nötige Bewegung nicht verschafft«. Daß eine solche Lustwandel-Einrichtung auch Schönheit bieten müsse, glaubt er fordern zu dürfen, »fast ohne den gesundheitspolizeilichen Standpunkt zu verlassen«.

Am 28. Mai 1842 ist es dann soweit: »In der (jetzt alten) Aula versammelte sich heute erstmals der Privatverein für die Verschönerung der Umgegend Tübingens.« Ein Privatverein der Honoratioren, unterstützt vom Ministerium des Inneren, das vernommen habe, »wie der Stadtrat zu Tübingen die billig von ihm zu erwartende Rücksicht auf die Befriedigung des Schönheitssinnes eines ansehnlichen, für die städtischen Interessen sehr wichtigen Teils der Einwohnerschaft zu wenig beachte, und, statt die natürlichen Reize des schönen Tals durch freundliches Entgegenkommen der Kunst zu erhöhen, manche ehrwürdige Zierden der Gegend dem Sinn für das Nützliche opferte«.

Dieser erste Tübinger »Verschönerungs-Verein«, von dessen Existenz allgemein gar nichts bekannt ist, befaßt sich mit öffentlichen Spaziergängen, dann mit Friedhofs-Verschönerung und schließlich mit der Gründung einer Schwimmanstalt; doch vor allem von den »Wünschen der gebildeten Einwohnerschaft«, von Fragen, die »wesentlich den Lebens-Genuß der Universitäts-Angehörigen betreffen«, war in den Ausschußsitzungen die Rede.

Wie oft mag Vischer in diesen Jahren, während der Niederschrift seiner kompendiösen »Ästhetik«, auf Neckarfluren auf- und abgeschritten sein. Sein Spaziergänger-Elan brach sogar in seiner akademischen Antrittsrede als ordentlicher Professor der Ästhetik durch, denn in dieser Rede erschreckte turnerischer Körperkult die fromme Körperfeindlichkeit der Pietisten. Er betont die besondere Nähe der Ästhetiker für die »gymnastischen Künste Reiten, Fechten, Turnen«, denn Ästhetik, wie Vischer sie sieht, ist bestrebt, »die äußere Erscheinung der inneren geistigen Lebendigkeit entsprechend durchzubilden, aus einem geteilten einen ganzen Menschen« herzustellen.

Ästhetik beginnt also bei den Leibesübungen, die in Tübingen vernachlässigt werden: »Früher wurde auch das edle Ballspiel an der Universität gelehrt; in der edlen Schwimmkunst kann kein Unterricht erteilt werden, weil unsere gute Stadt Tübingen, sowie für einiges Andere, auch für einen Schwimmplatz nicht gesorgt hat. Namentlich aber fehlt das Exercieren, was allen gymnastischen Übungen erst höheren Reiz gibt, weil es mit dem Gefühle eines wesentlichen und objektiven Zweckes, der Vaterlands-Verteidigung, sich verbindet.« Von den Spaziergängen zu Kriegsgängen ist für ihn, den ersten Tübinger Ästhetiker, nur ein kleiner Schritt. Doch nicht sein nationales Pathos, seine turnerischen Ideale wurden ihm zum Verhängnis. Seine Antrittsvorlesung erregte einen Sturm der Empörung. Predigten und Flugblätter wollten ihn vernichten. Er wurde für zwei Jahre seines akademischen Amtes enthoben und hatte viel Zeit, bittere Spaziergänge in verschönerungsbedürftige »Umgebungen« zu tun.

In seinem Geiste sieht er Blumenstücke, idyllische Pfade, malerische Boskette und schwimmende, ballspielende Jünglinge, während er mit seinem Hund durch nasse Wiesen und Kartoffeläcker stapft und sich überdies noch über die Tierquälerei der Einwohner ärgern muß. Kein Wunder also, wenn seine kämpferische Publizistik (»Kritische Gänge«) schließlich sechs stattliche Bände umfaßt, und seine ambulatorisch inspirierte Lyrik (»Lyrische Gänge«) durch Ärger versiegt.

1852 richtet er wieder einmal ein Schreiben an den Rektor: »Eurer Magnifizenz erlaube ich mir als Mitglied der sogenannten Verschönerungskommission die Bitte vorzutragen, die Wiederaufnahme eines Gegenstandes bewirken zu wollen.« Der Gegenstand? Natürlich die Spaziergänge, besonders »der abscheuliche Zustand eines Hauptwegs« im Alleengebiet, und die »Belassung eines der besuchtesten Spazierwege im Zustand unsagbarer Wüste«.

Max Eifert (1849) berichtet dann zwar später von den neuen Alleen, »die jetzt schon durch herrliches Wachstum und dichten Schatten die auf sie verwendete Mühe lohnen, und die ganze Ebene am Neckar hin in einen so reichen Wald von lieblich gerundeten Wipfeln gekleidet haben« – doch Vischer kann diese Spazierlandschaft in nichts befriedigen.

Freilich ist es nicht eins, von der Neckarbrücke aus herrliches Wachsen und Sprießen zu konstatieren oder sich – wie unser Ästhetiker – beim täglichen Spaziergang nasse Füße zu holen, und mit schmutzstarrendem Stiefel in ein bürgerklassizistisches Treppenhaus zurückzukehren.

In der Verschönerungs-Debatte, deren Zeugnisse zum Teil handschriftlich im Universitätsarchiv liegen, geht es, auf den ersten Blick, um wegerechtliche Unterscheidung zwischen »Güterweg« und »öffentlichem Spazierweg«. Doch dahinter stehen die unversöhnlichen Interessen der aus der Stände-Gesellschaft hervorgegangenen Klassen. Vischer konfrontiert »die höchst natürlichen und begründeten Ansprüche der ganzen gebildeten Bevölkerung« der »rohen Gleichgültigkeit gegen die Bedürfnisse gebildeter Menschen«, die man in Tübin-

Beschaulicher Verkehr auf
der Neckarbrücke, zu Fuß,
zu Pferd, zu Wagen, und unter ihr
damals schon der Stocherkahn

gen zu erfahren habe. Der Philosoph, der in seinem Werk so oft über »die Tücke des Objekts« grübelte, gewinnt den Eindruck, als lege die ländliche Bevölkerung (und der Stadtrat) ihm und seinesgleichen absichtlich Steine in den Weg und schütte gerade die gröbsten Ziegelsteine dahin, wo die Pfade den größten landschaftlichen Reiz bieten.

Denn Vischer klagte nicht nur als Mitglied des Verschönerungs-Vereins, sondern er war Wöhrd-Anlieger geworden. Wo früher, auf der Allmende, »inmitten von Scheunen, Stallungen und Zimmerhütten, von Baumgärten umgeben«, die Krone das einzige Haus war, bauten sich (etwa ab 1830) »Werkmeister Adam, Werkmeister Hornung an, und mehr und mehr füllten sich die Gärten und bildeten eine neue Straße dem Wöhrd zu, und die Folge war zugleich Eindämmung und Austrocknung der bisher dahinter befindlichen Altwasser«. Diese »Neckarvorstadt« (auch »in der oberen Wöhrdstraße«, »vorm Neckartor« taucht im Grundbuch auf) gehört einer neuen »Bauwelle« an – ein städtisches Tübingen soll entstehen. (Die von der Stadt intensiv geförderte Bautätigkeit von 1818 bis 1825 hat Paul Gehring, »Der Sülchgau«, 1969, beschrieben.) Hier bauten Hand-»Werkmeister« für sich und »bessere Mieter«.

Im Gebäude-Kataster ist das gedenktafelgeschmückte Wohnhaus als Besitz von Friedrich Adams Witwe folgendermaßen beschrieben: »Zweistöckiges Wohnhaus ... mit gewölbtem Keller nebst daran gebauter steinerner Treppe.« Nachbarn waren (auf dem jetzigen Chronik-Gelände) Werkmeister Hornung und in der späteren Nr. 8 – denn Witwe Adam hatte sich auf eigenem Grund erweitert – der Musikus und Pauperpräfekt Heinrich Albrecht. Neben ihm ist noch 1840 die »Allmand« eingetragen, also der grüne Wöhrd als Allgemeinbesitz.

Obwohl sich die Hofräume hinter den Fassaden der fleißigen Hausbesitzer bald mit Witwe Adams »Holzschopf« (= Hütte), Hornungs Arbeitsschopf, mit Waschhäusern, ja sogar Schweineställen und ähnlichen Wirtschaftsbauten füllten, sollte hier eine betont städtische Straße entstehen.

»Uhlandstraße« allerdings hieß sie noch lange nicht. Uhlands Straße war sie schon eher, denn der Dichter wandelte, von seinem Haus auf der anderen Seite der Neckarbrücke kommend, leibhaftig in den Wöhrd-Gefilden. »Bei einigermaßen leidlicher Jahreszeit ging der alte Herr, das Badpäckchen unterm Arm, zwischen elf und zwölf ins Baden, und zwar an einer freien Stelle oberhalb der Alleen und des Pfingstgrabens.« So sinnig also das Uhland-Bad an das Badebedürfnis des alternden Dichter-Gelehrten erinnert: dem Orte seiner Ertüchtigung nach müßte eher das Freibad »Uhlandbad« heißen.

Vischer, unser Spaziergänger, hat die Straße und seine Tübinger Professur 1855 verlassen, um in Zürich – mit großer Anerkennung – zu lehren. Doch er kehrte wieder zurück, denn der württembergische Staat wollte früheres Unrecht wiedergutmachen. Allerdings hatte man offenbar versäumt, die Tübinger »Spaziergänge« weltstädtisch herzurichten, obwohl sich 1863 der zweite, bis 1958 bestehende Verschönerungs-Verein gebildet hatte. Es blieb soweit alles beim alten, nur daß Vischer, inzwischen ein vielbeachteter Publizist, sein Fußgänger-Leid einer Stuttgarter Exzellenz statt einer Tübinger Magnifizenz klagen kann.

»Nach Tisch ein Spaziergang auch bei nassem Wetter. Abends, um 9 Uhr, eine Unterhaltung in einem öffentlichen Lokal mit guten Freunden oder interessanten Fremden«, das gehöre zu seinen bescheidenen Ansprüchen an das Leben. Doch gerade die »schlichten Erholungen« finde er in dem ob seiner ländlichen Idylle weitgerühmten Tübingen nicht. Und dann setzt der verärgerte Spaziergänger zu einer Analyse des gesellschaftlichen Lebens an (»Ich kann nicht umhin, in meinem Fall etwas Symbolisches, allgemein Bedeutsames . . . zu finden«, schreibt er), die im »Botanischen Garten« anfängt und

mit der Forderung der Universitäts-Verlegung nach Stuttgart (1867!) endet: »Woche um Woche kann es in Tübingen dauern, daß man vor Koth nirgends wandeln, nicht aus dem Haus treten kann, ohne sich über und über zu beschmutzen ... die Wege draußen sind grundlos; der botanische Garten liegt im Striche des Nordwinds und bietet nur ein dumpf langweilendes Circulieren.« »Die schöne Naturumgebung bietet angenehme Spaziergänge, sie sind aber beständig fast einsam; es haben sich keine städtischen Gewohnheiten gebildet und können sich keine bilden, wo man den größeren Teil des Jahres hindurch genötigt ist, sich in das Haus einzuspinnen ... Man sieht also die schöne Umgebung der Stadt wie aus den Öffnungen eines Klosterkreuzgangs.«
Dazu das gesellige Leben: im Museum und an anderen Orten könne man »in ermüdender Gründlichkeit erfahren, wohin es führt, wenn stets dieselben Menschen sich zusammenfinden, wenn kein Reiz des Neuen, Zufälligen, Fremden das monotone, stagnierende Leben bewegt und wenn die einzige Unterhaltung, nachdem man sich längst alles mitgeteilt hat, das Schweigen ist ... Es fehlt nur noch die politische Zerklüftung, um einen ohnedies so öden und armseligen Zustand des geselligen Lebens noch mehr zu veröden, zu versteinern«.
Wir sehen: das Spazieren, zunächst repräsentatives Lustwandeln bürgerlicher Familien, kann leicht zum letzten »Auslauf« bürgerlicher Resignation werden. Das Leben stagnierte in polizei-gehütetem Gleichgewicht zwischen Arbeitenden und Geistig-Arbeitenden. 1870/71 sollte es einen Ausweg geben. »Jeder Bürger sollte auch Krieger sein«, hatte Vischer in seiner Antrittsvorlesung gefordert. Im grimmigen Kriegsgang mußte er sich jetzt bewähren.

FÜNFTER SPAZIERGANG

STEILE DÄCHER, FREIE SITTEN

Auf dem finnischen »100 Mark-Schein« ist Johann Wilhelm Snellman abgebildet. Im Mai feiert man seinen Geburtstag als Snellmans-Tag. Dieser Tag gilt dem Förderer der finnischen Sprache und Unabhängigkeit, den jeder in Finnland kennt. Und dieser Snellman – war auch in Tübingen. In Tübingen ist 1841 eines seiner wichtigsten Werke erschienen. Er wohnte im ehemaligen Hotel Lamm am Marktplatz; vom Fenster des evangelischen Gemeindezentrums aus kann man heute wenigstens an den Tagen, an denen der Marktplatz kein Parkplatz ist – wieder den gleichen Ausblick genießen, wie ihn der junge Gelehrte vor 130 Jahren beschrieb.

Johann Wilhelm Snellman wurde 1806 als Kind finnischer Eltern in Stockholm geboren. Bald nach seiner Geburt kehrten seine Eltern nach Finnland zurück. Nach seinem Studium in Åbo und Helsingfors wurde er Philosophiedozent in Helsinki. Er las »Über die Freiheit der Studenten« – und das mißfiel. Als sich die Verhandlungen über ihn und seine Meinungen in die Länge zogen, verließ er die Universität – offiziell, um mit einem kleinen Stipendium eine dreijährige wissenschaftliche Reise anzutreten. Doch schon in Stockholm ließ er sich aufhalten: er arbeitete an einer Zeitung und nahm zu politischen Tagesfragen Stellung. Aber auch zu Problemen, die im Umkreis von Hegels Philosophie lagen: er äußerte sich zu der Emanzipation der Frau – auch dies in Hegels Sinn

und daher, aus unserer Perspektive gesehen, wenig fort-
schrittlich.

Dann wollte er endlich die Zentren der neuen philosophischen Spekulation selbst kennenlernen. Also ging er auf die
große Reise nach Süden. Zunächst nach Kopenhagen, wo er
Thorwaldsen besuchte; – nach Preußen, wo er – auch ganz im
Sinne Hegels – Reflexionen über den deutschen Nationalgeist
anstellte und niederschrieb. Von dort aus ins Rheinland und
nach Stuttgart, wo er den aus Tübingen vertriebenen ehemaligen Stiftsrepetenten David Friedrich Strauß besuchte und
diesen Besuch im ruhigen Stuttgarter Gartenhaus auch beschrieb.

Ein geübter Journalist, der Snellman war, schrieb er über
seine Erfahrungen gleich ein Buch: »Schilderungen und Urteile von einer Reise 1840–1841«. Es erschien in Stockholm
1842. Neben den deutschen Verhältnissen im allgemeinen,
neben anderen Universitätsstädten, nimmt Tübingen einen
wichtigen Platz ein. Ausführlich behandelt werden die uni-
versitären Verhältnisse. Immerhin gab es in Tübingen – wie-
wohl es (wie Snellman bemerkt) keine »Modeuniversität«
war – 700 Studenten; sie genossen geistige Freiheiten, die
ihm, dem Jünger Hegels, sehr gelegen kamen.

Snellman mustert die Tübinger Professoren; er lobt und ta-
delt sie je nach ihrer politischen Richtung: das heißt nach ihrer Stellung zu Hegel, und damit zu dem von der Universität
vertriebenen David Friedrich Strauß. Er selbst hört besonders
gern die Ästhetik-Vorlesungen Friedrich Theodor Vischers.
Sie seien – schwärmt er – »otium sapientis«, eine Labsal dem
Weisen. Auch Köstlin, der Jurist, den wir auf unseren Spaziergängen als Gatten der Sängerin Josephine Köstlin kennenlernen, wird unter gleichem Gesichtspunkt gelobt. Ebenso
Falatti, der Staatsrechtler und Bibliothekar: wir werden ihn
1843 am Grabe Hölderlins wiedertreffen. »Die Tübinger Studenten« – urteilt der Gast – »sind im allgemeinen ruhig und
gesittet, und auch ihr Äußeres ist ansprechender als an ande-

ren Universitäten.« Die meisten Tübinger Gelehrten haben indessen die Fehler, die deutsche Gelehrte überall haben: sie sind neidisch, zänkisch und unnachgiebig. Seinen Landsleuten erzählt er ausführlich vom – teils ökonomisch bedingten – Hahnenkampf professoraler Eitelkeiten.

Als Ruhepunkt erscheint ihm der Stammtisch in der »Traube« besonders angenehm. Dort verkehrten Eduard Zeller, Friedrich Theodor Vischer und andere, die freieren Geistes waren. Beim Mittagstisch waren dort auch Tübinger Gäste durchaus willkommen.

Snellman schildert nicht nur die geistige Enge. Auch über die räumliche Enge der alten Stadt berichtet er seinen Landsleuten:

»Die Stadt ist fast ganz im ältesten Stil gebaut, mit ganz wenigen neuen Gebäuden . . . Der Durchmesser der Häuser nimmt in jedem Stockwerk zu, so daß der höher gelegene Stock immer etwas über den unteren hinausragt. Von der Straße aus gesehen, sind die Wände schräg, und die Dachtraufen sind fast in der Straßenmitte. Bei Regenwetter muß man also an der Seite gehen, wo die Dächer Schutz bieten. Das Rathaus ist in seiner Bauweise unübertroffen. Mehrere Häuser sind mit Erkern verziert, was auch in Norddeutschland nicht ungewöhnlich ist. Ein freier Platz ums Haus ist unbekannt. Der unterste Stock dient oft als Stall für Pferde und Kühe. Darüber kommen dann vier bis fünf Stockwerke, und darüber manchmal noch ein paar Mansarden. – Die Kirche und die Universität sind auch alte Häuser. Gerade wird ein Universitätsgebäude gebaut. Um dem Wasser der Ammer Gefälle zu geben, hat man sie kanalisiert. Jetzt läuft sie durch die Stadt teilweise unterirdisch und teilweise offen und treibt viele Mühlen, kleine Sägewerke usw. Auf der östlichen Seite der Stadt fließt der Neckar, klar, schön und schnell, und auf dem Berg südlich von der Stadt erhebt sich das große, alte Schloß, das jetzt Universitätsbibliothek, Museum und Observatorium ist.« Soweit die ersten Eindrücke der Architektur.

Das schwäbische Land um Tübingen erscheint dem finnischen Studenten blühend und gesegnet. Die Arbeitsteilung ist weit fortgeschritten – im Unterschied zu seiner Heimat, und er wird daran auch Nachteile bemerken. Erstaunt sieht er die vielen Dörfer mit ihren Rathäusern, Schulen, Kirchen, Pfarrern, Apothekern und Ärzten, und wenn wir das hören, dann müssen wir bedauernd gestehen, daß der Fortschritt eben doch nicht immer ein Fortschritt ist, denkt man dabei nur an den Landärztemangel und andere Probleme der Konzentration in den Städten. – Dann kommt die Stelle in Johann Wilhelm Snellmans 1842 veröffentlichten Reiseeindrücken, bei der seine lesenden Landsleute wohl am liebsten zum Koffer gegriffen hätten, um in dieses gesegnete Land zu reisen. Ihrem Aufbau nach ist sie sehr literarisch! Snellman zieht so viele Register, daß man sich fragen muß, was er erlebt und was er erlesen hat: etwa in Goethes Werther und in anderen Mustern hymnischer Naturschilderung. Aber er bleibt immerhin soweit auf dem Boden der Tatsachen, daß wir unser Neckartal wiedererkennen können.

»Ich wünschte, ich könnte dem Leser anschaulich machen, wie friedlich und still das Leben in diesen doch auch wieder so betriebsamen Tälern ist. Das Neckartal wird auf der einen Seite von den tiefen Wäldern des Schwarzwalds begrenzt, auf der anderen Seite von den oft kahlen und wunderlich geformten Hängen der rauhen Alb. Aber das Land ist vom Tal bis zu den Spitzen der Berge hinauf bebaut. Oben stehen Obstbäume, dann kommen an den Hängen die Weinberge, weiter unten kommen dann Gärten und wieder Obstbäume, und ganz zum Schluß dann die saftigen Felder, und schließlich – ganz unten in den für Überschwemmungen anfälligen Talsohlen – kommen noch die Wiesen.«

Aber das ist nur ein Vorklang des Idylls, das unser Reisender im Frühjahr 1841 beim abendlichen Gang vor die Stadt erlebt haben mag.

»Wenn man dies alles an einem schönen Frühlingstag sieht,

wenn die Obstbäume weiß wie Schneebälle glänzen – nicht nur von den Bergen, sondern auch entlang an allen Wegen und Stegen; wenn Rosenhecken und Narzissen ihr Rot und Weiß in den hübschen Gärten vermischen. Wenn die Wiesen ihr helles Grün zu den satten Farben der Äcker und den dunklen Kleefeldern fügen. Wenn die Weinstöcke wieder ihre großen Blätter geöffnet haben, und unter jedem Blatt einen Freudenbecher versprechen. Wenn vierstimmiger Hörnerklang mit einer Choralweise über die Äcker herüberklingt und ihm die Stimmen der Abendglocken aus den Dörfern antworten, die die müden Landleute nach Hause rufen . . . Wenn diese dann aus allen Richtungen kommen und die Alleen entlangeilen, und wenn die Störche, in ruhigweiten Kreisen segelnd, dann alle ihre Kirchtürme aufsuchen, auf deren Spitze man ihnen Nester gebaut hat. Und wenn dann alles still wird. Wenn keine Freudenstimme mehr schallt, kein ländliches Lied mehr erklingt und kein Posthorn. Wenn die Sonne nur noch den breiten Kranz der Bergspitzen, und auf diesen nur noch einen alten Turm oder eine hellglänzende Kapelle beleuchtet, und des Neckars Silberband aus dem dunkelnden Tal noch klarer schimmert. Wenn dann Nachtigallen in kleinen Wäldchen schlagen – dann ist es schön in diesem Land, das der Himmel mit einer reichen friedlichen Natur gesegnet hat und mit friedlichen Herzen.« Ein Abendbild, dessen Züge man auch bei Eichendorff finden kann. Gustav Schwab und der Dichter Karl Mayer haben ähnliche Blicke vom Österberg getan, und doch ist Snellmans Bild so konkret, daß sich der Kenner unserer Landschaft zurechtfindet und wiedererkennt. Es könnte die Wurmlinger Kapelle gewesen sein; es könnte die Pappelallee nach Rottenburg gewesen sein, deren Bestand damals gerade bedroht war, und das Wäldchen, das war sicher das Nachtigallen-Wäldchen auf dem Wöhrd, durch den Snellman – erfüllt von schwäbischer Naturharmonie – zum Marktplatz nach Hause ging.

Die Höhen der Alb erlebt er nicht weniger romantisch, aber doch schon beinahe modern – als Freizeitgebiet.

»Auf den großen Bergplateaus der Alb kann man wandern, wie in einen wirklichen Ossianischen Nebel gehüllt. Dazu kommen dann zwischen hohen bewaldeten Bergen die Täler, in denen weniger Ackerbau als Viehzucht betrieben wird. Kristallklares Wasser, blühende Wiesen, Mühlen aller Art – ein solches Tal lohnt einen Besuch, und alles ist hier voller Naturschönheit, obwohl man auch hier auf jeden Schritt die pflegende Menschenhand bemerkt.«

Natürlich: Kunst und Natur, auch dieses Thema mußte bei Snellman anklingen, und daß er zwischen Heidekraut und Haferwiesen an den gälischen Dichter Ossian denkt, das weist auch nochmals darauf hin, daß er – wie schon eine Generation vor ihm – unter dem Einfluß von Goethes Werther stand, dem ja diese von einem raffinierten Schotten gefälschten Naturpoesien eines Ossian ständig im Kopfe herumgingen.

Es müßte einen wundern, wenn in diesen Reisebildern die Abteilung Klima und Sitten fehlte. Sie ist sogar das Wichtigste und Merkwürdigste, denn Snellman – der Beobachter aus dem Norden – preist das Südliche unseres Ländles, womit allerdings auch die Nachteile südlicher Sitten mit ins Bild kommen. Sollte ihm das Schwabenland nur deshalb so südlich erschienen sein, weil er keinen Sommer in Tübingen verbrachte, sondern nur die Jahreszeit, wo in seinem heimischen Finnland meterhoch Schnee liegt?

»Das Klima ist mild, obwohl das Land hoch liegt. Stürme sind selten. Der Winter 1840 war der strengste seit Men-

Bürgerliches Fußgängerleben:
voraus das Kind mit dem
Schmetterlingsnetz
(Im Hintergrund das
»Anatomische Theater«)

schengedenken: Schnee fiel schon (!!!) Mitte Dezember, und Mitte Februar konnte man sich wieder bei offenem Fenster sonnen. Der Neckar war den ganzen Winter über nicht zugefroren. Es bildete sich höchstens eine dünne Eisschicht an seiner Oberfläche.«

Dann stimmt Snellman die Klagen unserer Italienreisenden an. Alles ist relativ – das gilt ganz offensichtlich selbst hier! »Auch die Sitten sind südländisch. Im allgemeinen hat man einen extra Schlafraum – ungeheizt. Es werden nur eiserne Öfen benutzt, die man von außen heizt. In den wenigsten Häusern findet man doppelte Fenster. Das alles trägt dazu bei, daß der arme Nordländer tüchtig friert.

Im Sommer leben alle draußen, und die Frauen finden nichts dabei, ohne Kopfbedeckung und mit ihrem Kind auf dem Arm durch die Straßen zu gehen.«

Der Marktplatz-Anwohner fügt dem südlichen Sittenbild noch einige Details hinzu, die er nicht ungerne bemerkt haben mag, wenn er sich aus dem Fenster beugte.

»An der Außenseite der Häuser sind unter dem Fensterbrett Eisenstangen angebracht, und diese sind mit Schnüren verbunden. Dort wird die Wäsche zum Trocknen aufgehängt. Eine junge Schönheit kann nun hierzulande ungeniert ihr hübsches Gesicht von einem Beobachter angucken lassen, und gleichzeitig die Feinheit ihrer Kleider – und auch solcher Kleidungsstücke, die sonst ihren vollen Formen am allernächsten sind – denn sie hängen droben am Fenster, unter dem sie sitzt.

Auf jedem freien Platz gibt es plätschernde Springbrunnen, bei denen zu bestimmten Zeiten am Tag und am Abend die Mädchen der Umgebung zusammenkommen, um Späße zu machen oder zu lachen, während sich ihre Eimer füllen. Dann tragen sie das Wasser in schönen Kupferkannen auf dem Kopf davon, und 12 bis 15 Kannen Wasser springen und schwingen da umher, ohne daß sie mit den Armen festgehalten werden. – Es ist bei den Frauen überhaupt Sitte, die Sachen auf dem Kopf zu tragen. Auch die Bäurinnen vom Lande bringen ihre Waren in großen geflochtenen Körben auf dem Kopf zum Marktplatz. Die Sitte ist nicht nur pittoresk: sie gibt dem weiblichen Geschlecht auch eine gerade Haltung und einen schönen Gang.«

Weiter geht die Liste der südlichen Sitten und Unsitten, die der finnische Gast in Tübingen feststellen muß. Unsere Vorfahren werden hier genauso beurteilt, wie wir es so gerne nach den Ferien im Süden tun:

»Die Sauberkeit der Dörfer und Städte kann man nicht gerade loben. Der Tadel bezieht sich allerdings mehr auf den äußeren als auf den inneren Haushalt, obwohl man die schwäbischen Bauernstuben mit den schwedischen gar nicht vergleichen kann. Zwei Stockwerke liegen da übereinander: das untere ist für die Tiere, und darüber leben die Menschen. Vor dem Haus ist der Misthaufen – auch in den Städten. Und nachts wird dann auf südliche Weise das eine und andere auf die Straße hinausgeleert. – Genauso empörend ist die Sitte, das Vieh auf der Straße zu schlachten, und dort auch hängen zu lassen. Man könnte glauben, daß die vielen Zwerge und Krüppel, die man in Süddeutschland sieht, mit diesen Zuständen zusammenhängen.«

Selbst Zirkus-Begeisterung, deren Leidenschaftlichkeit beinahe dem römischen Urschrei nach Brot und Spielen entspricht, meinte Snellman am biederen Volke der Schwaben zu beobachten.

»Ein Bild von der südlichen Natur sowohl des Himmels als auch des Volkes und dem altertümlichen Geist, der hier herrscht, mag der Leser aus folgendem bekommen: An einem Dezembertag, als schon Schnee auf der Erde lag, aber die Sonne doch warme Strahlen zwischen die Mauern schickte, da ereignete sich auf dem Tübinger Marktplatz ein Schauspiel, halb südländisch, halb mittelalterlich. Auf dem unebenen, viereckigen Marktplatz drängte sich eine bunte Volksmenge, über die sich das vier Jahrhunderte alte Rathaus beugte; dieses Rathaus mit seinen breiten und niedrigen Fenstern, mit seiner Uhr, die jederzeit die Stellung der Erde zur Sonne und die Stellung des Mondes zur Erde zeigt, mit seinen Türmchen und dem jetzt leerstehenden Storchennest auf der Spitze des steilen Daches. Die umherstehenden Häuser versuchen, seinem Beispiel zu folgen, und schieben in Richtung Markt ein Stockwerk übers andere hinaus.

Alle Fenster standen offen, und drinnen drängte sich Kopf an Kopf. Für Augenblicke war die Menschenmenge so still, daß man das Plätschern des Brunnens hörte. Bis dann wieder eine Regimentsmusik losdonnerte, oder die jungen Leute der Stadt in ein gellendes Hurrah ausbrachen, das das hallende Gemurmel der anderen begleitete.

Während der Musik starrten alle Augen aufwärts. Da schwebte über dem Platz ein kräftiges Mannsbild, und zwar auf einem Seil, das fast von einer Hausreihe zur andern schwang, an der niedrigsten Stelle wohl zwanzig Fuß über der Erde. Dann klettert noch ein kleines Mädchen in Tunika und Trikot hinauf. Die Musik donnert, das Seil schwankt ... da sieht es so aus, als würde das Mädchen fallen – aber der kräftige Kerl kann es halten. Es ist ein Herkulesbild von einem Mann.«

Snellmans Blick geht hinab auf den Markt. Im Gewimmel sieht er ländliche Trachten. Männer in Bratenrock und Dreispitz. Einen Studenten im altdeutschen, mit Schnüren geschlossenen Samtrock, auf den die langen Locken fallen, die Pfeife im bartumsproßten Mund. Und das alles an einem Wintertag auf dem schneebedeckten Tübinger Marktplatz! Man hätte meinen können, in einer historischen Szene von Victor Hugo zu leben, »so fantastisch und traumhaft wirkte diese Szene auf Augen, die gar nicht glauben konnten, daß sie auf das 19. Jahrhundert hinabsehen, und die noch nie einen Wintertag ohne die Gesellschaft von Pelzen und gefrorenen Nasen gesehen haben.«

Commoden schrittes zum Parnass

»Dieser Berg hat, wo er am höchsten ist, eine ziemliche Höhe, und reicht gegen Mittag schier an den Neckar hin, auf welcher Seite er mit schönen Weinbergen ganz hinunter in die Länge gezieret ist. Gegenüber auf der mitternächtlichen Seite hat er einige Wiesen und Weinberge. In der Mitten sind Gärten, Wiesen, Äcker. Oben auf demselben werden Hasen gefangen.« Der von Martin Crusius am Ende des 16. Jahrhunderts so (und zwar lateinisch) beschriebene ziemlich hohe Berg also ist der Österberg. Er hat noch einige Weinberge, noch gibt es große Wiesenflächen. Auf ihnen weiden Schafherden, und oben auf dem Berg, beim Margeriten-Pflücken, hat mich erst dieser Tage ein aus tiefem Gras aufhoppelnder Hase erschreckt. Selbst ein schöner Wald ziert unseren Berg noch – nur eines hat er fast eingebüßt: seinen Ruf als »richtiger« Berg.

Ein »stolzer« Berg konnte er eigentlich nie sein, andere in der Umgebung waren höher. Schon von Waldhausen sieht man fünfzig Meter auf ihn herab, und erst recht, wenn man im Hochhaus wohnt. Immerhin: er galt als Berg, er war schwer zu ersteigen, nicht zu befahren, und vor allem: unbewohnt und unbebaut.

Früher sah man, wie er an allen Stellen aufstieg: bald sanft, wie heute noch auf dem durch Bauverbot geschützten Abhang hinter dem Institut für Leibesübungen zu sehen, bald in

gemäßigtem Anstieg (wie in der Doblerstraße), bald beäng-
stigend steil wie in der Brunnenstraße und gegen die Wilhelmstraße: mancher Hinterhof bietet beinahe bedrohliche
Aspekte vor allem da, wo die Baukunst seine ohnehin schon
vielbenagten und zerklüfteten Formen kraß zerschnitt.
Liest man die Beschreibungen des Österberges aus früheren
Jahrhunderten, sieht dort die Abbildung malerischer Vor-
hügelchen und erkundet das Gelände heute, ist man so enttäuscht, wie wenn man die Spielplätze seiner Kindheit auf-
suchte: alles ist kleiner geworden. Das Anatomische Institut,
eines der ersten Bauprojekte auf dem Österberg, sieht man
auf zartgetönter Lithographie über Baumwipfeln auf einer
respektablen Anhöhe schloßähnlich aufragen. Hat man heute
in der Intendanz des Landestheaters (Doblerstraße 8) zu tun,
und blickt dabei im kleinen Hof nach oben, so hängt die Ana-
tomie über einem. Oder: besucht man jemanden in den unteren Häusern der Mühlstraße, in einem der oberen Stockwerke,
dann kann er einen »hinten raus« auf den Österberg entlas-
sen.
Geht man durch die Keplerstraße auf den Österberg zu, sah
man da noch vor ein paar Jahren eine Bergwiese mit Almhüt-
ten-nachempfundenen Gartenhäuschen und einigen Tannen,
jetzt erscheint über einem Haus noch ein Haus (dies schon auf
dem Berge) und dann noch ein Haus: das Österberg-Grün
vermischt sich mit dem Grün der Dachgärten.
Und erst seine Neckarseite! Hier wurde er einst zuerst vor-
städtisch bebaut, dann etablierten sich die stolzen Backstein-
burgen der Olgastraße. Die hohen Burgen der Verbindungshäuser, auf deren Türmchen Wetterfahnen in den Himmel
ragten, hätten ihn trotz allem nur »stolz gekrönt« und ihm
sein Berg-Gesicht nicht genommen; im Gegenteil: weil er
trutzige Höhe bot, siedelte man sich dort an.
Doch jetzt kriechen Terrassenhäuser an ihm hinauf – sicherlich bietet er wunderbare Anlehnung, und bestimmt ist Sicht
und Lage wunderschön. Doch mit einigen Terrassen ist der

Hang zugebaut. Vielleicht kommt es noch so weit, daß die Architektur an allen Seiten an ihm hinaufgekrochen ist und in einer kleinen Feierstunde eine Höhenterrasse eingeweiht wird, die dann das Kapitel »Österberg« endgültig abschließt. Vielleicht kann man sich dann nicht mehr so richtig entsinnen, wie es zu dieser aparten Architektur kam. Ein Heimatforscher wird gebeten werden. Der nimmt vielleicht die einprägsam geschriebenen »Geologischen Ausflüge in Schwaben«, 1864 von dem Tübinger Geologen Friedrich August Quenstedt veröffentlicht, zur Hand und liest, indem er zuerst zur Gartenstraße hinunterzeigt: »Am steilsten Teile des rechten Österberges in der ersten Mulde (Lützel) steht der Lützelbrunnen (Philosophenbrünnele), welcher allgemein für die beste Trinkquelle gilt. Bei der zweiten Mulde (Hundskapf) kann ein großer Markstein mit Tübinger Fahne und Jahreszahl 1506 nicht übersehen werden, es ist die Grenze von Lustnau.«

Quenstedt wandert weiter um den Berg und kommt zum »Wäldle«, weiter zum »Komerell'schen Bierkeller«, am damaligen Brunnenweg, der heutigen Brunnenstraße gelegen. »Neben dem Bierkeller führt eine anmutige Schlucht (Käspersloch) zu Brunnenstuben, die ihr Wasser aus den Felsen des Weißen Keupersandsteins beziehen.« »Käspersloch korrespondiert der Lützel« fährt unser geologischer Führer fort. Käspersloch, das ist der heutige Wilhelm-Schussen-Weg (nach dem schwäbischen Dichter benannt) von der Brunnenstraße zum Südwestfunk; er entspricht also der Österberg-Einbuchtung am Philosophenbrünnele.

Von den »Brunnenstuben« im Wilhelm-Schussen-Weg führte früher eine Leitung bis zum Pfleghof: »Die ausgedehnte Kelteranlage mit eigener Küferei im neuen Pfleghof machte eine eigene ausreichende Wasserversorgung notwendig. Die Zisterzienser-Wasserbauleute fanden gutes und genügend Wasser auf ihrem eigenen Grund und Boden im sogenannten Käspersloch, sie faßten das Wasser in drei Brunnenstuben, bauten aus Holz und Blei eine Leitung am Österberg entlang, über das Lustnauer Tor bis in das Bronnenhaus im Pfleghof. Die Brunnenstuben im Käspersloch sind noch vorhanden. Das Wasser hört man rauschen. Es wird in den Kanal der Brunnenstraße eingeleitet.« So beschreibt Reinhold Frauendiener das ausgeklügelte System in seinem Werk über die Tübinger Weingärtner (Die Tübinger Weingärtner und ihre Keltern, 1970).

Quenstedt, unser Führer, ist inzwischen ebenfalls dem Österberg entlang, vorbei am steilen »Katzenbuckel« in der mittleren Brunnenstraße (die Himmelsleiter gab es damals noch nicht!) zum Ausgangspunkt der Lehrwanderung zurückgekehrt, zum Anatomischen Institut: »Da sehen und hören wir die Ammer im tiefen Kanale gewaltig brausen; ungezähmt wäre sie noch immer imstande, den Berg zu bewegen.«

Doch sie konnte unseren Österberg auch in den hundert Jahren seit seiner Schilderung nicht bewegen: irgendwo unter der Mühlstraße, durch die der schwer zu bezähmende Verkehr fließt, muß sie vor sich hinbrausen . . . ganz vergessen.

Ganz abgesehen von seiner Bedeutung als größter Wein-Berg war der Österberg also ein richtiger Berg mit Quellen, vier flurnamengeschmückten Tälchen, vier tiefen Furchen: »Wie dem Lützel Käspersloch, so entspricht dem Hundskapf eine tiefe Furche im ›Wäldle‹ neben der unteren Halde.« Von diesen Bezeichnungen findet sich nur noch »Hundskapf« auf heutigen Stadplänen, ursprünglich wohl nicht eigentlich der Name der Klinge, sondern (da »Kapf« Bergkuppe, Ausblick bedeutet) der Name der darüberliegenden Erhebung.

Blick vom linken Österberg
auf die Neue Universität
und ins Ammertal
um 1860

So schwer solche Namen auch zu erklären sind: im Grunde macht es uns der Österberg mit seiner Benennung einfach: er ist schlicht auf das alte Tübingen bezogen, das ihm erst im letzten Jahrhundert entgegengewachsen ist. »Österberg«, in spätem Latein »mons anatolicus« genannt, heißt er, weil er im Osten liegt.

Auch »anatolicus« heißt östlich, morgenländisch: mit der »Anatolischen Schule« auf dem sogenannten Schulberg hat es also nur die schlichte Bewandtnis, daß sie eben vor der Trennung von Österberg und alter Stadt, wie der Pfleghof, auf dem Österberg lag.

Auch sonst gibt sich der »mons anatolicus« nicht weiter kompliziert, denn man darf rechtens (und seit Jahrhunderten) vom rechten und vom linken Österberg sprechen. Die Universitätsvorstadt beispielsweise liegt am »linken Österberg«, zum Neckar hinaus grüßt der rechte.

Jetzt sind wir also so weit, daß wir Andreas Christoph Zeller »mit commoden Schritten« folgen können, wenn er uns auf die Frage, wo Tübingen liegt, antwortet: »Hier lasse sich der geneigte Leser gefallen, mit mir aus Tübingen hinauszugehen, und wende sich gegen Osten, Süden, Westen und Norden. Gegen Osten kommt sogleich von der Stadt an bei dem Lustnauer Tor der große Mons Anatolicus oder Österberg. Dieser Berg mag wohl ein Parnassus-Berg genannt werden, teils, weil er anfangs (d. h. vor dem Durchbruch der heutigen Mühlstraße) an der Stadt angeschlossen war, teils sich nach seiner Zerteilung auf sich erbauet hat die Scholam Anatolicam und Bebenhäusische Pfleg, teils, daß die Studierenden viel Plaisir darauf haben mögen, wodurch sie ihren Fleiß bezeugen, und auch im Feld, in den Wundern der Natur, die Weisheit Gottes beobachten können. Die Circumferenz (= Umfang) an dem Fuß desselben läßt sich mit commoden Schritten, aber ohne vielen Absatz oder Niedersitzen, in einer völligen Stunde im Spazierengehen antreten und endigen, und dieses zwar unter allerhand Abwechslungen des Anschauens des Neckars, der Wiesen, der Wälder, der Äcker, der Weinberge, der Gärten etc.«

Soweit also der historische Spazier-Vorschlag von Zeller (in teilweise moderner Rechtschreibung). Der Prälat Zeller schrieb diese »Merkwürdigkeiten« (1743) anläßlich eines aus gesundheitlichen Rücksichten angetretenen Tübingen-Aufenthaltes. Daher darf man glauben, daß er den abwechslungsreichen Trimmpfad in bequemem Schritt, doch ohne Vesperpause des öfteren bewältigte.

Einen »Parnaß« hat Zeller unseren Österberg genannt, er vergleicht ihn also mit jenem mittelgriechischen Berge, der Apollo und den Musen heilig war, und damit Symbol der Dichtkunst wurde. Aber auch ein Nymphenheiligtum hatte der Parnaß. Auch der Österberg hatte eine Nymphe, denn »Echo« ist eine dieser Naturgottheiten. »So hat es auch von diesem Berg auf der Nord-Ost-Seite hinüber in Halden gegen der Deglichs-Kling hinter dem Siechen-Haus ein schönes Echo, welches etlichemale antwortet.«

Auch Musikinstrumente sollen an dieser Stelle besonders schön klingen. Wer es ausprobieren möchte: die »Halden« sind die heute noch freien Wiesen am linken Österberg; man stelle sich also gegenüber der »Täglesklinge« (hinter dem Pauline-Krone-Heim) auf, und rufe die Nymphe Echo hervor. Immerhin, auch der Geologe Quenstedt erwähnt das Echo: »Ein klares zweisilbiges Echo, das auf dem Wege . . . vom Gutleutehaus herüberspricht.« Man kann es also mit der Frage nach der Studenten-Kost ruhig versuchen: Was essen die Stud-en-ten?

Ein Parnaß wurde (und war) der Österberg jedoch vor allem als Dichterberg: schon der kaiserlich gekrönte Dichter Nikodemus Frischlin hatte auf dem Österberg ein Gartenhäuschen, das, so liest man, 1902 der Österberg-Erschließung zum Opfer fiel. Auf dem Gelände der Borussia (Österbergstr. 12) fand man, so berichten letztmals die »Tübinger Blätter« 1968, einen Denkstein, den Johannes Mockel, der gelehrte Wirt vom »Goldenen Schaf« und Verfasser lateinischer Gedichte, dort (mit lateinischer Inschrift) errichtete: um 1600 habe er dort oben, wo seit Urzeiten Einöde war, Weinberg und Garten angelegt, und ein Gartenhaus von Grund auf erbaut.

Kaum ein paar Meter davon entfernt die heutige »Wielandshöhe«. Dort soll Wieland, ebenfalls in einem Gartenhäuschen, um 1750, während seiner Tübinger Studentenzeit, zu seinem »Oberon« inspiriert worden sein.

Diese Gärten mit ihrer herrlichen Aussicht müssen Dichter angezogen haben. Als Goethe 1797 in Tübingen war, weilte er auch auf dem Österberg im Garten der Professorenfamilie Ploucquet, den man als Garten der Österbergstr. 11 identifizieren kann.

Ein paar Schritte unterhalb der »Wielandshöhe« schließlich (auf dem heutigen Gebiet der »Stuttgardia«) das Pressel'sche Gartenhaus, ein Weinberghäuschen. »Hatte nicht hier auch Hölderlin der junge schon einmal sein Glas aufwallend zum Fenster hinausgeschleudert mit dem Schillerruf: ›Dieses Glas dem guten Geist!‹? Und eine Generation später der genialische, aber früh vollendete Waiblinger mit Mörike, Neuffer und ihren Freunden geschwärmt, manchmal auch wieder den kranken Hölderlin mit sich führend, und ihr Wunderland Orplid aus den Wellen gezaubert? Wenn irgendeiner, so hätte dieser Österberg das Recht, ein Dichterberg und der Parnaß Tübingens zu heißen.«

Theodor Haering bestätigt Zeller über die Zeiten. Man kann sich nur wundern, daß nicht ein Kranz von Denkmälern und Weihestätten den Österberg krönt. Uhland, Karl Mayer und Ottilie Wildermuth wohnten in der Gartenstraße, am Fuße dieses Parnaß, wobei zu Uhlands Haus an der Neckarbrücke sogar ein großer Garten am Hang gehörte.

Als Treitschke über Uhland schreibt, bekommt unser Österberg, der vielfältig-zerfurchte (den wir zunächst so kennenlernten, wie er aussah, bevor ihn das Bürgertum stürmte), ein

70

so schmeichelndes Kompliment, daß es ihn, den heute unter Häusern verschwindenden, noch immer stolz unter den Bergen seiner Umgebung machen könnte: er sei der Berg, »dessen schöne Formen der aus Italien heimkehrende Philolog mit dem Vesuv zu vergleichen liebt«.

Rüben aus Moskau

Gartenstraße – so heißt die Straße am südlichen Fuße des Österbergs mit Recht und ohne jede Romantik, da sie, früher nur ein schmaler und beliebter Spazierweg am Neckar entlang, viel alte Gartenherrlichkeit verdrängt hat. Nur bis zu den mächtigen Stützmauern der Olgastraße wollen wir gehen, doch zurück bis in die erste, biedermeierliche Hälfte des vergangenen Jahrhunderts; ein Spaziergang, dessen konkreteste Anhaltspunkte ein paar Weinbergmäuerchen sind, die zwischen Hausmauern erscheinen.

Auf dem Schloßberg, beim Schmiedtor, auf dem Österberg oben gab es herrliche und bekannte Gärten – Goethe hatte ja 1797 gleich zwei der schönsten Professorengärten besucht. Johann Heinrich Ferdinand Autenrieth (1772–1835), erster Kanzler der Universität, der nicht der theologischen Fakultät entstammte und heute als »Psychiater« Hölderlins und Gründer des Klinikums wieder in den Blickpunkt getreten ist, besaß schon vor dem Lustnauer Tor ein prächtiges Haus – das spätere Gymnasium und nach dem Umbau das Haus Schimpf. 1825 begann er, seinen am südlichen Österberg ererbten Garten ummodeln zu lassen, bis er »in Tübingen zu den sehenswertesten Gärten gezählt und zum mindesten den Gärten der Semiramis gleichgestellt« wurde.

Autenrieths Garten gehörte 1775 dem Philosophie-Professor August Friedrich Böck(h), dessen Witwe 1825 starb. Den

Garten erbte ihre Tochter Johanna Friederike, die Frau des 1797 als Nachfolger des Mediziners Clossius nach Tübingen gekommenen Mediziners Autenrieth. Die Schwester seiner Frau war übrigens mit jenem Karl Friedrich Closs(ius) verheiratet.

Hier außen vor der Stadt konnte man Autenrieth, den Gartenfreund, kennenlernen, ruhesuchend nach des Tages Hitze und Last. Ruhe, die er brauchte als autoritärer, dem Königshaus treu ergebener, »zeitweise mit großer Gewalt bekleideter permanenter Vorstand« der Universität – eine Tätigkeit, die »ihn bei seinen Collegen ziemlich unbeliebt gemacht hatte«. (So Max Eifert in seiner Universitäts-Beschreibung.) »Privat«, bekommen wir von diesem weitgereisten Manne das Bild eines geistreichen, taktisch-klugen, gebildeten und vor allem repräsentationsfreudigen weltmännischen Gelehrten mit noblen Allüren: sein klassizistisch-palaisartiges Stadthaus, in dem allerhand Fürstlichkeiten durch die palmenkübel-geschmückte Einfahrt aus- und eingingen, beherbergte das Wissen seiner Zeit.

Doch lassen wir ihn selbst zu Worte kommen – in einem in unseren Spaziergängen erstmals gedruckten Brief an seinen Neffen Walther Friedrich Clossius, kurz »Fritz« (1795–1838) genannt, der einen juristischen Lehrstuhl in Dorpat angenommen hatte und im Begriffe war, sich mit einer ansässigen Adligen zu verheiraten. Onkel Autenrieth versichert dem Neffen: So groß ist »der Anteil, den wir an Deinen neuen Verhältnissen nehmen, daß ich in der Familie nicht genug Auskunft über Dorpat und Liefland geben kann; und da habe ich nun, von Deinem Beispiel verführt, die Sache recht gründlich und mit dem Alterthum angefangen, meine Sammlung von Reisebeschreibungen (. . .) selbst mit M. Christophori Hartknochs altem und neuem Preußen vermehrt, und studire es jetzt; damit ich umso gründlicher auch Auskunft über Deine jetzige Lage erteilen kann. Doch könnte es nicht schaden, wenn Du fortführest, daneben auch noch Nachrich-

ten von neuerem Datum zu geben; die Frauen in der Familie halten auf letztere mehr. (...) Deine Schilderung von Kidierw (dem Besitz der Braut) ist so anziehend, daß wir bei einigem leisen Zweifel sie fast der Beleuchtung, welche die Landschaft durch die Anwesenheit Deiner Braut erhielt, zuschreiben möchten. Unter solchen Umständen, wer weiß, ob Du nicht noch eine Freude am Landleben, was Deine Sache nicht war, bekommst, und Dir nicht auch ein Äkerchen, wie unser Dir wohl bekanntes, noch unterhaltend vorkommt. Auf diesem wird heuer, mit großer Erwartung von meiner Seite, Tabak und Hirse gepflanzt, und Zwetschgen bekomme ich auf meinem Obstgute heuer wahrscheinlich mehr, als in ganz Kidierw wachsen. Das sind die wichtigsten politischen Neuigkeiten, die ich Dir von Tübingen schreiben kann; sonst gibt es rein keine, so ruhig und still, oder eigentlich unbewegt ist es gegenwärtig bei uns.«

In diesem Jahr muß Autenrieth dem fernen »Vetter« – so pflegte er den Neffen in seinen Briefen meist zu nennen, was damals üblich war – auch den Tod seiner Mutter mitteilen. Am 13. Dezember schreibt er nach Dorpat einen langen Brief, Rückblick und Vorschau:

»Liebster Vetter! Wir wünschen Dir alle herzlich Glück zu Deiner nun vollzogenen Verbindung, und empfehlen uns nochmals der Freundschaft Deiner lieben Frau; wir freuen uns sehr, Dich mit ihr nächsten Sommer bei uns begrüßen zu können; und wir hoffen, so elegant Du auch in Dorpat eingerichtet bist, und so groß auch, verhältnismäßig zu Tübingen, Euer Gesellschaftston dort ist, wenn Deine Frau unser lieblichschönes Neckartal sieht, so dünkt ihr, eigentlich gehörte sie doch hieher; wenn gleich Kidierw auch seine Reize haben mag. Auch an Landgütern sind wir jetzt sehr reich; ich habe auf meinen Besitzungen 260 Fruchtbäume, vom schwar-

Der Garten des Kanzlers
Johann Heinrich Ferdinand Autenrieth

75

zen Maulbeerbaum an, biß zu Kirschen, die im August erst reif werden, weil es gemein wäre, da in Hagelloch in unserer Nähe ganze Wälder von Frühkirschen sind, welche zu haben, wenn Körbevoll auf dem Markte zu kaufen sind. Du kannst daraus schon schließen, welche große Veränderungen ich mit Deiner seligen Großmutter Garten bereits angefangen habe, und anfangen konnte, da wir biß jetzt noch keinen Frost hatten. Aber alles, was ihr eine Freude war, das Hüttchen oben, wo sie Tage lang in der schönen Natur zubrachte, etc, ist unangetastet geblieben. Nur das Bronnenhauß wurde abgebrochen, und am Ende des Gartens unten aufgemauert: der Weinberg wird reformirt, und künftig enthält er (ein neues durch den ganzen Garten gezogenes, mit allen Arten Trauben besetztes Spalier ausgenommen) nur zwei Sorten Weinstöcklen, eine Art für weißen, eine Art von rothen Wein. Ich hoffe, in wenigen Jahren den Tübinger Wein durch meine Proben in größten Credit zu bringen.

Der Brunnen kommt in ein Gebüsch wohlriechender Sträucher, und daneben wird ein großer See angelegt, 12 Fuß lang, und 4 breit, damit ich Seerosen, den Biberklee etc., kurz schöne Wasserpflanzen auch in meinem Eigenthum habe. Das Vogelhauß wird erneuert, und aufs Frühjahr mit Sangvögeln besetzt. Du siehst also, daß ich Deiner Frau auf den Sommer alle Herrlichkeiten der Natur auf einem kleinen Flecklen beisamen, wenigstens im Werden zeigen kann, wenn ihr etwa unser Landschafts-Gemählde im Großen nicht befriedigend genug vorkäme.

Du könntest aber wohl so gut sein, und mir auch etwas für (unsere) neue Villa mitbringen. Nehmlich, ich habe aus meinen Reisebeschreibungen erfahren, daß es in Liefland, in Harrien, eine Abart von Erdbeeren giebt, die man daselbst Maul- oder Muhlbeeren, estnisch Mulakad, lettisch Struttenes nennt, die etwas eingedrückte Samenkörner hat, und einen besonders gewürzhaften Geschmack haben soll, und da wohl auch aus Harrien gebürtige Studirende in Dorpat seyn werden, so könntest Du vielleicht von diesen Mulakad oder Struttenes-Erdbeeren auf den Sommer welche bekommen (. . .) das wirst Du Dir wohl einbilden können, daß der Garten auch bereits mit allen Arten von Beeren, von den rothblühenden amerikanischen Johannisbeeren an biß zu den großen Brombeeren versehen ist; und auf so eine ausländische Art von Erdbeeren könnte ich dann noch stolzer seyn. Noch drückt mich ein zweites, was ich Dir nicht verhehlen kann, da ich nicht zweifele, daß Du nicht bald mit allen großen Gelehrten in allen Provinzen Rußlands in Correspondenz wirst gekommen seyn.

Könntest Du mir nicht von Moscau, wenn Du dorther einen Transport alter seltener Manuscripte erhältst, auch eine kleine Portion Rüben-Saamen mitkommen lassen. Durchaus, wenn ich mit Officieren und Ärzten sprach, welche den fürchterlichen Feldzug nach Moscau überlebten, sprachen sie mit Wollust von kleinen, runden, apfelförmigen Rüben, von denen man den Dekel wegschneide, sie aushöhle, etwas Butter hineinthue, den Dekel wieder daraufsetze, und nun auf dem Ofen die Rübe, wie einen Apfel braten lasse.

Deine Tante meint zwar, es werde bloß eine Abart weißer Rüben seyn, und wenn man Hungers zu sterben befürchte, so seyen diese auch ohne Butter gut; ich habe aber eine bessere Meinung vom Geschmack der ersten Stadt des russischen Reiches, als daß sie weiße Rüben essen würden; Du könntest mir also den größten Gefallen mit einem Loth von solchen Rübensamen erweißen. Obschon ich keine Art von Rüben esse, und also auch diese nicht essen werde; so bedenke doch, wie vornehm das lauten würde, wenn ich einem Besucher meines Gartens, der die Rüben zwischen Amaryllis und (Tigridien) stehen sehen würde, und sich darüber wunderte, ganz nachlässig sagte, sie sind von Moscau, ich habe einen Neffen, der mir sie durch seine litterarische Correspondenz verschaffte, er ist dort mit den vornehmsten Juristen auf dem vertrautesten Fuß.«

So also der Onkel dem Neffen. Was sich den Anschein einer Plauderei über Belanglosigkeiten gibt, ist – geschickt hinter blühenden Büschen versteckt – der Hirtenbrief eines weltklugen Staatsdieners, beziehungs- und motivreich wie sonst nur die fingierten Briefe in den Romanen Fontanes und Thomas Manns.

Der späte Polyhistor arbeitete sich ein, nahm sich den kompendiösen »Hartknoch« vor: Christoph Hartknochs »Preußischer Historien zwei Theile«, erschienen 1684.

Mit seiner Lektüre möchte der gute Onkel dem Neffen zeigen, der ja »jetzt russisches Brod isst«, daß er nicht recht damit tue, wenn er sich nur um deutsche Rechtsgeschichte kümmere, er müsse sich schon beziehungsreicher dem Herrscherhaus empfehlen.

Auch die Freuden des Landlebens werden nicht ohne Hintergedanken geschildert: dies soll zunächst Verbindung zur landbesitzenden Familie der Braut schaffen, aber es soll auch die Braut, die dem Vetter bei der Brieflektüre über die Schulter sah, ansprechen: hier schreibt nicht nur ein großer Gelehrter, sondern der Herr über Hunderte von Obstbäumen, ein schwäbischer Gutsherr.

Doch weiter geht die Gartenpolitik: er nötigt den stillen Neffen, dessen Lust es war, »in alten Codicibus Schreibfehler aufzufinden« (so Autenrieth an anderer Stelle), weitläufige Verbindungen anzuknüpfen, sich Rübensamen aus Moskau zu verschreiben, nicht ohne ihren Bestimmungsort zu verschweigen: den Kanzlersgarten in Tübingen.

Endlich angekommen, verfehlten die kleinen Samen auch hierzulande nicht ihre Wirkung. Autenrieth deutet es an – und vielleicht weiß Clossius, was der Onkel denkt: ein anderer Gartenfreund war der bekannte Heinrich Eduard von Schrader, auch er ein Verschönerer der Tübinger Umgebungen. Schrader, 1779 geboren, war in Tübingen Professor der Rechte. Die russischen Rüben sollten ihn an den Kanzler-Neffen erinnern, und es schien nicht ausgeschlossen, daß

Clossius die Nachfolge Schraders würde antreten können. Das Neckar-Landleben nach römischem Vorbild war für den Kanzler also nicht nur die Idylle seines Alters: hier fand der vornehme Bürger, einst Schüler der Hohen Karlsschule, ein Abbild seiner Welt, halb noch höfisch (die große Treppe, eine künstliche Ruine, die für Tübingen einmaligen Tannen und das Vogelhaus), halb bürgerlich: an die Stelle der Orangerie war das Häuschen getreten, in dem Rübensamen aus Moskau aufgehen sollten.

Bürgerlich war auch die Wetterfahne in der guten Stube des Gartenhäuschens (vielleicht auf der linken Seite des Daches zu erkennen): das heißt, eine Wetterfahne, »von der eine Stange bis zur Decke des oberen Zimmers herabging und hier in einem Zeiger einer gemalten Windrose die Windrichtung angab.« So konnte man drinnen in aller Behaglichkeit neben dem Tonofen im Stil Ludwigs XVI., neben dem Klavier, das als ehemals Mozart'sches galt, mit einem Blick zur Decke sehen, ob's draußen stürmt oder schneit, und Geborgenheit in freier Landschaft empfinden. Im Häuschen wurde der Politiker Autenrieth für Augenblicke ein Bruder von Spitzwegs Gartenfreunden.

Er konnte seinen Garten nur zehn Jahre lang genießen. Auch unser Clossius, dessen liefländische Ehe (doch nicht wohl aus mangelndem gärtnerischem Interesse) bald auseinanderging, war schon 1838 gestorben. Nach dem Tod von Autenrieths Witwe (1853) erweiterte der Sohn Hermann Autenrieth das Gartenhaus zur Sommerwohnung und schließlich durch einen Anbau zum Wohnhaus (1870) – bis auch dieses – durch Verkauf und Erbe an Professor Eugen Nägele gekommen – wegen der neuen Straße zurückversetzt werden mußte (1911). »Sag mir, wo die Tannen sind«, wo war die heitere Idylle? Ausgerechnet in der Gegend, in der die Gartenstraße durch die trutzigen Olga-Straßen-Stützmauern an ein Eisenbahn-Tunnel erinnert. Die Leute von Nägelestraße 1–7 genießen dieselbe Aussicht wie die fröhliche Gesellschaft, die ganz

oben in Autenrieths Garten eine der bevorzugten Weinsorten
genoß.

Am vorgartenlosen Haus Gartenstraße Nr. 19 erinnert eine
Bronzetafel an den Albvereins-Professor Nägele. In der
Schlucht zwischen Stützmauer und Hauseingang ein Tuff-
steinportal, vielleicht ein letzter Rest von des Kanzlers künst-
licher Ruine . . . Es empfiehlt sich nicht, vor dem Haus zu
träumen. Man könnte überfahren werden.

OTTILIES HERZIGES OBDÄCHLE

Vor Kanzler Autenrieths Garten, in der mittleren Gartenstraße, waren wir bei unserem letzten Tübinger Spaziergang stehengeblieben.

Bei guter Witterung konnte man auf dem ehemaligen Weg meist Spaziergängern begegnen; nicht nur in der Nähe des Neckartors, wo die »Eifertei« ihre Anziehungskraft ausübte. Schon in der Sonntagsfrühe brachen »Stadtflüchtige« auf, um nach steilem Treppensteigen zwischen Weinbergmauern halbwegs auf der »Wielandshöhe« oder gar droben auf dem Österberg mit auf feierliches »religioso« gestimmten Gefühlen Ludwig Uhlands Gedicht »Schäfers Sonntagslied« nachzuempfinden: »Das ist der Tag des Herrn! Ich bin allein auf weiter Flur, noch eine Sonntagsglocke nur, nun Stille nah und fern.«

Doch solche Abgeschiedenheit suchte man bei den eigentlichen Spaziergängen nicht. Im Gegenteil: hier zählte das Gesellige, und daher suchte man einen beliebten »Wandel« auf. Dazu zählte der südliche Österberg: »Neckarabwärts am Fuß des Österberges zwischen Berg und Fluß bis zum Philosophenbrünnele«, so wird bei Max Eifert und anderswo empfohlen. Lange waren hier, wo gegen die Mitte des vorigen Jahrhunderts Uhlands, Mayers, Wildermuths und ihre Gäste zu gegenseitigen Kaffeebesuchen schritten, nur Weinberge, ein paar Weinberghäuschen, wohl auch Gärten, doch keine

Wohnhäuser. Erst am Anfang des 19. Jahrhunderts begann man, an den Gärten vor dem Neckartor richtigen Gefallen zu finden. Die »führenden« Gärten der vorigen Generation waren in anderer Lage. Doch die Blütezeit des Autenriethschen Gartens (um 1830) brachte einheimische, auswärtige, adlige und gelehrte Gartenfreunde in diese Gegend. Einige biedermeierliche Lithographien zeigen wohlgekleidete Damenwelt mit Hacke, Gießkanne, Sonnenschirm und Blumenstrauß in vielfältiger Uferlandschaft.

Einer der ersten, der vor dem Neckartor leben und vor allem bauen wollte, war Dr. Karl Marcel Heigelin, der vom Sommersemester 1823 an in Tübingen über Baukunst, Ästhetik und Kunstgeschichte las. Der junge Heigelin lag mit der Stadt Tübingen wegen seiner Baupläne in Verhandlung. Er wollte nämlich – für ihn fast ein symbolischer Akt der Befreiung von mittelalterlicher Enge – die Stadttor-Türme abbrechen lassen und die Steine dann für seinen Hausbau benützen. Doch ortsansässige Maurer kamen ihm zuvor. Auch Baugrund am Österberg bekam er nicht ohne weiteres. Anfang 1826 schließlich ist es so weit: er kauft fünf Parzellen Weinberg von verschiedenen Besitzern und erhält die Erlaubnis, »auf ein kürzlich erkauftes Gut am Österberg ein Haus bauen zu dürfen«.

Wenn Heigelin, der fortschrittliche Architektur-Theoretiker, bauen wollte, mußte das viel Interesse finden. Schon 1823 hatte der Privatdozent als Einladungsschrift zu seiner Vorlesung »Über den Zusammenhang der Kunst mit Wissenschaft und Leben« gesprochen, und unter dem Schiller-Motto vom »schön vereinten Streben« für eine Verbindung aller Künste zu einer schöneren, bedeutungsvolleren Gestaltung des Lebens plädiert. 1827 veröffentlichte er ein »Handbuch der neuesten ökonomischen Bauarten« mit Dorf-Verschönerungsplänen, die auch eine sinnige Gestaltung des Landlebens einbeziehen.

Seine Beschreibungen ländlicher Szenen lesen sich wie Bühnenbild-Anweisungen eines Balletts in der Art von »Giselle«. 1828–1832 schließlich erschien sein dreibändiges »Lehrbuch der höheren Baukunst für Deutsche« – ein in Tübinger Lehrtätigkeit entstandenes Kompendium, das außer der Architektur im engeren Sinne Gartenbau, Innendekoration, Festverzierungen – kurz alle Gebiete des äußeren Lebens umfaßt. Mit fast missionarischem Eifer sollte das ganze Leben und die tägliche Umgebung verschönert, veredelt werden. Ein klassizistischer Aufschwung zum universalen Menschen, der nicht nur geistreich ist, sondern auch schön: mens sana in corpore sano – und in entsprechender, geschmackvoller Umgebung.

Heigelin hatte ein Programm, wie später die Darmstädter Künstlerkolonie und das »Bauhaus«. Er wollte Lebensgewohnheiten entwickeln, deren schwacher Nachklang »Schöner-Wohnen-Ideale« sind. Ideale, die um 1840 vom anderen Neckar-Ufer aus der Ästhetiker und Berufsspaziergänger Friedrich Theodor Vischer vertrat, die aber das 19. Jahrhundert bald vergaß, dessen »Verlogenheit« von den Reformern des 20. Jahrhunderts nicht genug angeprangert werden konnte: man »schwärmte amtlich von Tizian und hatte über seinem Schreibtisch einen Öldruck nach Grützner. Im Museum verzückter Augenaufschlag, pflichtschuldige, durch das Medium von Druckerschwärze vermittelte Begeisterung; zu Hause Culturlosigkeit: fettiger Schlafrock und schmutzige Nägel – das war die Signatur der Epoche«, entsetzt sich ein Vertreter des Jugendstils als Lebensstil um 1900. Heigelin war nicht daran schuld. Er war einer der Architekten, die – an der Schwelle der Industrialisierung – glaubten, Fortschritt, Schönheit und Wahrheit verbinden zu können. Selbst Fabriken, schreibt er, könnten zur Verschönerung der Landschaft beitragen, denn: »Welche hübschen Bilder geben auch hier oft die geordneten Beschäftigungen der Menschen und die mancherlei Vorräte und Geräte!«

In Tübingen kam man seinen hochfliegenden Bauplänen

nicht so entgegen, wie er sich erhofft hatte; das zeigte schon die Beschaffung des Baumaterials. Aber Heigelin wußte sich zu helfen. Die Steine des Stadttores wurden zum Fundament, auf dem er einen sogenannten »Pisébau« errichtete, einen Bau in Erdbauweise; dazu einige Nebengebäude, unter anderem für eine zu gründende Bauschule, die zu einem Tübinger »Bauhaus« werden sollte.

Der ungewöhnliche Bau, der bestimmt viele neugierige Spaziergänger ans Neckarufer brachte, scheint zügig vorangegangen zu sein, denn beim Cannstatter Volksfest im Herbst des gleichen Jahres kann er schon auf seinen Tübinger Muster-Bau verweisen. Auch als dauerhaft hat er sich erwiesen, denn Heigelins Baulichkeiten stehen noch heute: zwischen Gartenstraße Nr. 11 und 13 führt ein Treppchen hinauf, dann steht man vor Heigelins Häusern. Sie sind renoviert, es wurde an- und vorgebaut. Doch Umrisse lassen Heigelins Klassizismus erahnen, und ein Blick unter die Dächer zeigt das alte Gesims.

Auch ein zweiter Bau wird Heigelin zugeschrieben: das Uhland-Haus, das im Zweiten Weltkrieg zerstört wurde und an dessen Stelle die Läden Ecke Mühl- und Gartenstraße eingerichtet wurden. 1828 wurde es für den jungen, erfolgreichen Juristen Karl Georg Wächter gebaut, kam – als dieser nach Leipzig ging – in den Besitz des Buchdruckers Hopfer de L'Orme und wurde schließlich 1836 an Ludwig Uhland und seine Frau Emma verkauft. Vor dem Beschauer, der von der Neckarbrücke her kam, baute sich in »wohlabgewogenen Proportionen ein schlichtes und doch nicht schwer wirkendes bürgerliches Wohnhaus auf. Sparsam und zurückhaltend verwendete klassizistische Stilelemente verbinden sich in ihm

Das Wohnhaus Ludwig Uhlands,
dahinter am Österberg ansteigend
sein vielgeliebter Garten um 1862
(im Zweiten Weltkrieg zerstört)

ungezwungen mit gewohnten Maßen und Formen des traditionellen Wohnbaus zu vornehmer Eigenart«.

Heigelin geht schon 1829 nach Stuttgart. In wenigen Jahren hat er die Gegend vor dem Neckartor geprägt, aber seine Baulichkeiten werden von ganz anders gearteten Persönlichkeiten bewohnt. Schon wenn er über den Gartenzaun sah, konnte ihm nicht alles gefallen. Nehmen wir nur ein Beispiel: der Stolz des Kanzlers Autenrieth (eine Generation älter als der Architekt) war sein Vogelhaus, die Volière. Heigelin dagegen verurteilt eingesperrte Vögel im Garten: »Die Vögel des Himmels kommen, wie die Schmetterlinge, von selber, und es ist eine der größten Thorheiten, dieselben da, wo der Mensch lustwandelnd seiner Freiheit genießt, ihm in Käfige, Volières, eingesperrt vor Augen zu stellen. Fische, welche die Teiche beleben, sind ein erfreulicher Anblick. Überhaupt nehme man blos solche Tiere auf, die ohne sichtbaren Zwang bleiben, wie zum Beispiel Schwäne . . .«

Die Gartentheorie war schon im 18. Jahrhundert in Deutschland ein beliebter Gegenstand. Schiller hat über die Theorie des Gartens geschrieben und viele Vergleiche aus der Gartenkunst genommen; Heigelin (dessen Großmutter mütterlicherseits übrigens Schillers »Laura« war und dessen Stammbaum für das damalige Württemberg bedenkliche Unregelmäßigkeiten zeigt) hat hier Schillers in der Auseinandersetzung mit Kant gewonnene Ästhetik auf Park und Gemüsegarten nebst Tierreich angewandt: Goldfisch und Schwan also sind es, die Pflicht und Neigung verbinden. Die Pflicht und Neigung nämlich, zwanglos im Garten ihrer Besitzer zu bleiben.

Eine Bemerkung Heigelins allerdings klingt wie eine vorweggenommene Verteidigung Uhlands, der, wie erwähnt, in Wächters neues Haus ziehen sollte: »Eine große Verirrung der Gartenkunst«, schreibt er im Handbuch, »muß hier noch angeführt werden: das absichtliche Vermeiden der nützlichen, früchtetragenden Vegetation, als wäre diese gleichsam etwas zu Gemeines, Prosaisches. Dieser Irrtum hängt mit einer trügerischen Lehre der Philosophen in der Ästhetik sehr nahe zusammen, deren vollkommene Haltlosigkeit hier nicht entwickelt zu werden braucht. Man werfe einen Blick auf eine Reihe von glänzenden Früchten strotzender Bäume, um deren Stämme sich Reben voll Trauben schlingen. Wer ein solches Bild unästhetisch findet, der ist durch eitle Einbildungen um sein natürliches Gefühl gekommen.« Nun, Ludwig Uhland hat dieses natürliche Gefühl bestimmt nicht eingebüßt. Sein Obstgarten, der sich hinter dem Haus den Österberg hinaufzog (und heute noch von der Straße aus zu sehen ist), war ihm das Wichtigste am ganzen Haus, wichtiger als Heigelins architektonische Proportionen: von Inneneinrichtung lesen wir in Uhlands Briefen nie, auch nicht vom Balkon, aber vom Garten und seinen fruchtbringenden Bäumen allenthalben.

In einem Erinnerungsband, den seine Witwe 1865 für Uhlands Freunde herausgab, liest man: »Nach dem Schlusse des Landtags bezog Uhland ein neugekauftes Haus, das ihm durch seine freundliche Lage an der Neckarbrücke und durch den großen Garten, der hinter dem Haus terrassenförmig am Österberg hinaufführt und den weiten Ausblick über das Neckartal gewährt, lieb wurde. Mancher Freund Uhlands wird sich erinnern, mit welchem Behagen er ihn in seinen Garten führte, ihm mit heimatlichem Stolze von dort aus die Gegend zeigte und in traulichem Gespräche mit ihm oben weilte ... Bis in das hohe Alter, bis zu seiner letzten Krankheit stieg er mit Leichtigkeit die vielen Treppen zu der oberen Terrasse hinan. Bei mancher frohen Weinlese versammelten sich die Tübinger Freunde mit ihren Kindern dort oben, da ein Teil des Berges mit Reben bepflanzt war. Uhland war dann ein recht heiterer Wirt, hatte meist zwei Kinder der Gäste an den Händen, aus liebreicher Sorge für sie, und abends half er eifrig beim Abbrennen des Feuerwerks. Aber auch allein war er sehr gerne oben, in seine Arbeiten vertieft. Viel beschäftigten ihn auch der Wolken und des Windes Zug. Er war ein guter Wetterprophet.«

Nach Uhlands Tod – so berichtet Ottilie Wildermuth, die Freundin des Hauses Uhland – gab es Leute, die dem Dichter in seinem Garten, auf seinem Lieblingsplätzchen hoch über dem Neckar, ein Denkmal setzen wollten, und Frau Uhland sollte dafür auf den Garten verzichten. Doch offensichtlich schien es ihr eher im Sinne des Verstorbenen, Äpfel, Birnen und Beeren zu pflegen und im Garten Stunden der Erinnerung mit Uhlands Freunden zu begehen. Karl Mayer, Jurist und Dichter, Uhlands langjähriger Freund, wohnte ja gleich in der Nachbarschaft: von 1843 bis zu seinem Tode 1870 in der heutigen Gartenstraße 18, wo eine Gedenktafel an ihn erinnert.

Offensichtlich waren es »Mayers«, bei denen sich die Braut Ottilie (Rooschüz aus Marbach) über die Lebensbedingungen in Tübingen erkundigte, wohin sie nach der Hochzeit mit Herrn Dr. Wildermuth ziehen wollte. Sie schreibt an ihren Bräutigam: »Von M's hörte ich neulich, daß sie den Tübinger Aufenthalt sehr kostspielig finden, was ihre Sorgen vermehre . . . Wir, liebes Herz, wollen uns nicht bange werden lassen. Je mehr ichs überdenke, desto mehr finde ich, daß gerade auf dem Boden beschränkter Verhältnisse, ob er auch mager scheine, reichste Saat von Tugenden am leichtesten gedeihen muß: Gottvertrauen und Genügsamkeit, Fleiß und Ordnungsliebe, häuslicher Sinn und Interesse für geistige Beschäftigung, das muß ja fast notwendig daraus hervorgehen.« Interesse an geistiger Beschäftigung ging daraus hervor – und daraus wiederum Ruhm und Vermögen, obwohl Ottilie noch viel lernen mußte: ihr »Liebesbrief« klingt wie die Übersetzung lateinischer Schulweisheiten.

Sie zog nach Tübingen in »ein herziges Obdächle«, und zwar in das ehemals Heigelinsche Nebenhaus. »Es war in jeder Hinsicht eine freundliche Heimat, die des jungen Ehepaares wartete, Ihnen ward das den Städtern so seltene Glück zu teil, ein kleines Haus in schöner, freier Lage, ganz für sich allein bewohnen zu dürfen, das grünumrankt, inmitten eines

großen Gartens stand und sich malerisch an den rebenum-
kränzten Österberg lehnte«, schreiben später Ottilies Töchter.
Ich stieg besagtes Treppchen hinauf. Ich sah mich um. Die
Gartenstraße hat den Garten gekostet. Doch auf Schubkar-
ren, in Töpfen und vor allem in Kübeln: klassizistisches,
kupferpatina-grünes Blattwerk, sogar Palmen-Ähnliches und
eine Andeutung von Gewächshaus, Steinpflanzen und rote
Geranien – eine letzte Spur also von Ottilie Wildermuths
tugendhafter Gartenlust.
Die produktive und später so beliebte Schriftstellerin war
nicht vom Schlage Heigelins: sie entwickelte keine Reform-
pläne zur Befreiung des Menschen. Obwohl politisch nicht
gerade uninteressiert, verklärte sie kleine, oft enge Verhältnisse mit dem goldenen Schein der Poesie und zeigte gerne
äußerlich unscheinbare, anspruchslose Menschen, mit um so
reicherem Herzen. Sie brauchte auch keine Spiegelung ihrer
Schriftstellerseele in repräsentativer Umgebung, sondern
produzierte im Wohnzimmer, und nur im Falle äußerster
Kinder-Bedrängnis nahm sie ihre Schreibmappe und zog sich
in das geheiligte Arbeitszimmer ihres Mannes zurück. Oder
»Frau Uhland räumte ihr freundlich eine Stelle ihres schön-
gelegenen nahen Gartens ein, wo sie hoch oben auf dem Berg
unter einem schattigen Kastanienbaum bei prächtiger Umschau über das liebliche Neckartal den erquicklichsten Ar-
beitsplatz hatte. Ganz erfrischt kam sie nach solcher Morgen-
arbeit nach Hause«, berichteten die Töchter.
Denn eines schätzten Bauherr Heigelin, die Dichter Uhland,
Mayer und Wildermuth, die Gäste Justinus Kerner, Nikolaus
Lenau und wie sie alle hießen, an dieser Gegend gemeinsam:
den ungestümen, fröhlichen Neckar, der »so frisch und le-
benslustig vorbeirauscht« (schrieb Ottilie). Denn seinetwe-
gen waren sie auf diese Seite des Österberges gezogen.
Dieser Berg teilte nämlich die Wohnlagen entgegengesetzter
Temperamente, wenn man O. F. A. Schönhuth glauben darf.

Er beschreibt das »stille und reizende Ammertal« und das
»weitgedehnte und heitre Neckartal«. Der Gegensatz dieser
Flußlandschaften mache Tübingen »zu einer der reizendsten
Gegenden unseres Vaterlandes, gleich günstig für den stillen
und düsteren, wie für den heiteren Jüngling der Musen«.
An der heiteren Seite schritt Ottilie jahraus, jahrein um fünf
Uhr morgens an der Seite ihres Gatten zum Philosophenbrünnele und zurück: der Morgenspaziergang einer fleißigen
Hausfrau und Dichterin. Die Weinbergmäuerchen, einige
klassizistische Eisengitter, vielleicht auch Ottilies Kastanie
sind droben noch zu sehen. Doch daß unsere Spaziergänge
leider »historisch« sind, zeigt ein wehmütiger Blick von Ottilies Treppchen. Hier hat der Neckar doch jeden Ufer-Reiz verloren. Schwarz, träge, ohne Busch und Schilf zieht er am
Wöhrd-Parkhaus vorüber. Wie ein Fabrikkanal, denn die
Mauern enden senkrecht im Wasser. Der heitere Heigelin
hätte sich diesem traurigen Anblick bestimmt durch einen
kühnen Sprung auf immer entzogen.

Blick vom Österberg
auf Tübingen und den Neckar
um 1840
(Die Dächer im Vordergrund
gehören zur heutigen Gartenstraße 11 und 13,
wo Ottilie Wildermuth
ihre ersten Tübinger Jahre verbrachte.)

RUHEBANK FÜR OTTILIE WILDERMUTH

Mit Ottilie Wildermuth durch das Jahr: so könnten diese Spaziergänge bald heißen, denn wir begegnen ihr im Tübingen des vergangenen Jahrhunderts auf Schritt und Tritt. Sie gehörte zum Tübinger Leben, obwohl sie als Gattin eines Gymnasialprofessors (ihr Beispiel wurde schon oft zur Charakterisierung der Tübinger Gelehrten-Hierarchie herangezogen) lange brauchte, um im Kreise der »ordentlichen« Professorenfrauen aufgenommen zu werden. Ob sie nun mit ihren Schriften, die ihr vor hundert Jahren Beifall aus aller Welt eintrugen, ein Nostalgia-Comeback erleben wird, wie etwa die Courths-Mahler (die erst zehn Jahre alt war, als Ottilie starb), oder ob sie ein Geheimtip bleiben wird: in Tübingen ist sie unvergessen, unvergeßlich.

Nicht nur Straßennamen, Denkmal, Gymnasium und Grab erinnern an sie. Auch die Stätten ihres Wirkens sind noch zu erahnen. Obwohl der größte Teil ihres Nachlasses im Marbacher Literaturarchiv (und damit in der Stadt ihrer Jugend) lagert, bewahrt auch die Universitätsbibliothek Handschriftliches. Nur in den Buchhandlungen fehlen Neuausgaben ihrer Werke, und wenn in den Antiquariaten ein Wildermuth-Band auftaucht, findet er schnell seinen Liebhaber. So kommt es, daß in weiten Kreisen von Ottilie Wildermuth nur das verschwommene Bild einer frömmelnden Unterhaltungsfabrikantin weiterlebt.

Machen wir also einen Spaziergang auf ihren Spuren. Nicht auf dem Stadtfriedhof sei begonnen, sondern in der Universitätsbibliothek. Dort liegen neben manchen schönen Ausgaben hundert Briefe der jüngeren Ottilie an Sophie von Wundt. Auf unzähligen Bogen in allen zarten Tönen jener Tage, bleu, lindgrün, rosa und vergilbtem Weiß könnte der Leser ein Mädchenschicksal von damals nacherleben: die kunstsinnige Sophie, die als Lehrerin bis nach Holland und England kam, und die bildungsbeflissene, schwärmerische Ottilie. Von ihrer Hand, die später so »fruchtbar« werden sollte, finden sich ausgezeichnet geschriebene französische Briefe, denn bei Monsieur Parmentier, einem düsteren Jüngling, hatte sie diese Sprache in ihrem Stuttgarter Bildungsjahr (1833) so gründlich erlernt, daß sie mit dem Bildungsgut französischer Literatur und mit mühelosem Sprach-Wechsel kokettieren kann. »Meiner bekannten promptitude im Briefschreiben nach ...« fängt sie an, oder sie bricht die schönste Periode mit einem »c'est assez« lässig ab.

Um Englisch zu lernen, hatte sie sich 1840 eigens nach Tübingen zu Frau Doktor Hehl begeben.

Hier schweifen wir ab und teilen ein Kapitel aus Ottilies Lebensbeschreibung mit, einen Abschnitt aus ihrem »Mädchenleben«, in dem sie eines — oder vielmehr zwei — der damaligen Tübinger Originale vorstellt. Außer daß die Frau Doktorin Hehl und ihr »Herr« wie Tausende andere Bürger in Tübingen wohnten, außer daß auch andere Persönlichkeiten, die uns auf diesen Spaziergängen begegneten, im schönen Hehlschen Hause wohnten, und außer daß da und dort von den Spaziergängen des »Herrn« die Rede ist, gibt es keinen Grund zu dieser Einschaltung. Höchstens diesen: Der Autor will den Lesern seiner Spaziergänge zeigen, daß er mit seiner Schätzung von Ottilies Schriftstellerei keiner langweiligen Lektüre aufgesessen ist.

Nehmen wir gerade das Kapitel ihrer Bildungsgeschichte, das vom Erwerb sprachlicher Fähigkeiten handelt. Sie schreibt:

»Mein Wunsch war, seit ich mir das Französische bis zu einem gewissen Grade angeeignet, Englisch zu lernen, – ja liebe Zeit, von wem? In Marbach war kein Mensch, der es verstand, seit der lange Engländer, das einzige Exemplar seiner Gattung, das in Marbach herumgestiegen, in seinem langen Grabe ruhte; selbst in Stuttgart galt Kenntnis des Englischen bei einer Dame als Abzeichen eines Blaustrumpfes.

In Tübingen aber, da wohnte und thronte dazumal Frau Doktor Hehl, mit Recht oder Unrecht weit berühmt als gelehrte Frau; die hatte das Englische gründlich von einem Engländer, den sie protegierte, erlernt, und fand solche Freude daran, daß sie gern bereit war, dies Wissen auch anderen mitzuteilen. Durch meine Freundin Auguste wurde ich bei ihr eingeführt und war so glücklich, ihr Wohlwollen zu gewinnen. Als sie von meinem Wunsch hörte, Englisch zu lernen, ergriff sie mit Eifer den Gedanken. ›Aber wenn etwas dabei herauskommen soll, so müssen Sie ganz bei mir wohnen und nicht in einem anderen Hause, wo es Kinder zu hüten, Visiten und Spaziergänge gibt‹, ordnete sie an.

Der Vater freute sich meiner Lernlust, die Mutter half mir immer gern zu allem, was mir Freude machte; so zog ich im Frühling 1840 bei der Frau Doktorin ein, ›ohne Sang und Klang‹, wie sie es bestellt, in das allerhöchste Stübchen des alten, hochgegiebelten Hauses mit dem herrlichen Ausblick auf die teure Schwabenalb und das schöne Neckartal. Meine zwei älteren Brüder studierten in Tübingen, die liebe Freundin war da – ich hatte Aussicht, etwas Langersehntes zu lernen – so fühlte ich mich so glücklich wie irgend ein junger Fuchs, wenn ich auch schon viel gesetzter war, und führte ein fleißiges Studienleben, obgleich oder weil es nur ein einziges Kolleg war, das ich hörte. Der eigentümliche Haushalt, so ganz verschieden von allem, was ich bisher gekannt, hatte etwas wunderlich Anziehendes für mich.

Ziemlich früh morgens, nachdem ich mich vorher an der Landschaft draußen gehörig erquickt, ertönte der Ruf zum

Frühstück, das die Frau Doktorin noch im Bett einnahm. ›Man holt den Herrn!‹ war der Befehl, wenn alles bereit war. Der Herr, der hauste nämlich eine Treppe weiter unten, und nur wenige Leute wußten, daß es überhaupt einen Doktor Hehl gab, da die Frau Doktorin alles verwaltete, besorgte und anordnete nach außen und innen und er gar selten sichtbar wurde in der Außenwelt.

Das war aber keineswegs bloße Herrschsucht von ihr, nein, man konnte dem Herrn Doktor keine größere Liebe tun, als wenn man ihn gänzlich in Ruhe ließ. Er hatte alles studiert, ursprünglich auch Jus, und es dämmerte eine Sage, er sei in grauer Vorzeit einmal Advokat und Landtagsabgeordneter gewesen. Jetzt hatte er seit Menschengedenken keinen Beruf als den eines Stubengelehrten. Was er alles studierte und erforschte, weiß ich nicht, Statistik, Botanik, Geologie unter anderem, weshalb ein witziger Kopf ihn selbst einen Petrefakten nannte, namentlich auch Kriegswissenschaft. In einem langen, grauen, schlafrockartigen Gewande saß er vom frühen Morgen bis zur späten Nacht an seinem Schreibtische in dem alten Gemach, das wie Fausts Stube auf den alten Bildnissen aussah, umringt von verstaubten Folianten, Versteinerungen und Stößen von Manuskripten. Was er alles geschrieben, darüber kann schwerlich ein Menschenkind Auskunft geben; denn kein Sterblicher hat wohl die Gebirge von staubigen Manuskripten gelesen, die nach seinem Tode der Universitätsbibliothek übergeben wurden; er studierte fort in allen Wissenschaften, alle Sprachen, lebende und tote, er notierte jede Veränderung in der Genealogie aller fürstlichen Häuser und die Verlustlisten jeden Schlachtfeldes; er hat unter anderem jahrelang über alle Veränderungen bei der englischen Marine sorgfältig Buch geführt. Nur äußerst selten verließ er das Haus und machte einen Gang ins Freie oder in den botanischen Garten. Für all seine leiblichen Bedürfnisse wurde unter Anleitung der Frau Doktorin beste Sorge getragen, sonst erschien er nur als stummer, friedlicher Gast bei den Mahlzeiten.

Man war so ganz gewöhnt an die lautlose Zufriedenheit, mit der der Herr Doktor alle ihre Anordnungen aufnahm, daß großes Erstaunen entstand, als er einst beim Frühstück mit seiner Grabesstimme anhub: ›Habe alle Morgen das angenehme Gefühl, als geh' ich unter Segel.‹ ›So, warum?‹ gellte verwundert die Frau Doktorin. ›Weil ich Hemden von Segeltuch trage‹, antwortete er. Allerdings waren die neuen Hemden, die man ihm gefertigt, von ziemlich grober Leinwand, die eben vorrätig gewesen war, und die Frau Doktorin hatte entschieden: ›Der Herr merkts nicht‹; daß der Herr es doch gemerkt, wurde als absonderliche Probe seines Scharfsinns den alten Tanten und Schwestern der Frau Hehl, die sie tagtäglich besuchten, bewundernd mitgeteilt.

Geraume Zeit nachdem das Frühstück genossen war, nachdem sich die Frau Doktorin erhoben und Toilette gemacht hatte, durfte ich zur Lektion kommen; unberührt vom Flügelschlag der leicht beschwingten Mode hatten ihre erdfarbenen Gewänder immer denselben Schnitt; ihr graues Haar war unter einer turmhohen helmartigen Haube von dichtem weißem Stoff verborgen, wie sie vielleicht in lange verschollenen Tagen einmal Mode gewesen war, und dieser Helm gab ihrer hohen, gerade aufgerichteten Gestalt etwas Imponierendes, Feldherrnartiges.

Auch die Lektionen waren eigener Art. Sie hatte sich selbst mit Beihilfe des Gemahls einen Auszug der englischen Grammatik verfaßt, die sie den Schülern diktierte; als Sprach- und Leseübung hatte sie mit Hilfe des Engländers, von dem sie die Sprache erlernt, ein kleines Büchlein, eine Auswahl englischer Gedichte, auf eigene Kosten drucken lassen, das jeder ihrer Schüler zum Geschenk von ihr erhielt; aus diesem wurde nun, nachdem man einen kleinen Ausschnitt der Grammatik durchgegangen, ein Gedicht vorgelesen, nachgesprochen und übersetzt. Da aber dies Vorlesen zuzeiten die Frau Doktorin angriff, so hatte sie sich in guten Stunden die jeweiligen Hausjungfern, die sie zur Hilfe bei sich hatte (›Schlachtopfer‹ nannte sie die böse Welt), so herangezogen, daß sie das Gedicht vortragen konnten unter Oberleitung der Frau Doktorin. In dieser Weise hatte früher schon einer unserer ersten Geister, der Aesthetiker Vischer, englisch gelernt von der Jungfer der Frau Hehl. Mir war diese Methode pläsierlich, da Marie, das damalige Schlachtopfer, mir lange schon befreundet war; sie wußte natürlich die Gedichte längst auswendig, und ein besonderer Genuß für unsere Lehrerin, die hochbehelmt an dem kleinen Tische thronte und die Übungen überwachte, war unsere Verwunderung über die unserem deutschen Ohre oft so seltsame Aussprache der englischen Wörter.

Daß ihre Aussprache nicht eben die feinste und hart war wie ihr Organ überhaupt, das bin ich erst später inne geworden. Noch lange schritt die imponierende Gestalt der Frau Doktorin durch die Straßen; sie hatte mir ihre Gunst freundlich bewahrt auch in späteren Tagen. Wenn ich wohl auch nie ihrem Ideal einer Frau entsprochen habe, so erfreute ich mich doch damals stets blühender Gesundheit, und das war schon eine Staffel zu ihrem Wohlwollen. Kränklichkeit konnte sie am wenigsten verzeihen.

Nun ist auch sie längst gestorben, eines der immer seltener werdenden Originale unserer applanierenden Zeit.«

Soweit Ottilies Englisch-Unterricht als Kostprobe schriftstellerischer Anschaulichkeit. – Ottilies Jugendfreundin Sophie, die Adressatin jener fremdwortgeschmückten Briefe, durch die wir auf dieses Kapitel von Ottilies Lehrjahren kamen, starb nach einem typischen Gouvernantenschicksal an Schwindsucht.

Raschelnd schließt sich die Mappe über Ottilies Beileids-Schreiben, und schon fällt mir ein lebensvolleres Zeugnis für ihre Beziehungen zu Tübingen in die Hand: »Werthes Fräulein! Ich sende Ihnen hier meinen Tabaks-Beutel mit der Bitte, mir die Ausfertigung desselben beim Sekler zu besorgen, ich meine, es sei nicht nötig, ihn mit Leder zu füttern. Haben Sie die Güte, die dringendste Eile zu empfehlen, da ich ihn, wenn es möglich wäre, am 20. gerne in Tübingen hätte, wo ich bei Herrn Professor Hoffmanns logiere.« Das »Billet an unbekannt« ist am 15. Juli 1841 ausgefertigt. Offensichtlich handelt es sich um die fachmännische Vollendung einer Stickerei. Auch hier ist Ottilies »promptitude« kennzeichnend.

In enger Verbundenheit mit dem Vetter Hoffmann lebte die junge Frau (im September 1843 hatte sie sich in Marbach vermählt) am südlichen Österberg, auf dem Anwesen über dem späteren Schwabenhaus in einem »herzigen Obdächle«, das wir hier schon beschrieben. Danach im »letzten Haus« in der heutigen Uhlandstraße (das umgebaute Haus Nr. 11 muß es gewesen sein).

Zwölf Jahre lebte sie dort, dort wuchsen ihre Kinder auf, und dort kam sie zu schriftstellerischem Ruhm, und von dort aus korrespondierte sie u. a. auch mit Justinus Kerner in Weinsberg. Sie beschreibt ihm die Schönheiten und Schattenseiten dieses Heims: »Was mich anbelangt, so gehöre ich wirklich zu den geplagtesten Menschenkindern unter der Sonne ... Wenn ich mein kleines Volk angekleidet habe, der Kleinen liniert, der Großen korrigiert, dem Buben seinen Gaul gesattelt, der Magd Butter zum Kochen und Geld auf den Markt gegeben, dann meine ich endlich mit Gottes Hilfe, ans Schreiben zu kommen, – dann steckt das Butterweib den Kopf rein: ›Kaufets kein Butter?‹ Dann schiert mich eine, ich soll Krebs kaufen. Einer kommt mit Strohböden, Sand, Linsen, Blumen, Kirschen, Peterling, – was Füße hat, läuft in unser Haus, das so außen am Anlauf ist, dann kommen Bettelleute aller Klassen, alte respektable echte Bettelmänner mit dem Zwerchsack, verschämte Arme, die unverschämt werden ...«

»Hier ist's wirklich auch herrlich; wenn Du uns einmal die

Ottilie Wildermuth

Ehre und Freude Deines Besuchs machen wolltest, so wollt' ich dir's so nett und bequem machen als möglich. Ich habe eine hübsche, große Gaststube mit Fenstern gegen Morgen, ganz auf grüne Wiesen und die schöne Kastanienallee . . . Dann habe ich einen poetischen Balkon und einen prosaischen. Auf dem poetischen stehen Myrthenbäumchen und blühende Geranien, man sieht den Sonnenuntergang und das grüne Nekkartal, und das alte Schloß schaut feierlich herein, da halte ich meine Morgenandacht und mach zu Zeiten Gedichte, und mit werten Gästen nimmt man da das Frühstück. Auf dem prosaischen steht die Waschmang und meines Buben Wiegengaul, mein Nachbar Glaser trocknet da seine Fenster, und Betten sonnt man alleweil, da kannst Du den Kopf hinlegen wo Du willst, er kommt alleweil weich zu liegen.«

Vom prosaischen Balkon aus konnte sie übrigens schräg über die Straße das Haus sehen, in dem Friedrich Theodor Vischer, der berühmt-berüchtigte Ästhetiker wohnte, und so ist es kein Wunder, daß sie im Kerner-Briefwechsel dessen problematische Ehe in Fortsetzungen beschreibt.

Im Sommer 1859 endlich zog die Familie in die Wilhelmstraße, wo ein Schild am Haus Nr. 14 kündet: Hier lebte Ottilie Wildermuth, gestorben 1877. Wen lud sie in diesen 18 Jahren nicht in dieses Haus ein, und wer kam nicht von selbst!

Eine ihrer Einladungen an einen ihr persönlich unbekannten Empfänger klingt beinahe wie Fremdenverkehrs-Werbung: »Gleich nach Empfang Ihres Briefes wollte ich Ihnen schreiben und Sie herzlich bitten, Ihre Reise geradewegs zu uns zu machen, Tübingen liegt schon ziemlich hoch (1000 Fuß) und hat schöne Höhen, anmutige grüne Alleen und, wie ich glaube, eine gesunde Luft; unser Haus steht in der Vorstadt, nach 2 Seiten frei, hat einen schönen Garten am Berg und nach vorn den botanischen Garten. In unserem Haus wohnt Professor Brune, der als Arzt für Halsleiden einen europäischen Ruf hat, so daß Kranke aus allen Ländern hierher kommen.« Heute ist diese Wohnung im Giebelstock zweigeteilt, doch durch die neue Glastür schimmert eine alte Tür — vielleicht die zu Ottilies ehemaligem Wohnzimmer . . .

In Ottilies »Giebelstock« ging es damals zu »Wie in einem Kaleidoskop«, wie sie schrieb. Sie hatte Verehrer in aller Welt, »aus Mittel- und Norddeutschland, aus Österreich und Frankreich, der Schweiz, Belgien und Livland«. Sie mußte jede Woche einen offenen Tee-Abend veranstalten, um den Andrang zu bewältigen. Sie korrespondierte mit Gott und der Welt, wußte Rat, vermittelte Dienstmädchen und Freundschaften, resolut und reaktionär, emanzipatorisch und doch traditionalistisch, königstreu und dadurch in politischem Gegensatz zu ihrer Herzensfreundin, der »linken« Auguste Eisenlohr, der sie in einem Buch ein Denkmal setzte; bejubelt auf Reisen, geschätzt zu Hause, und Seele eines Kaffeekränzchens — mit allen Vieren im aktiven Leben ihrer Zeit. Denn sie wanderte und ging spazieren, sie putzte und sie nähte: vorzugsweise Kleider, da sie dies für »geistreicher« hielt als das Fertigen von Weißzeug. Die Wäsche gar blieb ihr, der schreibenden Philosophin freudig-frommer Tätigkeit, immer ein Ritual, das sie sich wie Strümpfestopfen und Stricken als sichtbares Zeichen fürsorglichen Sinnes nie nehmen ließ; ebensowenig wie die Gänge zur Stadtpost, von wo aus Päckchen als Zeichen ihrer tätigen Anteilnahme in alle Richtungen gingen. Mit ihrem hausmütterlichen Sinn kokettiert sie zeitlebens. Es wurde ihr kein Orden und keine königliche Gabe überreicht, ohne daß sie den hochherzigen Spender neben ihrer Rührung nicht auch hätte wissen lassen, daß sie die unerwartete Gunst mitten in der Turbulenz eines Wasch- oder Backtages erreiche; und sie antwortete sogleich, indem sie ihre Hände sozusagen noch einmal an der Schürze abwischte und erst dann die nimmermüde Feder ergriff.

Sie hatte ihre eigene Philosophie des Haushalts entwickelt. »Ich habe nie das Frauengeschlecht für ein verkürztes ansehen können«, gesteht sie, »selbst wenn es nur zu der nüchternen, anscheinend ganz geistlosen Tagesarbeit verurteilt ist. Es schien mir oft verwunderlich, daß die Frauen im allgemeinen fast so gescheit sind als die Männer, während man doch ihren Geist häufig brach liegen läßt und den der Männer mit schwerer Mühe und Kosten so gründlich und kontinuierlich anpflanzt. Ich glaube, es kommt daher, weil unsere Arbeit, auch wenn sie gut versehen wird, Gedanken und Gefühle frei läßt. Nätherinnen pflegen deshalb meist sinnige, nachdenkliche Geschöpfe zu sein, die da versuchen in die Rätsel des Daseins einzudringen.

Ein anderes ist's mit den Köchinnen, die sind praktischer, resoluter Natur: in der Küche gilt es, all seine Gedanken zusammenzunehmen, um jedes Gericht recht und zur rechten Zeit zu bereiten. Es darf dann freilich nicht ein Kochen sein, wie das so vieler junger Damen, die hie und da einen Kuchen, allenfalls einen Pudding bereiten, sondern das Bereiten einer Mahlzeit recht von Anfang an in allen Einzelheiten. Ich habe immer am Kochen meine Freude gehabt und wollte noch heute, wenn's sein müßte, mein Brot als Köchin verdienen. Es ist eine schaffende Tätigkeit, keine mechanische, und wenn es nicht gerade melodisch klingt, so ist's doch nicht langweilig, wenn hier der Kessel brodelt, dort Fleisch gehackt, hier Zucker gerieben wird. Die Küche hat auch ihre Poesie in jeweiligen Extragerichten für Kranke, Wöchnerinnen, liebe Gäste.«

Ein strenges Mahnwort gegen den Dilettantismus am Herde. Auch wenn ihr Verhältnis zu Goethe nie ungetrübt war, führte sie doch den Rührlöffel ganz im Geiste des Klassikers. Selbst diese Lebenserfahrung wurde literarisch ausgemünzt, wenn auch erst von ihrer Tochter Agnes Willms geb. Wildermuth, die im Geiste der Verewigten und in getreulicher Erinnerung an die Düfte, die den »Giebelstock« erfüllten, ein Kochbuch herausgab. »Deutsches National-Kochbuch« prangt vor dem Hintergrund eines Reichsadlers auf dem purpurnen

Deckel der »vollständigen Sammlung praktisch erprobter Rezepte für einfachen Tisch und feine Küche«, auf dem eine Dame einen dampfend dargebotenen Pudding bewundert, der ganz offensichtlich das Ergebnis der Kochbuchlektüre ist. Denn die andere Hand der jugendlichen Köchin präsentiert die aufgeschlagene Rezeptsammlung, vermutlich gerade die Seite mit Ottilies Puddingrezept.

Dieser Buchumschlag nutzt ganz offensichtlich den Ruf hausbackener Verläßlichkeit, der sich bei deutschen Frauen mit dem Namenszug Ottilie Wildermuth verband.

Nicht nur der Name, auch einige Rezepte erinnerten die deutschen Frauen an die Dichterin ihrer Jugend. Als Motto vorangestellt ist Ottilies auf Justinus Kerners neckischen Angriff erwiderndes Lob der »praktischen Dichtkunst«:

> »Ich habe in des Lebens Lenze
> Kochkunst studieret mit Gewinn
> Lang eh' ich dacht an Lorbeerkränze
> Bei'r Tochter der Frau Löfflerin.
> Gern koche ich mit eignen Händen
> Dem werten Gast sein Leibgericht,
> Und Poesie und Prosa einet
> Dann so ein praktisches Gedicht.«

Mit »eignen Händen«, schrieb Mutter Wildermuth, und vergaß dabei nicht, was sonst Segensreiches diesen Händen entquoll. Ein Essen bei Ottilie Wildermuth in der Wilhelmstraße hatte offensichtlich auch den Anspruch einer literarischen Audienz.

Die Herausgeberin erinnert im Vorwort: »›Das Kochen ist eine schöpferische Tätigkeit‹, hat meine selige Mutter oft gesagt, die neben der Feder ihre Küche nie vernachlässigte, und deren Wunsch es immer war, selbst einmal ein Kochbuch zu schreiben.« So kam die Verewigte, die im Geiste der Frau Löfflerin, der für schwäbische Hausfrauengenerationen maßgeblichen Stuttgarter »Landschaftsköchin« – sie kochte für die Abgeordneten der »Landschaft« – das Küchenhandwerk erlernte, doch noch zu Wort. Etwa mit einem Beefsteak-Rezept, das bluttriefende Rohheit anrät und damit Ottilies Weltläufigkeit unterstreicht. Sie mag es für ihr ferneres häusliches Leben im Hause Hehl notiert haben, wo sie englische Sprache und Lebensart von der Frau Doktorin übernahm, wie diese es von »ihrem« Engländer übernommen hatte.

Vor allem bei Gebäck und Pudding muß ihre Stärke zu suchen gewesen sein. Wie beim Kleider-Nähen, das sie sich erst auf der soliden Basis niedriger Nadelarbeit gestattete, ist auch hier das Einfache – so ein schwäbischer Hefenkranz in schlichter Kochbuch-Prosa – die Voraussetzung für das poetisch Besondere, wie einen zugleich bedichteten »Ehestandkuchen« oder einen plumpuddingartigen »Weihnachtspudding«, der hier mitgeteilt und eigenen Versuchen anempfohlen sei, obwohl der Verfasser der Spaziergänge keinen Rat erteilen kann, wodurch »feingeschnittenes Nierenfett« gegebenenfalls zu ersetzen wäre:

> »Wollt ihr einen Weihnachtspudding,
> wie er jedes Herz erfreut,
> Soll euch diese Vorschrift geben
> treffliche Gelegenheit.
> Schlage Du zwölf frische Eier
> in der Schüssel weiten Raum,
> und verrühre sie recht emsig,
> wie zu einem lichten Schaum.
> Nimm ein ganzes Pfund Rosinen,
> von Korinthen auch ein Pfund,
> Und ein Pfund gesiebten Zucker
> mit Zitronenschal' im Bund,
> Dann ein Pfund von feinem Mehle
> misch' darunter weiß und schön,
> laß es eine Viertelstunde
> ruhig beieinander steh'n.
> Noch gehört dazu ein wenig

feingeschnittnes Nierenfett,
Binde dann die Puddingmasse
in ein reinliches Serviett.
Hänge es in einen Kessel,
voll mit heißem Wasser, ein;
So viel Pfund die Schüssel wieget,
so viel Stunden koch es fein.
Wär' ich Papst im Kirchenstaate,
wär' ich Kaiser in dem Reich,
Wenn ich nicht zu Gaste äße,
diesen Pudding äß' ich gleich.
Alle Puddings aller Länder,
wie ihr Name möchte sein,
Dürft ihr essen; Weihnachtspudding
will ich dann für mich allein.«

Überall Poesie und Prosa. Der graue Alltag und das gewöhnlich Leben, die das Dichterwort verklärend erhöhen sollte.
Ottilie Wildermuth sah solche Gegensätzlichkeit überall. Erinnern wir uns an den prosaischen und den poetischen Balkon im »letzten Haus«; nun also auch Prosa und Poesie in
der Küche und im Frauenleben im allgemeinen.
Die eigentlich poetische Gattungsunterscheidung spielte dabei eine untergeordnete Rolle. Man muß gestehen, daß sich
Ottilies Poesie – das Verseschmieden für Poesiealben und zu
allen Gelegenheiten, das sich allerdings auch bis zum Welt-
anschaulich-Religiösen erheben konnte – keineswegs vorteil-
haft über das Mittelmaß erhob. Solche Reimerei war geläufig,
und Rosalie Braun-Artaria – als Dozentengattin für kurze
Zeit Tübinger Bürgerin und später, als Münchener Professo-
rengattin eine fruchtbare »Gartenlauben«-Autorin, – berichtet im Rückblick auf die Tübinger Geselligkeit im Tonfall
gütigen Verständnisses, daß von den »Tübinger Frauen leb-
hafte geistige Interessen gepflegt und sogar allerhand fami-
lienhafte Verskunst getrieben wurde«.

Ottilies Verse waren wegen ihres literarischen Ruhmes allerdings begehrter als die anderer Federn. Bei der Enthüllung des Tübinger Uhland-Denkmals, bei der Enthüllung des Marbacher Schillermonuments sprach Frau Wildermuth aus dem Munde der Festjungfrauen. Fast täglich wird sie zu Widmungen gedrängt, auch wenn sich in der Eile nicht alles zum Reime findet: »Die alten Geschichten in neuem Glanz / Ziehen wieder durch Stadt und Land. / Möchten gerne dein eigen sein, / wenn du sie lässest freundlich ein.«

Alles sollte mit ihren Versen begleitet werden. Sei es die kostbare Dose, die dem scheidenden Universitätsmusikdirektor Scherzer von »nah und fern weilenden Schülern« überreicht wurde und die »die verehrte Frau Wildermuth mit Versen begleitete«, sei es der Willkommensgruß, mit dem – auf unabweislichen Wunsch des Rektors der Universität – das Bouquet für die neue württembergische Königin übergeben werden sollte. Seien es Verse, die eine bei ebendiesem festlichen Einzug beglückte Bettlerin ihrem Kind in den Mund legen wollte, um sich bei der königlichen Gönnerin zu bedanken. Die fröhlichen Geber und die Beschenkten sprachen in ihren Versen. Allenthalben wurde Poetisches gefordert, weil man – wie eine bayerische Königin, die ihr das perlmuttgeschnitzte, goldverzierte Album vorhielt – der Ansicht war, »Schriftsteller machen Verse wie der Ausschneider ein Bildle«. – Aber nicht jeder ist eben ein so begnadeter Gelegenheitsdichter wie Eduard Mörike, der selbst Eierbecher mit witzigen Versen begleiten konnte. Auf dringliches Verlangen stand selbst Goethe nicht immer ein genialer Einfall zu Gebote, was seine Stammbaum- und Widmungspoesie für Prinzessinnen, Kurbekanntschaften und andere, nur flüchtig seinen Lebensweg kreuzende Personen deutlich genug zeigt.

Dies zu Frau Wildermuths Versfabrik. Ihre eigentliche Begabung lag jedoch im Prosaischen. Und hier wieder nicht im Roman, nicht in der Novelle, nicht im literarischen Feuilleton, sondern in der Schilderung, im Entwurf von Lebensbildern.

Ihre literarische Praxis hatte ein sicheres Fundament. Selbst sprachbewandert, mit einem fleißigen Philologen verheiratet, machte sie sich zunächst an Übersetzungen. Unter Monods Schrift »Über das Weib« las die literarische Welt erstmals ihren Namen, und sie wünschte, dieses Buch bald in den Händen jeder deutschen Frau zu finden. Frauen, Mädchen und Kinder sind ihre Adressaten geblieben, wie sie auch ihre provinzielle Welt stets zum erkennbaren, aber nicht notwendig als bekannt vorausgesetzten Vorbild nehmen wird. Das Schema ihrer Geschichten, die durch Glück und Leid zum verklärten Ende (im Himmel oder auf Erden) führen, wird ebenso kaum variiert. Straff organisierte Lebens- und Pilgerläufe werden durch ausgemalte Szenen, durch »perspektivische Kniffe« (wie Blicke auf die Straße) und allerlei zupackende literarische Praktiken zum Leben erweckt. Der Dialog ist lebhaft, und schließlich kommt Burschikoses, Humoristisches, Ironisches dazu, das die Autorin beinahe zu sich selbst spricht. Nicht weil sie Rätsel offenlassen, sind ihre Geschichten spannend, sondern weil man bis zum Grab oder Altar folgen möchte.

Zunächst sendet sie 1847 eine Geschichte ans »Morgenblatt«, die erste belletristische Zeitschrift Süddeutschlands. Daraus wird die Fortsetzung »Genrebilder aus einer kleinen Stadt.« Es folgen die »Schwäbischen Pfarrhäuser«, Schilderungen wie »Hagestolze« und die »Jammerbase« ... und von allen Seiten hört sie: »Getroffen!« Ein Band wird »Aus dem Frauenleben« heißen, einer »Bei Lampenlicht«, »Im Tageslicht«, »Zur Dämmerstunde«. Schon im April 1852 vertraut sie ihrer »Hauschronik« an: »Ein Buchhändlerbrief um den anderen um ›Beiträge aus meiner geschätzten Feder‹, Damenzeitung, Morgenblatt, Jugendalbum, Pilger durch die Welt – weiß nicht, wo ich die Zeit hernehmen sollte. Nun noch eine Aufforderung zu einer Gesamtausgabe; dazu hätte ich schon Lust, wenn's möglich ist.«

Es sollte noch vieles möglich werden. Die später von ihrer

Tochter herausgegebenen »Gesammelten Werke« umfassen zehn heiter geblumte Bände und bringen nur eine kleine Auswahl der Gesamtproduktion.

Jede ihrer Schilderungen rahmt, verklärt und vergoldet. Doch nicht, indem sie das arme Mädchen bei der Hand nimmt und dem Millionär zuführt, sondern durch christliche Lichtregie: sie schildert »sonnenloses Leben«, um es mit einem Sonnenstrahl christlicher Erkenntnis aufleuchten zu lassen, oder besonntes, über das Gott Wolken ziehen läßt. »So wohl es dem Blick tut, sich zu ergötzen an heiteren Lebenslosen und glücklichen Herzen, so hatte es stets noch tieferen Reiz für mich, die hellen Punkte in einem dunklen Geschick zu entdecken . . . Als Probe solcher Entdeckungen, als kleinen Beitrag zu einer Mission der Zufriedenheit, teile ich den Inhalt dieser Blätter mit.«

So fromm mögen die Absichten der Frau Wildermuth wohl gewesen sein. Mag es auch gegen ihre Vorsätze gegangen sein: es kamen dabei nicht nur Traktätchen heraus. Nicht daß wir nun auch noch diese Frau der Feder zur Meisterin der unfreiwilligen Komik machen wollten – doch die Natur wollte es, daß sie ungleich amüsanter war, als das fromme Ziel erforderte. Selbst im Vorwort einer 1894 erschienenen, ins Französische übersetzten Auswahl ihrer Schriften (Motto I. Tim. VI, 6), die höheren Töchtern zur Pensionatslektüre empfohlen wurde, kann man es lesen, daß bei Ottilie Wildermuth eine liebenswerte, geistreiche Frau mit der Feder in der Hand plaudert, die mühelos zartestes Gefühl, reizende Züge, flüchtige Nuancen zeichnen kann, die »Berufsschriftsteller« oft vergeblich suchen. Ihre Werke haben so viel Witz, daß Emma Uhland der erstaunten Umwelt mitteilen muß, ihr Ludwig habe bei der Lektüre gelacht. Und das will bei diesem Mann, dessen Lebensgeheimnis bleiben wird, wie er »trotzdem« Dichter sein konnte, wirklich etwas heißen.

Stifter schrieb ihr auf die »Bilder und Geschichten aus Schwaben«: »Ich sage Ihnen tausend lieben warmen Dank für Ihr herrliches Buch. Lange hat mich nichts so sehr erfreut. In unserer Zeit der Kunstlosigkeit oder der Kunstungeheuerlichkeit hat dieses gesunde Gestaltungsvermögen mich wie eine reine edle Muse mit klaren menschlichen Augen angeschaut . . . Sie müssen viel nach der Natur arbeiten (wie die Maler sagen), weil Ihre Gestalten so rund gebildet sind, daß man um sie herumgehen kann, daß man sie von der Sonne beleuchtet in den Gassen der kleinen Stadt oder auf den Feldern derselben herumgehen sieht . . . Ich sende den Brief an Ihren Verleger, da einmal die Allgemeine Zeitung die Vermutung aussprach, daß Wildermuth nicht Ihr Name sei.«

Und ob es ihr richtiger Name war. Überhaupt war alles lebendig und offen an dieser Gestalt, die nun beinahe doch hinter ihrem Werk zu verschwinden drohte, und in diesen Spaziergängen schon lange nicht mehr in den Gassen der kleinen Stadt herumging, sondern schrieb, redigierte, korrespondierte und edierte, zunächst am Neckar, und dann an der Wilhelmstraße. Sie war voll innerer Sicherheit, als ob sie sich selbst als seltsame Pflanze in Gottes Garten betrachte.

Wir erlauben uns hier eine kleine Einschaltung: Frau Scherzers wehmütigen Rückblick auf ihre Tübinger Zeit, als ihr Gatte, dem wir im Hause Josephine Köstlins begegnen werden, das bürgerliche und akademische Musikleben bestimmte. Nicht Ottilie Wildermuths Musikliebhaberei begründet dies. Denn oft kommt sie auf ihr diesbezügliches »entschiedenes Nichttalent« zu sprechen, das ihr »Studien in der edlen Musika« ersparte. »Je und je eine Oper«, – schreibt sie im Rückblick auf ihre Stuttgarter Bildungszeit – ein Konzert im Museum, wo nach der begeisterten Schilderung einer Freundin »der Herr Dreifuß so schön vierhändig spielte«, die »frischen Töne der Wachtparade, wenn ich ihr auf meinem Heimweg mittags begegnete – das war alles, was von dem Reiche des Klanges zu mir drang«.

Das Blatt der Erinnerung soll zeigen, daß die Frau Wildermuth in den sechziger Jahren des vorigen Jahrhunderts schon

zu den Tübinger Berühmtheiten gehörte, und es gibt überdies ihrem Bild den landschaftlichen Hintergrund, der hier
vor lauter Schriftstellerei zu verblassen drohte.

»Liebliche Bilder aus dieser Zeit steigen auf und verschwinden. Um das Haus weiden die Schafe und blühen im Frühling die Obstbäume. Über denselben erhebt sich in der Ferne
der Schloßberg. Die Fenster des altehrwürdigen Gebäudes
brennen und blitzen im Abendlicht. – Scherzer blickt den unter dem Hause ruhenden Feldarbeitern in ihre Mittagsschüs-
sel und behauptet, nie einen so goldgelben Kartoffelbrei bekommen zu haben, wie sie ihn verzehren. Er wandelt am
Abend unter dem Birnbaum auf dem Rasen an der rieseln-
den Steinlach in Pantoffeln auf und ab. Reihen von jungen
Männern kommen und gehen, schüchtern andächtig die einen,
schalkhaft kritisierend die andern. Sie fahren im offenen Wagen, begleitet von studentischen Reitern in großem Wichs,
zum Liedertafelfest nach Niedernau. Es ist, als flögen Menschen und Tiere durch die klare Sommerluft . . .
Der große Dichter und Schweiger Uhland lebt noch, aber ist
unzugänglich für Fernerstehende. Er macht den Eindruck
einer gehaltreichen wohlverschlossenen Kassette. Der Neckar
rauscht, die Linden säuseln im Morgenwind und die Sonne
Homers scheint auf der Höhe der Wurmlinger Kapelle . . .
Wohnungen und Menschen wechseln rasch wie in einem
Schattenspiel. Es wird gesungen: im Saal, in der Kirche, in
der Aula, im Bebenhäuser Refektorium. Schöne Frauen, mit
Veilchenkränzen im Haar, sind seine (Scherzers) Schülerin-
nen und hängen an seinen Blicken. – Frau Wildermuth, die
liebenswürdige Erzählerin und Menschenfreundin, sitzt in
eilig vollendeter Toilette im Morgen-Konzert in der Aula.
›Das Zöpfchen hängt ihr hinten.‹ Der Katheder des Rektors
und die feierlichen Stühle des Senats scheinen aufzuhorchen
bei den ungewohnten Klängen alter Madrigale und Tanz-
lieder. Und bei den Weisen Mozartscher Messen singen die

Wände, die Luft, die Augen und Mienen der Zuhörer mit!
Alles verklungen und vergangen.«

Im Sonntagmorgenstaat, akkurat gescheitelt, blickt sie uns
auch aus einem von Photograph Sinner gefertigten Lichtbild
entgegen. Ein leichtes nachsichtiges Lächeln scheint den Freunden ihrer Person und ihres Werkes zu gelten. Vielleicht ist
sie darüber erheitert, doch etwas besser über sich Bescheid zu
wissen. Kirchliches »Muckertum«, eine verbreitete Haltung
frömmelnder Innerlichkeit, war ihr völlig fremd. Sie liebte
klare Heiterkeit, Hurtigkeit; auch schnelle Kutschenfahrten,
selbst Gewittergrollen. Sie haßte Unklares, Verschwomme-
nes, das Dunkel selbst in Höhlen, Grotten, ja Kellern, und
brauchte bei alledem zu ihrer Zeit keine Angst zu haben, daß
ein Tiefenpsychologe ihr Geistesbild deuten könnte.

Daß sie zwischen Goethe und Schiller aufgenommen wurde,
will nichts heißen, denn das stand wohl auch den anderen
längst vergessenen Geisteshelden zu. Doch sie war und ist
eine schwäbische Berühmtheit. Noch ein 1933 in Chicago er-
schienener Band »400 outstanding women of the world«
verzeichnet diese Schriftstellerin, die – wie es heißt – ständig
darum bemüht war, »to uplift women in all walks of life«.
Sie wußte sich in ihre Prominentenrolle zu fügen.

Trotz Krankheit kam sie in Tübingen und anderswo, schriftlich und persönlich, vielfachen menschenfreundlichen und repräsentativen Pflichten nach. So in Baden-Baden, wo sie im
letzten Jahr ihres Lebens in Kur weilte und sich sofort »allerhand Mühselige und Beladene« an sie anschlossen. So in
Karlsruhe, wo sie der Einladung einer Schriftsteller-Kollegin
folgte und sich »ein Herr Pfarrer, Künstlerinnen, Schriftstel-
lerinnen, junge und ältere, sämtlich Bewunderinnen meiner
armen Person« um sie versammelten, und ihr »so viel Liebes
und Schönes gesagt wurde, daß sie nicht mehr wußte, wohin
schauen« . . . »vollends nicht, als der Herr Pfarrer zum
Schluß mir zur Ehre eine förmliche Volksrede hielt, in der er
meine Verdienste hervorhob. Ich dankte so gut ich konnte,

und will alles hinnehmen als unverdiente Gottesgabe.« – Die Betrachtung ihrer »armen Person«, der irdischen Erscheinung, von demütig-höherer Warte aus gehörte zu den geläufigsten Übungen pietistischer Frömmigkeit, unter deren Eindruck sich schon kleine Mädchen auf ihre »Auflösung« freuten.

Ruhmbekränzt kam sie von ihrer letzten Reise nach Tübingen zurück. Sie dachte daran, mit dem im Ruhestand lebenden Gatten in ein »Häuschen im Grünen« zu ziehen. Selbst die Reise nach Baden-Baden war ihr schwergefallen: »nun du siebzig bist und ich sechzig bin«, schreibt sie, »sollte man nicht mehr voneinander gehen.« Die Wildermuths begannen, sich auf ein Alter wie Philemon und Baucis vorzubereiten.

Nach langer Pause kam das »Kränzchen«, die alten Freundinnen, wieder zusammen. »Auf seinen Spaziergängen war sie wieder des Gatten Begleiterin, die er so schmerzlich vermißt; sie nahm das gewohnte Leben, den Verkehr mit Freunden wieder auf und machte mit den andern Pläne zu dem nahen Universitätsjubiläum, das alle Welt bewegte. Wohl war ihr auf den Tumult etwas bange, da solch geräuschvolle Feste nicht ihr Geschmack waren; aber sie sah doch frohen Herzens den Festtagen entgegen . . . «

Vom Fenster eines geschmückten Hauses aus hätte sie mit zahlreichen Gästen den Festzug, der laut Programm, das im Universitätsarchiv verwahrt wird, am 9. August 1877 um halb zehn Uhr beginnen sollte, angesehen. Vom gleichen Platz aus, von dem sie so oft den Leichenzügen nachschaute. Doch sie erlebte die Jubiläumsfeierlichkeiten nicht mehr. Sie starb am 12. Juli.

Geschrieben hat sie bis zum Schluß. »Außer schreiben kann ich nichts mehr arbeiten«, klagt sie einmal, und schreibt weiter. Ihr Verleger überredete sie zur Herausgabe des »Jugendgartens«, einer *Festgabe für die Jugend*, ein willkommenes Geschenk zu Weihnachten und Konfirmation, ein Goldschnittprachtband mit buntkolorierten Bildern, den sie mit Poesie und Prosa bereicherte. Auch ihre Töchter dichte-

ten fröhlich mit. Bis zu ihrem seligen Ende gewährte sie
»Sprechstunden«. Mühevoll bewältigte sie Briefe, die neben
dem Nähkorb auf Erledigung warteten. Zuletzt schrieb sie
an ihre Tochter, die norddeutsche Pastorenfrau, doch der
Brief endet schon auf der zweiten Seite: »Nun kann ich nicht
mehr.«

Die ganze Stadt nahm an den Trauerfeierlichkeiten Anteil.
Ihr Bruder, der Pfarrer, lobte in häuslicher Ansprache die
Heiterkeit ihres Gemüts, die »Frohnatur«, wie sich der fein-
sinnige Stuttgarter Prälat Gerok nach Goethe ausdrückte.
Auf dem Friedhof sprach Dekan Frank, und die Freundinnen
gedachten ihrer in poetischem Nachruf. An einer hochgelege-
nen Stelle des Stadtfriedhofs fand sie ihr Grab. »Weit schweift
das Auge von dort über die alte Stadt, auf die umgebenden
Höhen bis zu den blauen Bergen der nahen Alb, über die
ganze liebliche Gegend, welche die beiden Gatten so oft mit
immer gleichem Genuß durchwandert.«

Der Dekan schildert noch einmal die Gastgeberin, die Rat-
geberin, die »Pflegerin und Priesterin des Schönen«. Und
nicht mit der Feder in der Hand, sondern mit dem Gaben-
korb im Arm, empfiehlt er die Unvergeßliche – ein Tübinger
Engel – dem Andenken der Nachwelt: »Wer hat sie nicht so
oft durch unsere Straßen eilen sehen mit rüstigem Schritt,
mit freundlichem Blick und Gruß und mit dem gefüllten
Korb am Arme? Wie oft hat sie angeklopft und sich ein-
gestellt in den Hütten der Armut und die Hilfsbedürftigen
nicht bloß mit köstlichen Gaben, sondern auch mit tröstlichen
Worten erquickt.«

JOSEPHINES SONNENUNTERGANG IN FIS-DUR

Glück und Leid einer bayerischen Hofsängerin
und Liederkomponistin am Neckar

»Am liebsten käme ich selber, schwatzte den Inhalt dieses
Briefes statt ihn langsam aufzuschreiben, nähme das Pathchen
auf den Arm (ich versteh' es ganz gut), ließe mir den ganzen
Abend von Ihnen vorsingen, oder wenn Sie nicht wollten,
müßten Sie sich den ganzen Abend von mir vorspielen lassen, oder wenn Sie dies auch nicht wollten, gingen wir zusammen spazieren und schöpften gute Schwarzwaldluft oder
gar Alpenluft . . . Mein ganzes Leben ist im Augenblick recht
vagabundenmäßig, ich weiß nicht mit Bestimmheit zu sagen,
wo ich die nächsten Monate oder gar Jahre hingedenke. Aber
so weit nach Süden wie möglich, und so bald in die Schweiz
wie möglich und dann auf jeden Fall in den Schwarzwald und
dann an Ihre Türe und in Ihr Haus, das steht fest . . . Gebe
Ihnen der Himmel Glück und Gesundheit und langes Leben
und mögen Sie und ihr lieber Mann auch zuweilen in Freundschaft gedenken Ihres treuen Freundes Felix Mendelssohn-
Bartholdy.«
Dieser Brief, dessen Absender offensichtlich nicht allzu ge-
naue geographische Vorstellungen hatte, ging im Juli 1844
von Frankfurt nach Tübingen, in ein ganz neues Haus, damals
»am krummen Schenkel«. Doch eine Adresse war nicht notwendig; die Adressatin war bekannt, und das Haus weit und
breit das einzige Privathaus. Mendelssohn-Bartholdy kam
vor seinem Tod (1847) nie mehr nach Tübingen, um sein

Pathchen Felix, wie er scherzt, »die Kapellmeisterei und Kontrapunktschaft« zu lehren.

Die freundschaftlichen Gedanken des »lieben Mannes«, des Juristen und Dichters Christian Reinhold Köstlin (1813–1856) sollten das »Totenopfer für Mendelssohn« werden, bei einer Feier im Tübinger »Museum« vorgetragen. Das Pathchen fand bei einem Brand in der Nervenheilanstalt Winnenden ein schreckliches Ende. Die Adressatin erlebte in langer Witwenschaft viel Leid. 1880 wurde sie, die Liederkomponistin Josephine Lang, verheiratete Köstlin (geb. 1815), auf dem Stadtfriedhof beerdigt.

Der damalige Universitäts-Musikdirektor Emil Kauffmann, der Förderer Hugo Wolfs, räumte ihr einen »ehrenvollen Platz in der Geschichte des deutschen Kunstlieds« ein. In der Universitätsbibliothek fand ich einen Brief von ihrer Hand; vier Blätter mit Trauerrand: »Josephine Köstlin, Tübinger Professorenfrau, vorher bekannte Sängerin« hat ein Bibliothekar auf den Umschlag geschrieben.

Die Türe, an die Mendelssohn klopfen wollte, das Haus, das er besuchen wollte, steht noch, wenn auch in veränderter Umgebung. Ich habe viel Verwunderung im »Staatlichen Hochbauamt I« hervorgerufen, als ich die Aussicht aus dem Fenster sehen wollte, die Josephine einst zu einem ihrer bekannteren Tonstücke, dem »Sonnenuntergang« in Fis-Dur, inspirierte. Doch heute steht die Kinderklinik vor der untergehenden Sonne. Im Haus gibt es kaum noch Sehenswertes aus alter Zeit, da es schon lange Bauamt ist. Stukkaturreste, Holztäfelung, schöne Böden und breite Treppen zeigen, daß es innen genauso herrschaftlich war, wie es außen heute noch ist. Allerdings liegt es heute mitten in Verkehr und Parkplätzen, während zu Lebzeiten seines Erbauers das »abgeschiedene Idyll teuer erkauft war«: mehrere Klagen über den erschwerten Zugang, gerichtet an die Tübinger Stadtbehörde, fanden sich in Professor Köstlins Nachlaß.

Das »zweistockige Wohnhaus mit Mansardendach, ganz von

Stein, nebst Keller, besonders stehendem Waschhaus und Holzremise« ist im Jahr 1844 in den Tübinger Gebäude-Kataster eingetragen. 1841 wurde im stillen Ammertal der Grundstein zum Bau der neuen Universität gelegt. In der Ausgabe der Festreden liest man: »Die Vorteile dieser Stelle bestanden vor allem in ihrer freien Lage, welche den Gebäuden jede beliebige Ausdehnung und Stellung zu geben erlaubte. Daß die Entrückung außerhalb der Stadt durch den Aufbau von Privathäusern in den Umgebungen in Kurzem wieder bequem werden werde, durfte man mit Wahrscheinlichkeit erwarten.« Die »Entrückung« wurde in der Tat bald wieder bequem, doch bauten sich die meisten Hausbesitzer in der Wilhelmstraße an. Hinter der Universität war das spätere Silcherwäldchen, und sonst weit und breit nur Köstlins Haus, mitten in den Gärten gelegen, »ein schönes Muster einfachedler Privatarchitektur«.

Es war damals selten, daß junge Privatdozenten oder Professoren gleich in ein eigenes Haus oder gar in eine Villa zogen. Meist ging's zunächst in einen »Giebelstock« der neuen Wilhelmstraße. Dort wohnte auch, stillvergnügt, in ihrer dritten Tübinger Wohnung Ottilie Wildermuth. Die Töchter berichten: »Im Sommer verließ die Familie Wildermuth das letzte Haus am grünen Wörth, um es mit einer Wohnung in der Wilhelmstraße, dem damals neuesten und hübschesten Stadtteil zu vertauschen. Sie lag hoch oben im dritten Stock, und man hatte von ihr aus einen schönen Blick auf die gegenüberliegenden Gärten und Höhen dahinter, für Ottilie eigentlich eine Lebensbedingung. Nicht ohne Wehmut schied sie von

Blick auf Tübingen und Ammertal
um 1860
(Hinter den Wipfeln des Botanischen
Gartens links der »Neuen Aula«
Köstlins einsames Haus, heute
Rümelinstraße 27)

nach der Natur ge.

a. Nitha v Carl Bauman

der Stätte, an die sich so manche liebe Erinnerung knüpfte,
wo unter Sturm und Drang ihre ersten Werke entstanden.«
Ottilie, deren Sturm- und Drang-Periode mehr durch die Enge
des Kinderzimmers, als durch Wallungen des Gemüts gekenn-
zeichnet war, lobt den Wohnungswechsel in ihrer Hauschronik: »Der Blick von unserer Höhe auf den botanischen Garten und über all die Berge und Hügel ist mannigfacher als die
stille Umgebung des alten Hauses.« Vor Bergen und Hügeln
aber sah sie von ihrem Fenster aus das Haus von Josephine
Lang, die jetzt schon verwitwet war und damals die Texte
»Die blaue Glockenblume« und »Wiegenlied in stürmischer
Zeit« komponierte, »Zwei Lieder von O. Wildermuth, für
eine Singstimme mit Begleitung des Pianoforte in Musik gesetzt und der Dichterin hochachtungsvoll zugeeignet von
J. Lang.«
Zu engster Freundschaft zwischen den beiden Frauen kam es
nicht; dazu waren die poesie- und musikverklärten Lebens-
kreise zu fern, die Herkunft zu verschieden. Josephine Lang
war in München geboren. Beide Eltern kamen aus Musiker-
familien. Ihre Mutter und ihre Großmutter waren gefeierte
Sängerinnen. Ihr Bruder wurde ein berühmter Schauspieler,
der Liebling des Münchener Publikums. Die kleine Josephine
wuchs, wie ein eigenes Kind, im Hause des Porträtisten Jo-
seph Stieler auf, der nicht nur Goethe und Beethoven, sondern auch für König Ludwig I. die »bekanntesten Schönheiten Bayerns nach dem Leben«, die Schönheitsgalerie, der
Nachwelt überlieferte.
Eines schönen Tages wurde das musikalische Wunderkind
ganz plötzlich »von der Puppenküche abberufen«. Ein Fremder wollte ihr Repertoire hören, und sie sang und spielte,
wenn auch schüchtern, vom »Hexenlied« bis zum »Elfenrei-
gen«. »Er stand ans Klavier gelehnt, so dicht vor mir, daß er
mir in den Mund sah.« Es war Mendelssohn. Sie schreibt:
»Die Begegnung mit diesem Meister brachte in meinem Wesen eine völlige Umwälzung hervor.«

Der neue Freund schenkte ihr Goethes Gedichte mit der Widmung: »Nur nicht lesen, immer singen, und das ganze Buch ist Dein.« Doch fuhr er nicht ohne die dringende Warnung nach Italien, sie solle ihr Talent heilig halten, ihre Gaben nicht auf Gesellschaften verschleudern. Als Mendelssohn zurückkehrt, unterrichtet er die kleine Lang täglich im doppelten Kontrapunkt und im vierstimmigen Satz. Er schreibt: »Sie ist mir eine der liebsten Erscheinungen, die ich je gesehn. Denkt Euch ein zartes, kleines, blasses Mädchen, mit edlen aber nicht schönen Zügen, so interessant und seltsam, daß schwer von ihr wegzusehen ist, und all' ihre Bewegungen und jedes Wort voll Genialität. Die hat nun die Gabe, Lieder zu komponieren, und sie zu singen, wie ich nie etwas gehört habe, es ist die vollkommenste musikalische Freude, die mir bis jetzt wohl zu Teil geworden ist. Wenn sie sich an das Klavier setzt, und solch ein Lied anfängt, so klingen die Töne anders, und in jeder Note das tiefste, feinste Gefühl.«

Doch es gibt auch eine Kehrseite: es sei, schreibt Mendelssohn, »gar leider Mode geworden, das kleine Mädchen um Lieder zu bitten, ihr die Lichter vom Klavier fortzunehmen, um sich an ihrer Melancholie in Gesellschaft zu freuen. Das bildet einen bösen Kontrast, und mehreremals, wenn ich nach ihr auch etwas spielen sollte, war ich es nicht im Stande, und ließ die Leute ablaufen.«

Später setzt der Meister zwei Werke der jungen Josephine für Männerchor. Die öffentliche Aufführung macht sie berühmt. »Sie galt jetzt als Künstlerin, und wer irgend von Bedeutung war, suchte mit ihr in Berührung zu kommen. Es begann für sie eine ebenso schöne, als für ihre zarte Konstitution aufreibende Zeit.«

Sie lernte alle Größen der Zeit kennen, von Chopin bis Anton Rubinstein; doch auch Justinus Kerner (am Tegernsee) und Nikolaus Lenau. Im Januar 1840 wird sie »wirkliche Hofsängerin«. 1839 war ihr Vater gestorben. Die Wunderkind-Karriere hatte an ihr gezehrt. Sie war krank und melancholisch.

Mit einem Notenbuch, über dessen Linien die Frage stand: »Ob dies das letzte Heft meiner Lieder sein wird?« brach sie, von der Königin-Witwe Karoline gefördert, zu einer »Molkenkur für die geschwächten Stimm- und Brustorgane« ins oberbayerische Kreuth auf. Am 1. Juli 1840, dem Tag, an dem der verstorbene Vater Geburtstag hatte, saß sie am Abend, nach heißen Gedenkgebeten in einer Kapelle, still bei der Tafel. »Da wurden ihr zwei Freunde vorgestellt, die den Tag vorher aus Stuttgart angekommen waren, man musicierte; auch der Fremde ließ sich zum Spielen bewegen. Eigen berührte sein Spiel die feinfühlige Künstlerin, unwillkürlich wendete sie dem jungen Manne ihre Teilnahme zu. Diese wurde noch erhöht durch Mitteilungen, welche eine Freundin ihr in der Stille über den Fremden zuraunte. Er sei ein Dichter, der schon als Obergymnasiast habe Gedichte im Morgenblatt erscheinen lassen, von dem sogar ein Drama schon über die Bretter gegangen sei. Erschütternde Erlebnisse haben ihn aufs Krankenlager geworfen, ja an den Rand des Grabes gebracht. Denn seine leidenschaftliche Liebe zu einer gefeierten Sängerin sei von dieser entweder nicht erwidert oder verraten worden. Nun suche er hier Ruhe und Erholung.«

Und er fand Liebe. Köstlin, als Dichter C. Reinhold, dichtet, und Josephine komponiert. In fünf Wochen entstehen 41 Werke; freilich nicht alle unter den wohl 160 veröffentlichten Titeln der Komponistin. Doch nicht etwa, daß es gleich zur Verlobung kam; die Nachkur in Stielers Häuschen am Tegernsee brachte einen dramatischen Höhepunkt: das Liebesgeständnis, als man Josephines Vertonung von Goethes »Sie liebt mich« »feuriger und inniger denn je« sang; und am anderen Morgen war Köstlin verschwunden. Er mußte zuerst in Stuttgart seine Verhältnisse zu der gefeierten (und von ihm bedichteten) Sängerin Agnèse Schebest regeln. Sein Rivale, der die Sängerin ebenfalls als Interpretin der Belcanto-Glanzpartie des »Romeo« in Bellinis Oper besang, war David Friedrich Strauß, ihr späterer Mann.

Josephine Lang

Josephine wartet auf ihren Dichter, doch sie schreibt ihm ein Jahr lang nicht. Übrigens hatte er mit dramatischen Auftritten im Leben mehr Glück, als auf der Bühne. Das aufgeführte Drama »Die Söhne des Dogen«, war eines von fünfzehn. Auch dies einzige verschwand bald von der Bühne; achtmal und an verschiedene Intendanzen hatte Köstlin um Wiederaufführung geschrieben; sein einziger Erfolg war der freie Eintritt im Stuttgarter Hoftheater.

Neben Dramen entstanden Novellen und Lyrik. Doch als Jurist war Köstlin am erfolgreichsten. Als das junge Paar 1844 in das prächtige »Tusculum« in der heutigen Rümelinstraße einziehen konnte, war alles gut. Die etwas gefürchtete Konstellation »katholisches Künstlerkind« und »evangelischer Prälat« (denn als solcher lebte Köstlins Vater in Stuttgart) wurde vom Schwiegervater großzügig entschärft. Die Komponistin, »mit der Elastizität des Genies«, hatte sich wieder erholt und »aus jubelndem Herzen sprang das Lied auf«, schreibt später ihr Sohn.

Köstlin war ein gerngehörter Privatdozent. Die »Rosenzeit« konnte beginnen und brachte viel Leben und sechs Kinder. Ein spätbiedermeierliches Idyll: »Die Künstlerin wich der Hausfrau und Mutter. Süße Wiegenlieder, fröhliche Kinderlieder waren die freundlichen Gaben, mit welchen der Genius den Gatten und die Kinder erfreute. Jedes Familienfest, insbesonders des Vaters Geburtstag, erhielt seine Weihe durch Musik und Poesie. Das eine Mal, da sie dem Gatten eine sogenannte Bockleiter zum Geburtstag verehren mußte, drapierte sie dieses prosaische Geschenk mit neuen Vorhängen für das Studierzimmer, kostümierte die sechs Kinderchen als Engel, und die kleine Engelschar auf der Himmelsleiter begrüßte bei strahlendem Kerzenlicht den Geburtstägler mit Josephinens neuestem Kinderlied. Das andere Mal kostümierte sie die Kleinen als reisende Künstler, oder steckte sie in das malerische Kostüm der Steinlacher Bauern. So ernst sie die Prosa des Lebens nahm, so gewissenhaft sie ihren Pflichten als Hausfrau nachkam, das war eben das Schöne, daß sie allem einen poetischen Hauch zu verleihen wußte. Als die Knaben größer wurden, zog sie sich ein Kinder-Streichquartett heran – die drei jüngsten sangen die Terzette aus der Zauberflöte völlig rein und sicher – so gab es liebliche Hausmusik in Hülle und Fülle.« – Soweit das Glück am »Krummen Schenkel«. Das Leid folgte.

Zehnter Spaziergang

»Feenreigen« zum Abschied

Auf unseren Spaziergängen waren wir vor dem Haus Rümelinstraße 27 angekommen, vom Juristen Christian Reinhold
Köstlin im Jahre 1844, also gleichzeitig mit der Neuen Aula,
außerhalb der alten Stadt erbaut. Die klassizistische Villa, »in
welcher einst Mendelssohns Schülerin und Freundin eine
glänzende Gesellschaft kunstliebender Menschen zu ihren
Festen versammelt hatte, war ein Glanzpunkt des alten Tübingen«. Auch die gesellschaftliche Blüte dieses Hauses entstand, wie in anderen Professorenhäusern, eher im Gegensatz
zu Tübinger Enge.
»Freilich hatte die ›junge Künstlerin‹, dazu als ›Münchnerin‹,
für die guten Tübinger von damals etwas Exotisches und war
ihnen schon deshalb wichtig und interessant«, erinnert sich
später ihr Sohn Heinrich Adolf.
Josephine und Reinhold Köstlin waren sehr glücklich verheiratet. Doch vielleicht war für den besessen arbeitenden Dozenten ihre Gabe, das Alltagsleben – ganz im Sinne ihrer
Zeit – durch kleine Freuden und Feierlichkeiten auszugestal-
ten und »zu veredeln«, manchmal doch etwas zu anstrengend.
Es heißt jedenfalls, den Hauptteil seiner literarischen Arbeiten habe er in einem Tübinger Gasthaus geschrieben. Köstlin,
als »ein reizbares, unaufhörlich planendes Temperament«
charakterisiert, arbeitete zunächst an seinem wissenschaftlichen Werk. Er wollte Hegels Philosophie mit der Rechtswis-

senschaft verbinden und veröffentlichte als Kriminalist Werke, die bis heute beachtet und neu aufgelegt werden, so eine Untersuchung über »Mord und Totschlag«.

Josephine hatte ihn als »Dichter«, als Lyriker kennengelernt. Schon als Student dichtete dieser Feuerkopf Lied um Lied, und Berthold Auerbach erinnert sich später an den Jugendfreund »Reinhold Köstlin, dessen leuchtendes Auge noch suchte, ob er ein berühmter Gelehrter oder ein großer Dichter werden soll«.

Nicht nur Lyrik, auch 15 Dramen schrieb der Jurist Köstlin, wie schon berichtet. Sie blieben trotz klangvoller Namen wie »Die Söhne des Dogen«, »Die Raben von Marseille«, »Die beiden Gracchen«, wie gesagt, ohne Erfolg. Ein Teil seiner Produktion sollte humoristisch sein, was ihm (nach seinem Biographen Hermann Fischer) sehr schlecht gelang. »Morgen ist auch ein Tag«, heißt eine der Possen, bei der Personen und Ereignisse durcheinandergewirbelt werden, »daß das Leben darüber förmlich schwindet«.

Köstlin war Mitarbeiter verschiedener literarischer Zeitschriften und in Verbindung mit zahllosen Personen und Gesellschaften. Auch sein Hang zu bedeutenden Bühnenkünstlerinnen dürfte mit seiner selbst eingestandenen Eitelkeit und Geltungssucht erklärt sein. Vor Josephine liebte er ja eine gefeierte Primadonna, Agnèse Schebest, bis er dann seine Frau kennenlernte, »ein milder leuchtendes Gestirn als das funkelnde jener Agnèse« – aber eben auch eine Sängerin. 1851 wurde Köstlin Professor, doch änderte dies nichts an seiner belletristischen Produktivität. »Verbiete du dem Seidenwurm zu spinnen!« ruft der Literaturwissenschaftler Hermann Fischer beim Anblick von Köstlins Überaktivität aus. Köstlin hat sich offensichtlich gänzlich verausgabt. Er wurde krank, schließlich stumm, starb 1856 und ließ Josephine allein mit sechs Kindern und einem prächtigen, aufwendigen Haus zurück.

Ottilie Wildermuth schrieb darüber am 25. September 1856

an Kerner: »Der Tod Reinhold Köstlins ging Dir gewiß auch nahe, es ist ein schweres Unglück für seine Familie: sechs unmündige Kinder, zwar alle talentvoll und liebenswürdig, aber alle kränklich, eine Frau von feinem Gemüt und edlem Charakter, die aber beim besten Willen durch und durch unpraktisch und waffenlos gegen das Schicksal ist, kein Vermögen als ein unnötiges Haus, das niemand kauft und in das niemand zieht.«

»Ritterlich nahm sie den Kampf mit dem Leben auf und fing an, Unterricht in Klavier und Gesang zu erteilen ... Allmählich regte auch der schaffende Genius seine Schwingen wieder, das erste Lied, das sie nach der schmerzlichen Katastrophe vornahm und veröffentlichte, war Uhlands ›Frühlingsglaube‹; es sagte ihr selbst, wie wenig der Springquell der gestaltenden Erfindung in ihr versiegt sei ... ja sie fand den alten elastischen, bezaubernden Humor wieder, der gerade ihr so lieblich stand.« Von ihren musikalischen Freunden Silcher und Dr. Christian Palmer angeregt und ermuntert, begann sie wieder mit der Liedkomposition.

Palmer, der Professor für praktische Theologie (seinen Grabstein findet man noch rechts im Gebüsch, wenn man den Stadtfriedhof oben, durch den westlichen Ausgang verläßt), galt in Stadt und Senat als der bedeutendste Fachmann für Musik.

An ihn trat man auch heran, als Silcher in den Ruhestand ging und ein neuer Universitätsmusikdirektor gesucht wurde. Sein Gutachten liegt im Universitätsarchiv. Man wollte die Stelle zunächst Immanuel Faißt antragen, der als junger Theologe im Hause an der Rümelinstraße aus und ein ging und jetzt in Stuttgart Musik unterrichtete. Doch dieser lehnte, unter Hinweis auf seinen Schüler Otto Scherzer, entschieden ab. Nun galt es, über den 1821 in Ansbach geborenen Otto Scherzer Erkundigungen einzuziehen, der seine Ausbildung in Stuttgart und München genoß, mehrere Instrumente spielte, komponierte und ab 1854 am Münchener Konservatorium wirkte. Palmer schließt sein Gutachten (vom 26. Januar 1860) mit einem Bedenken, das sich nur zu sehr bewahrheiten sollte. »Nach eingegangenen Erkundigungen«, begann er zunächst – und strich es wieder durch. »Auf Grund von Gerüchten hin«, meint er sich schließlich äußern zu müssen, und sicher hat er seine Vermutungen über den ihm unbekannten Otto Scherzer auch durch Josephine Lang-Köstlin, die Scherzer schon lange kannte, stützen lassen.

»Nur ein Bedenken gegen ihn«, so heißt es, »liegt vor, das wir nicht unerwähnt zu lassen uns verpflichtet fühlen. So wenig nach allen uns bekannt gewordenen Zeugnissen seinem Charakter irgend ein denselben befleckendes Prädicat anhaftet, so scheint er doch – wie dies bei Künstlern nicht selten der Fall ist – an einer gewissen Reizbarkeit zu leiden, die, wenn sie in höherem Grade hervorträte, dem Verkehr mit der akademischen Jugend nicht günstig wäre.« Der Theologe, als berühmter Grabredner geübt, dieselbe Charaktereigenschaft als Licht und dann als Schatten darzustellen, fährt fort: »Es wäre uns freilich leicht möglich, daß wir statt dessen einen Mann erhielten, der zwar nicht reizbar, aber dafür um so gleichgültiger und ehrgeizloser wäre.« »Es wäre sehr schwer, einen Mann zu finden, an dem niemand etwas zu desiderieren wüßte« – und so wurde Scherzer einstimmig gewählt. Bald nach seiner Ankunft in Tübingen, am 15. Juni 1860, schrieb Scherzer an seinen Freund Julius Josef Maier: »Lieber Freund, werden Sie nicht ärgerlich, wenn ich Ihnen jetzt bunt durcheinander schreibe, was ich Ihnen sagen will . . . Und so fange ich beim ersten an: Tübingen. Tübingen ist eine alte wüste Stadt. Nicht ein interessantes Gebäude – das Schloß und das alte hölzerne Rathaus etwa ausgenommen – ist da. Eine einzige Straße – welche jedoch nur auf einer Seite mit neuen (brozenhaften) Gebäuden versehen ist – hat schöne Wohnungen. Wir selbst wohnen sehr entfernt von selbiger Straße. Unser Haus ist freundlich gelegen. Mitten im Grünen, aber dem Wetter dermaßen preisgegeben, daß, sobald es regnet, alle Läden geschlossen werden müssen, wenn man nicht, und es sind hier ganz gute Fenster, ertrinken will.

Die Kirche wäre sowohl innen als außen nicht uninteressant, wenn sie nur nicht ungewölbt wäre. Sie ist gothisch und wundervoll geschnitzte Stühle und merkwürdige Gräber von würt. Herzogen. Im 30jährigen Krieg wurde der Bau unterbrochen und eine hölzerne Decke, die das scheußlichste ist, was man nur sehen kann, hineingemacht. Die Stadt ist ärmer als eine Maus und die Kirche hat noch immer kein Gewölbe. Wenn man von Reutlingen her nach Tübingen kommt, so ist unser Haus das erste. Es steht allein und wir können unter schönen Bäumen auf einer herrlichen Wiese wandeln, die dicht an unser Haus stößt. Die Steinlach fließt an unserem Fenster vorbei. Die Gegend ist wirklich wunderschön. Wir waren unlängst auf einem der höheren Punkte bei der Stadt von wo aus wir die ganze Alp wie auf einem Caffeebrett vor uns hatten. Vor unserem Haus ist die Landstraße nach Reutlingen. Von den übrigen Seiten ist das Haus mit schöner grüner Wiese umgeben, auf einer Seite ein kleiner Sumpf, in dem dermalen die Frösche Tag und Nacht schreien. Die Wiese hat schöne große Bäume und Bänkchen und Schatten, und wir können jederzeit im Négligé darauf gehen, sie ist sehr groß, und wir essen von jetzt an auf dieser Wiese vor unserem Haus unter dem Baum am Wasser zu Nacht.«

Auf der Wiese unter dem Baum am Wasser – das klingt sehr genau. Doch kann ich Scherzers Wohnsitz (im Bereiche der heutigen Friedrichstraße) nach diesen Angaben nicht genau bestimmen. Sumpfig war die Gegend, und wo heute Haus an Haus stößt, breiteten sich die Sau- und Kronenlache aus. So verlassen allerdings darf man sich die Landstraße nach Reutlingen nicht vorstellen, daß sich Herr und Frau Musikdirektor Scherzer (sie blieben kinderlos) in Nachtgewändern auf grüner Wiese tummeln konnten. Das Négligé war ein Hausgewand, das man immer trug, wenn man nicht in Gesellschaft ging oder Besuch erwartete.

Scherzers Silcher-Nachfolge und sein Tübinger Aufenthalt wurden wenig glücklich. Die vielfältigen Auseinandersetzungen, die sein Wirken begleiteten, füllen ganze Protokollbände. Friedrich Silcher, der die »Zauberin Geselligkeit« so hoch einschätzte und die Verbindung von Musik und Geselligkeit akzeptierte, hatte ein Musikleben hinterlassen, das Scherzers größten Unwillen fand. Im gleichen Brief, der uns das liebliche Landschaftsgemälde entwirft, kommt er auf die akademische Liedertafel zu sprechen:

»Die Liedertafel hält alle vier Wochen ein Concert. Ich ließ natürlich nur gute Sachen und vor allem Originalsachen für Männerstimmen singen, und man war außerordentlich überrascht, wie gut alles ging. Denken Sie sich, dieser Silcher spielte bisher immer auf dem Klavier die vierstimmigen Lieder mit. Daß ich diesen Barbarismus sogleich abschaffte, versteht sich von selbst. Allein da die Sänger diese unwürdige Stütze immer gewohnt waren, so sanken sie oft fast einen ganzen Ton, wenn das Lied aus war.« – »Dieser Silcher« lebte damals noch. Erst im August 1860 starb er. Seinen Nachfolger aber beleidigte »das Specifische des Männergesangs, der ihm als eine selbstgefällige Halbkunst erschien, deren Geziertheit zu verspotten er nicht müde wurde«.

Scherzer war ein Anhänger des Absoluten, auch streng gegen sich selbst: er veröffentlichte nur Opus 1–6, und hinterließ eine Menge von Kompositionsentwürfen, die das Landesmusikarchiv im hiesigen Musikwissenschaftlichen Institut aufbewahrt. Er scheute auch nicht davor zurück, Professoren, die musikalische Geselligkeit suchten, wegen mangelnder Fertigkeiten entschieden zurückzuweisen. Nicht besser ging es begeisterten Sängerinnen aus höchster Gesellschaft. Falls sie jedoch geeignet erschienen, wurden sie von Josephine Lang-Köstlin weitergebildet, die 1866 auch die württembergischen Prinzen unterwies.
Scherzer haßte bald Tübingen, sein Amt und vor allem »die

Schrecken des damit verbundenen Menschenverkehrs«, wie er an Mörike schreibt, der als einer von wenigen Freunden in Scherzers späterem Haus an der Grabenstraße (wohl Nr. 15) verkehrte. Doch auch die Verbindungen mit der Villa auf der anderen Seite des Botanischen Gartens brachen nie ab. Als Scherzer 1877 Tübingen (nicht ohne den glühend begehrten Ehrendoktortitel) verläßt, widmet ihm Josephine ihre Komposition »Feenreigen« zum Abschied.

Die einst Gefeierte lebte damals nur noch ihren Erinnerungen. Denn nach dem Tode ihres Mannes kam Unglück über Unglück auf ihr Haus. Felix, Mendelssohn-Bartholdys Patenkind, ein guter Schüler des theologischen Seminars, wurde in die Heilanstalt Winnenden eingewiesen. Ein anderer Sohn lag krank im Hause. Nur einer sollte sie überleben. Die Töchter verheirateten sich und verließen das Haus. In der großen Villa wurde es leer, und ein Adreßbuch aus dieser Zeit zeigt einen praktischen Arzt als Mieter bei der Professors-Witwe Köstlin. Die jüngste, als Maria Fellinger verheiratet, ging als eine Freundin von Brahms in die Musikgeschichte ein. Auch der Sohn Heinrich Adolf Köstlin war zu seiner Zeit recht bekannt. Er war Dichter (»Kandidatenfahrten«), wurde Prälat in Darmstadt und schrieb viele musikgeschichtliche Abhandlungen, auch über seine Mutter. Im September 1872, vor über hundert Jahren also, weihte er in Tübingen den Gedenkstein für die Tübinger Gefallenen ein. Im Winter 1872/73 las er in

Tübingen über die Geschichte der Tonkunst. Das Werk, zum erstenmal 1874 erschienen, trägt die Widmung: »Seiner getreuen Mutter, der liederreichen Josephine Lang-Köstlin dankbar zugeeignet.« In der mir vorliegenden zweiten Auflage (Tübingen 1880) erwähnt der Sohn in der Reihe der Liedkomponisten, die sich an Mendelssohn anschließen, auch »die schwungvolle, in die glatten Formen die Seele einer tief empfindenden, durch schwere Leiden geläuterten Weiblichkeit hineingießende Josephine Lang.«

Josephine Köstlin ging es materiell nicht sehr gut. Sie gab Klavier- und Gesangunterricht (ab 1866 den Königskindern), komponierte (ihr letztes veröffentlichtes Werk ist ein »Höllentanz«, »Danse infernale«); von mancher Seite erreichten sie Geschenke, wie von Familie Mendelssohn-Bartholdy der Ertrag der »Reisebriefe«.

Palmer sorgt im Freundeskreise auch dafür, daß der Komponistin »ehrenvolle Aufmerksamkeiten« zukommen. In einem Brief vom Februar 1868 bedankt er sich bei einem der fröhlichen Geber, dem Philosophen Eduard Zeller: »Mein lieber Freund und College, es war ein ganz netter Zufall, daß in dem Augenblick, als mir die Post Eure fürstliche Liebesgabe brachte, die älteste Tochter der Frau Prof. Köstlin eben bei meiner Julie im Hause war (da beide Mädchen Bräute sind, so hatten sie in Aussteuerangelegenheiten Verschiedenes miteinander zu schnattern); ich nahm keinen Anstand, ihr sogleich die Gabe für ihre Mutter mit der nötigen Erläuterung mitzugeben, und sehe, daß damit der guten Frau und ihren Kindern große, große Freude bereitet wurde. Es bedurfte keiner besonderen Schonungsmittel, da sie mit meinem Hause sehr befreundet ist; ihre Kinder musizieren bei den häuslichen Musikaufführungen mit den meinigen.«

Auch ihr Dankschreiben an Zeller ist, wie das obige, in der Universitätsbibliothek aufbewahrt:

Sie dankt, daß man an sie, die längst »verschollene Künstlerseele« noch denkt; freut sich, daß der Adressat sie und seinen alten Freund »Reinhold« nicht vergessen hat. Sie erinnert sich an die Interims-Wohnung:

»Es liegen nun 25 Jahre dazwischen, seit ich im Jahre 1842 in unserer ersten Behausung – nach zurückgelegter Reise einen großen, herrlich blühenden Oleanderbaum mit einem Orangenstocke, in unserem Zimmer angetroffen – und dieser erste Blumen-Gruß in diesem Hause kam aus Ihrer werthen Hand! Und wir haben uns so herzlich daran erfreut! Im Jahre 1844 war es derselbe herrliche Oleanderbaum, dessen Knospen am Tage der Geburt unseres zweiten Sohnes, Theobald, sich zu herrlichstem Blüthenschmuck entfalteten. Der Himmel hat uns viele schöne, an Glück und Freuden reich gesegnete Jahre geschenkt! Aber mit dem frühen Heimgange meines unvergeßlichen Reinhold war auch mein Leben abgeschlossen. Wie schwer mir dasselbe ohne ihn geworden, werden Sie, die Sie Augenzeuge unserer glücklichen Ehe gewesen, leicht begreifen . . . So lebe ich im Kreise meiner Kinder, aus Ihnen, und für sie, mit meiner geliebten Kunst zur Seite! Und die liebe ›Musik‹ ist es noch immer, die mich mildernd über alles Herbe im Leben hinwegträgt! Durch sie ist es mir vergönnt, für die Meinen tätig zu sein, und in dem schönen Wirkungskreise, der mir durch sie im Verkehr mit der Jugend (als Gesangs-Lehrerin) geboten ist, kann der müde Geist sich so manche Erfrischung holen . . . O Gott! Wie hat sich alles verändert! Alles umgestaltet! Nur die Natur und unser ›Kleines Häuschen‹ ist sich gleich geblieben, und ist noch das Alte wie seine Herrin. Jeder Stein noch unverändert in Haus und Garten an seinem Platze! Wie es doch möglich ist, daß die elendesten und nutzlosesten Dinge in der Welt fortbestehen und ein theures Menschenleben – so lange überdauern können? . . . Kommen Sie denn gar nie mehr nach Tübingen? Ich konnte mich trotz vielem Zureden meiner Münchner Verwandten nicht mehr entschließen, den Ort zu verlassen, wo ich mein Glück gefunden! Da will ich auch mein ›Unglück‹ ergeben tragen! Ich habe ja meine Kinder, mein geliebtes ›Grab‹ hier!

Ihre dankbar ergebene Josephine Köstlin, geb. Lang, Tübingen, den 2. März 1868.«

Am 2. Dezember 1880 ist sie gestorben. Das Haus und das Grab sieht man noch heute.

»Ich will Dir einen Vorschlag machen. Komm in der Oster-
vakanz hierher; den Köstlin siehst Du gar nicht, das garan-
tier ich.« Dies schrieb Friedrich Theodor Vischer an seinen
Stiftskameraden und Freund David Friedrich Strauß im Jahr
1849. Sie hätten viel zu besprechen gehabt. Doch Strauß, der
durch sein Buch »Das Leben Jesu, kritisch bearbeitet« (1835)
zugleich berühmteste und berüchtigtste Stiftsrepetent, war
nicht mit zehn Gäulen nach Tübingen zu bekommen. Auch
wenn Köstlin – der poetische Jurist Köstlin – in seiner klassizistischen Villa hinter der neuen Aula über Ostern Stuben-
arrest bekommen hätte.
Eigentlich wollte Strauß den Ort seiner Studien nie wieder
betreten, und noch fünfzehn Jahre später schreibt er dem
Freund: »Es schickt sich nicht, daß meine Knochen – denn um
deren Niederlegung handelt es sich doch nun nächstens – einmal in Württemberg liegen. Land und Volk ist doch gegen
uns beide ein Rabenvaterland gewesen. Nirgend haben wir
mehr Verkennung und Verkleinerung und Verleumdung,
nirgend weniger Verständnis und Wohlwollen erfahren. In
fünfzig Jahren werden die Kerle dann groß damit tun, daß
wir ihre Landsleute gewesen seien.«
Strauß zog im Alter doch wieder nach Württemberg und
fand in Ludwigsburg seine letzte Ruhestätte. Er hat recht
behalten: 1974 wurde zu seinem hundertsten Todestag eine

Gedenktafel im Stift enthüllt. Allerdings waren die Kerle, die damit Verständnis und Wohlwollen zum Ausdruck brachten, nicht mehr die gleichen.

Erst das Studium seines Sohnes Fritz brachte den besorgten Vater nach Tübingen zurück. Mit Empfehlungen lieferte er ihn in der Universitätsstadt ab, und als es für den Sohn nützlich sein konnte, folgt Strauß sogar einer Einladung nach Bad Niedernau, dem bevorzugten Ausflugsort und Tübinger »Modebad« jener Tage. Dort, wo man damals eine Vorahnung des Schwarzwalds und der heilenden Quellen genoß, hatte sich der Tübinger Kliniker Niemeyer (»Preuße, aber ein naiver«, kommentiert Vischer) ein Landhaus gebaut. Dies war 1870. Der Bann war gelöst. Denn nicht nur das Unrecht der schwäbischen Theologen, sondern auch die Tatsache, daß seine von ihm getrennt lebende Frau in Stuttgart lebte, hatte ihn von der Rückkehr in eine geistige Landschaft abgehalten, von der er sich – wie alle Stiftler – ein ganzes Leben lang nicht lossagen konnte.

David Friedrich Strauß und Friedrich Theodor Vischer, die beiden »Fritzle«, waren in Ludwigsburg aufgewachsen. Sie hatten, gemeinsam mit fünfzig Landeskindern, das niedere evangelische Seminar durchlaufen und kamen – als Mitglieder der sogenannten »Großen Blaubeurer Promotion« – gemeinsam ins Tübinger Stift zu weiterer theologischer und philologischer Bildung. Drei Jahre waren sie zusammen im Repetentenkollegium. In dem 1851 erschienenen Lebens- und Charakterbild, das Strauß seinem verstorbenen Stiftsgenossen und theologischen Gesinnungsfreund Christian Märklin widmete, fügt er eine Beschreibung des Musensitzes ein, die (bis auf den Seitenhieb auf die »Stadt« Tübingen) eines Reiseführers würdig wäre: »Die alte Würtembergische Landesuniversität Tübingen gehört zwar nicht der Stadt, aber der Gegend nach zu den schönsten Musensitzen in Deutschland. Am obern (nach Würtembergischer Eintheilung mittlern)

Neckar gelegen, da, wo derselbe, nachdem er wenige Meilen weiter oben aus dem Schwarzwalde hervorgetreten, an mildern Abhängen die Rebe als die fernere Begleiterin seines Laufes sich zu erziehen beginnt, am Zusammentritte zweier freundlichen Seitenthäler mit dem Hauptthale, selbst auf dem Ausläufer eines Hügels erbaut, dessen Höhe das alterthümliche Schloß krönt, und von Bergen umgeben, die theilweise noch bewaldet, in Verbindung mit jenen Thälern die mannigfachsten und anmuthigsten Spaziergänge gewähren, bietet Tübingen für eine frische, aufstrebende Jugend einen gesunden, heitern, vielfach anregenden Aufenthalt dar. Wer von der Neckarseite herkommt, bemerkt in der hellen Front, welche die Stadt gegen den Fluß macht, ein stattliches, freundlich getünchtes Gebäude, dessen einer, tiefer in den Schloßberg hinein gebauter Flügel über den vordern, jüngern Bau hoch hervorragt. Das alte Augustinerkloster, im sechzehnten Jahrhundert von Herzog Ulrich zum Convict für künftige Geistliche des evangelischen Bekenntnisses bestimmt, von Christoph erweitert und mit einer entsprechenden Hausordnung versehen, hat im Laufe der Zeit, neben den Veränderungen der letztern, auch so viele bauliche Umwandlungen erfahren, daß es kein klösterliches, ja kaum mehr ein alterthümliches Ansehen hat. Mit der Hauptseite gegen Süden gewendet, sonnig und luftig, die höhern Stockwerke mit entzückender Aussicht auf die dunkelblaue Mauer der schwäbischen Alp, welche über dem theatralisch auseinandertretenden Vordergrunde des Steinlachthales sich als Hintergrund erhebt, ist das ganze Gebäude, die beiden Hörsäle und den Speisesaal ausgenommen, in Arbeits- und Schlafzimmer für je 6 bis 10 Bewohner in der Art abgetheilt, daß, ähnlich wie in Blaubeuren, allemal zwischen zwei Studierzimmern der Zöglinge ein Repetentencabinet sich befindet.«

In einem solchen »Repetentencabinet« – es ging auf den freundlichen, brunnengeschmückten Vorhof hinaus – ent-

stand seine Schrift über »Das Leben Jesu«, das frühe Haupt-
werk seines Lebens, das mit gründlicher Untersuchung der
Mythenbildung um das Leben Jesu, mit vielen Theologen-
Zitaten, weit ausholenden Beweisen und kühnen System-
Entwürfen im Sinne der Hegelschen Religionsphilosophie so
schnell zusammenschoß, wie es nur durch schriftstellerische
Begeisterung und theologische Anregung aus allen Stiftsstu-
ben und Kabinetten, aus Kollegien und Studien im Kreise der
Freunde zu erklären ist. Nach einem Jahr war die Haupt-
arbeit abgeschlossen. (Die zweibändige Ausgabe von 1837
umfaßt zusammen 1558 Seiten!) Damals, als 27jähriger,
hatte er sein Thema gefunden. Später, während seiner Existenz als freier Schriftsteller, – (»mit 28 Jahren berufslos«,
klagt er in einem Brief an Vischer und begründet damit seine
Melancholie) – wird er immer nach Helden seiner Lebensbil-
der und Charakteristiken suchen müssen: der Studienfreund
Märklin, Nikodemus Frischlin, Ulrich von Hutten, Voltaire.
Die »theologische Stimmung« des Stifts fehlte ihm ebenso
wie die anregende Studiengemeinschaft. Sein Buch, (übrigens
beim Tübinger Verleger Osiander) kurz nacheinander in vier
Auflagen erschienen, ins Englische und Französische übersetzt, war für jene Tage ein Bestseller und verschaffte dem
Privatier Strauß ein gewisses Kapital, von dem er – beinahe
lebenseinschränkend sparsam – zehrte. Er entfachte für ein
Jahrzehnt einen Bücher- und Zeitschriftenkrieg. Strauß war
auf einen Schlag der Schrecken aller schwäbischen Pietisten.
Viele sahen den Teufel in ihm. Und in entfernteren Land-
gemeinden erzählte man sich auch, er habe rote Haare . . .

Von der Stiftsinspektion wurde seine Evangelien-Kritik –
unter Berücksichtigung der glänzenden Lehrbegabung des
Repetenten – nur als äußerst problematisch eingestuft, doch
das Kollegium des Stuttgarter Oberstudienrats leitete eine
Versetzung ans Lyzeum nach Ludwigsburg ein.
Die besorgte, doch unverzagte Mutter, die das fernere Schick-

gst. v. Adolf Neumann

sal des Sohnes aus mancherlei Gründen erfahren will, schrieb ihm am 13. September 1835: »Da Deine letzt gesendete Wasch nun im Reinen ist, so fragt sichs nun, ob es nöthig ist, Dir das ganze wieder nach Tübingen zu schicken, d. h. wie lange Du noch gesonnen bist droben zu bleiben? Das beste wäre, wann Du zählen möchtest wieviel Du noch Hemder und Strümpfe vorräthig hättest, weiß ich dann ohngefähr die Zeit, wann Du hierher kommst, so kann ich selbst berechnen was ich zu thun habe.

Von Deiner Versetzung aus der Universität hierher sind die Ansichten ganz verschiedener Art. Viele, natürlich ganz Unwißende, glauben Du seiest hier wirklicher Rector und wünschen uns Glück dazu, manche aber sagen, Du seiest völlig weggeschmißen, welches freilich unseren Ohren wehe thut.« Strauß verließ Tübingen – vielmehr das Stift – schweren Herzens. Allerdings sah er sich nicht »weggeschmissen«, und ein Kompromiß – wie der denkbare Übertritt zur Philosophie – wurde nicht erwogen. Im Protokollbuch, das die Repetenten des Stifts abwechselnd und mit großer Genauigkeit führten, schloß er seine Berichterstattung: »So lebte er seitdem, noch immer im Verkehr mit dem Collegium, das ihn freundlich auch ferner zu seinen Spaziergängen und Gesellschaften zog, doch gleichsam nur gast- und geistweise. Daraus möge es sich auch der Leser entschuldigend erklären, warum er in diesem letzten Abschnitt den Geist nicht wiederfindet, der sonst dieses heilige Gedenkbuch des Collegiums belebt. Denn den Geist des Collegiums theilt nicht bloß äußeres Zusammensein, was dem Schreiber dieses bis daher noch vergönnt wurde, noch auch die innige Teilnahme an dem Schicksal des Collegiums, die in ihm nie verlöschen wird, mit: sondern dazu gehört die innere Lebens- und Amtsgemeinschaft, aus welcher der Repetent schon vor zwei Monaten hatte scheiden müssen.«

Er nimmt eigens von den Spaziergängen Abschied. Allerdings waren diese Stiftlerspaziergänge mehr Auslauf und

Befreiung, schwärmerische Erfüllung von Freundschaften, körperliche Begleiterscheinungen erhitzter Debatten und einfach Weglaufen aus dem Stift, oft bis zur Wurmlinger Kapelle, oft, wenn man sich festgebissen hatte, nur hinüber bis zum Neckar oder ans faule Eck.

Sie waren 1835 zu Ende, Straußens Tübinger Spaziergänge. Nur die Liebe zu »Minele« zog ihn Pfingsten 1837 noch einmal in die Tübinger Neckargasse zurück. Dort war die Gaststätte des »Neckartyrannen«, wie man den früheren Bäckermeister Schweickhardt nannte. Ihre Räume lagen nach Süden, über dem Fluß (dort, wo man heute eisessend in die Fluten träumt). Studenten und Repetenten verkehrten in voneinander getrennten Räumlichkeiten. Die kleine Schankwirtschaft war renommiert wegen ihres Weines; ein Ort, »wo sich die Aristokratie des Geistes versammelte und in gemütlicher Unterhaltung mit einem paar feiner und gebildeter Töchter sogar unsere gelehrtesten Repetenten sich gefielen«, wie sich Karl Gerok erinnert. Schweickhardts Tochter »Minele«, geschildert als schlank und zierlich, schwarzhaarig, »mit einem italienischen Schnurrbärtchen« und feurigen Augen, »Mund und Kinn nicht gerade edel geformt«, soll die Hauptattraktion gewesen sein.
Strauß verliebte sich bereits 1832 in diese dunkle Schönheit, und die Familie des »Neckartyrannen« durfte sich schon berechtigte Hoffnungen machen, daß »Minele« dereinst eine Pfarrfrau, wenn nicht gar Frau Professor würde. Doch kaum war Strauß in Stuttgart (dort hatte er sich nach dem kurzen, unglücklichen Aufenthalt im Elternhaus als freier Schriftsteller niedergelassen), fing er von neuem Feuer. Freilich war er vorläufig nur einer unter vielen Verliebten, die jedes Gastspiel der gefeierten Sängerin Agnèse Schebest in Stuttgart zurückließ.
Der kritische Karl Theodor Griesinger beschreibt in seinen »belletristischen Schriften« einige Symptome des allgemei-

nen Taumels, der die Stuttgarter regelmäßig ergriff, wenn die »wandelnde Antike« im Königlichen Opernhaus sang. »Ein Schebest-Denkmal-Comité« hatte sich bald gebildet, und es fehlte nicht an allerhand Vorschlägen. Eigentlich fehlte es an gar nichts als an Geld – und Geld wollte sich in Stuttgart eben niemand seine Begeisterung kosten lassen. Immerhin bekam sie Blumen und Ehrenkränze »in reichlichem Maße«, und es fehlte auch nicht an hohen Gunstbezeugungen, wie z. B. einem prachtvollen, mit Sinnbildern der Kunst verzierten Armreif, von Hofgraveur Hirsch mit ihrem Bilde geziert und als Geschenk »eines Kreises von Diplomaten und adeligen Herren, Gelehrten und würdigen Männern des Kaufmannsstandes« überreicht.

Vor allem bekam die Mezzosopranistin bei ihren Gastspielen im Dezember 1836, im Juni 1837, im Oktober und November 1839 und schließlich im Februar 1842 glänzende Kritiken, die selbst ihren Förderer Meyerbeer in Paris erfreuten; ob sie nun Bellinis Norma, Cherubinis Medea (die eigens von Meyerbeer für ihren Mezzosopran tiefer gesetzt wurde) oder ob sie heitere Partien sang. In ihren Erinnerungen »Aus dem Leben einer Künstlerin«, Stuttgart 1857, berichtet die Gefeierte:

»Ich kann die Stuttgarter Kritiken nur immer wieder mit geistigem Genusse lesen. Nicht etwa, als bildete ich mir ein, all das schöne Lob verdient zu haben, welches mir daselbst in unzähligen öffentlichen Blättern so freundlich zugeteilt wurde, das gewiß nicht, allein in diesen schönen Widerspiegelungen erkannte ich nicht nur mit großer Freude den alles durchdringenden Scharfblick gebildeter Geister, sondern auch jenen verklärenden Schimmer poetischer Gemüter. Und wie jene schönen Blätter bei all ihrer Begeisterung dennoch von einem höheren Ernst, von einer sittlichen Reinheit durchweht sind, so flößte mir auch die persönliche Bekanntschaft jener Ehrenmänner, welche meinen Leistungen so freundliche Aufmerksamkeit schenkten, Achtung und Würde ein . . .«

Zu diesen Ehrenmännern und poetischen Gemütern gehörte Reinhold Köstlin. Zu ihnen gehörte auch Strauß. Zunächst war es nur Schwärmerei, die den Theologen zum Musikkritiker und -liebhaber begeisterte.

Die Nachricht machte in Tübingen Sensation, obwohl die pietistischen Kreise ihm seit seinem Buch sowieso jeden Teufelsbund zutrauten. David Friedrich Strauß, der ganz offensichtlich immer noch im Tübinger Urteil die Maßstäbe seines Handelns sieht, obwohl er sich darüber lustig macht, stellt sich den Professorenklatsch etwa so vor:

Der Musikus Silcher trifft im »Museum« einige Professoren und nimmt sie gleich beiseite: »Und wissen Sie auch, von wem die zwei enthusiastischen Kritiken über Schebest im Deutschen Courier waren?« Professor Wächter: »Von Köstlin?« Darauf Silcher mit dem Triumph des Gutinformierten: »Nein, von Strauß.« Schrader: »Ah!«, und Wächter: »Ho ho« und nach einer Pause derselbe: »Da sieht man doch, wohin das führt.« Und Bahnmayer: »Dieser Mensch muß doch ganz gesunken sein, mit dem religiösen Glauben muß er auch jeden sittlichen Halt verloren haben.«

Die gefeierte Künstlerin reist weiter . . . Die Wirtstochter war noch nicht vergessen; besonders seit er sie an liebesgünstigem Orte wiedertraf: es war auf einem Pfingstmontagsausflug zur Nebelhöhle und zum Lichtenstein, wo ihm Minele mitten in der schwach erleuchteten Nebelhöhle »zufällig« in die Arme lief. Der Zufall war allerdings nicht so groß, wenn man bedenkt, daß fast alle jungen Leute Tübingens am Pfingstfest zur Nebelhöhle und dem Höhlenfest zogen. So wenig Zufall sogar, daß unserem Strauß bei gleichem Anlaß seine dritte damalige Geliebte, die schöne »Unbekannte«, unter Tropfsteinschleiern entgegentrat.

Wieder in Stuttgart, räsoniert er am 23. Mai 1837 in einem Brief an seinen Vertrauten Friedrich Theodor Vischer über den Tübinger Regentag und seine neu-alte Liebe: »Lieber

Freund! Was mich am meisten freut an der Tübinger Suite, ist, daß es den ganzen Tag geregnet hat; da, unter dem Schirm, – man sah keinen Himmel, begegnet einem auch niemand, – lief man wie im Traum in den altbekannten Straßen umher, und so ist mir jetzt auch alles wie ein Traum . . . Ja, es ist ein Kreuz, wie verliebt ich mich noch vorgefunden habe, und zwar mit einer Liebe, die keinen Schritt vorwärts kann, und doch auch keinen rückwärts will. Ich glaube nicht, daß mich ein Mädchen, was das Sinnliche und das Ästhetische betrifft – hol der Teufel die abstrakten Ausdrücke! – jemals mehr wird fesseln und befriedigen können, – was ich hauptsächlich daraus abnehme, daß sich diese Gestalt mir längst zum Maßstab gemacht hat, nach welchem ich weibliche Anmut zu messen pflege –: und doch, da ich ebenso deutlich weiß, daß alles darüber Hinausgehende, Geistige, fast auch Gemütliche, nur ein von mir Hinzugedachtes ist, so kann der Sache schlechterdings keine weitere Folge gegeben werden. Nun aber bin ich zugleich eine so bürgerliche – oder wie Du willst – Natur, daß mir eine so resultatlose Neigung wehe tut. Auf meine Ehre! hätte sie nur etwas mehr Geist: ich hätte sie – über alles Andere könnte ich zur Not wegsehen – ohne Zweifel bereits geheiratet. So aber ist's von allen Unmöglichkeiten diejenige, die ich am klarsten einsehe, und auch dem guten Kinde nicht verborgen habe.«
Im gleichen Brief kommt er auch auf seine Liebe zu Agnèse Schebest zu sprechen, von der ihm Freund Rapp in einer Mahnepistel abrate, und Strauß dichtet launig:

> »Du mahnst mich, von dem schönen Kinde,
> Der Sängerin, mich zu befrein:
> O Wunder! wie doch so geschwinde
> Gelingt mir's, folgsam Dir zu sein! –
> Schon lodert matter dieses Feuer,
> Seit auf der Reise es geschah,
> Daß ich – vergnüglich Abenteuer! –

Das holde Minchen wieder sah. –
Was Wunder, daß das alte Lieben
Mit neuem Kuß ins Herz sich grub?
So ist der Teufel ausgetrieben:
Doch leider durch den Beelzebub.«

Auch die Mutter, auf deren Anerkennung Strauß größten Wert legte, und der er offenbar sogar die Briefe der Künstlerin weitergab, ist entsetzt und sieht in der Begegnung eine Machenschaft seiner Gegner. Sie schrieb im Januar 1838 nach Stuttgart, wohin sie nun das unermüdliche »Wäschekistle« zu schicken pflegte: »Ohne Zweifel bis Du gestern auch wieder in der Oper gewesen? Die Herren von Ludwigsburg machen sich über die von Stuttgart lustig, indem sie behaupten, alle, alle seyen in die schöne Singerin verliebt, ich glaube selbst auch, 's ist net sauber.« . . . »Die Briefschaften Frl. Schebest folgen hiemit, und es war blos eine Vergeßlichkeit schuld, daß sie nicht der Wasch beigepackt wurden; der Inhalt ihrer sämtlichen Briefe ist ja weiter nichts als Dank und Höflichkeiten, und ich habe die ganze Geschichte bisher als Spaß angesehen und vor weiter nichts. Da ich aber nun hören muß, daß Du Deinen Gegnern hierdurch einen schönen Triumph bereitet, mit welcher Freude sie ausposaunen, Du machest einer Schauspielerin Cour, und sey sogar eine Art Basquill über Dich in Umlauf, seitdem bin ich ganz falsch (böse) über die ganze Geschichte, und ich wünschte lieber, sie hätte ihr Talent statt in Stuttgart in Constantinopel entwickelt, daß Du sie nie gesehen hättest; und erst habe ich den Verdacht, daß sie, das Teufelsgesindel, Dir die Person aus Bosheit in Deine Gesellschaft gebracht, um Dir auf dieser Stelle einen Flecken anhängen zu können, gewiß ich bin ganz erboßt über diese dumme Geschichte, und aus dem Grund ist's mir auch recht, wenn Du bis ins Frühjahr Stuttgart verläßt. – Punktum.«
In diesem Punkt änderte sie ihre Meinung auch nicht bis zu

ihrem Tod (19. März 1839). Sonst zeigte sie, die in unkompliziertem Christentum Gott im Garten und im Ludwigsburger »Salonwäldchen« fand, größtes Verständnis für seine Ansichten, war eine der tüchtigen schwäbischen Dichtermütter und blieb für den Sohn das Wunschbild des Weiblichen. Sie verteidigte ihn selbst gegen einen mürrischen, komplizierten, wenngleich außergewöhnlichen Vater, der in diesem Falle ein guter Lateiner, ein mystisch veranlagter Christ, Bienenzüchter und schlechter Kaufmann war. Mit ihrem mütterlichen Mahnwort lernen wir auch ihre lebendige, orthographisch unbekümmerte, für Strauß oft so tröstliche Briefkunst kennen. In einer Schrift zu ihrem Andenken rühmte er die »schöne und beseelte Hand«, über die sie gebot, obwohl sie »kein französisch, nicht einmal hochdeutsch« sprach.

Drei Jahre nach dem Tod der Mutter heiratet er die Sängerin, die ihre Karriere mit Gastspielen in Karlsruhe abschließt. Er war 34 Jahre, sie 29 Jahre alt. Ort der heiligen Handlung: Die Dorfkirche in Horkheim bei Heilbronn. Von der Orgelempore klingen Melodien der »Zauberflöte«. Freund Rapp begrüßt die Braut, die Strauß nun »Mutter und Geliebte« werden solle. Nachher hält er, als Koch verkleidet, eine humoristische Rede. Ob er ihr dabei das Kochbuch der »Löfflerin« übergab, auf dessen virtuose Anwendung sie bald ihren Ruf als schwäbisches Hausfrauenwunder begründen wollte, ist nicht überliefert.

Man richtete sich in Sontheim ein; ein Ort, dessen Abgelegenheit bei Strauß nicht nur die Entdeckung von »immer mehr Seelengüte, Redlichkeit und tüchtiger unzerstörlicher Natur« fördern sollte, sondern leider bald auch die Entdeckung einiger Schwächen. Es war wie in einem Opernlibretto: die umschwärmte Sängerin zieht sich mit dem Geliebten aufs Land zurück, und an die Stelle des Rampenlichts treten die Freuden stiller Häuslichkeit. Solange jedes häusliche Geschäft eine Premiere war, konnte dies gutgehen. Strauß an Vischer:

»Du hast einen Beruf, aber keine Frau, ich habe eine Frau, aber keinen Beruf. Mit dieser Frau habe ich freilich viel Gutes bekommen, und mehr als ich wissen und erwarten konnte, so wunderbar findet sie sich in die neue Rolle, die ihr mit mir angewiesen ist. Ich sehe hier, wie die weibliche Natur, wenn sie unverdorben sich treu geblieben, durch alle Abwege anderweitigen Berufs hindurch die Bestimmung zum Hausmütterlichen in sich trägt. Wir haben jetzt auch die erste Wäsche gehabt, und die hat meine Frau mit Ausnahme meiner Hemden ganz selbst gebügelt. Wie der Wäscheschrank wieder voll und eingeräumt war, hatte sie eine solche Freude über den stattlichen Vorrat, daß sie mich hinausholte, es mit anzusehen.«

Die neue Rolle findet den Applaus des Ehemannes. Doch mit dem »Repertoire« und den jahreszeitlichen Wiederaufnahmen, die ein Haushalt mit sich bringt, stand es schlechter. Dabei war er mit sich selbst unzufrieden, weil er keinen Beruf hatte, und sie mit ihm, weil er – wie sie es sah – auf der Bärenhaut liege.

Es gab wenig Zerstreuungen nach ihrem Geschmack. Denn konnte sie eine Heilbronner Liebhaber-Aufführung der »Zauberflöte« wirklich freuen, bei der Kaufmann Goppel, der Gastgeber, als Papageno und Pianist wirkte, und sie die Papagena, Pamina und eine leicht tiefer gesetzte Königin der Nacht sang, während der Rechtsconsulent Müller die Zauberflöte blies? Um Gäste mußte das Paar förmlich werben. Es kam sogar vor, daß sich eine internationale Zelebrität wie Franz Liszt ins Unterland verirrte. Selbst mit den Tübinger Freunden wechselt man vor allem Briefe, schickt Päckchen: so zu Weihnachten 1842 an Vischer die ersten »Springerlein«, für die er sich umgehend aus »Dorf« Tübingen bedankte.

Vielleicht wäre Agnèse geeignet gewesen, ein großes Haus zu führen. Auch das Leben in Heilbronn war nicht abwechslungsreich genug, um die »zwei Leute, die von den beiden Enden der Welt her ein sonderbarer Wirbelwind zusammen-

gestürmt hat« (so Strauß) von ihren Gegensätzlichkeiten abzulenken: Ludwigsburg, Blaubeuren, Studium in Tübingen und Vikariat in Kleiningersheim waren seine früheren Lebensstationen. Paris, Venedig, Pest, Wien, Berlin, Warschau die ihren. Einseitig musikalische Virtuosendressur stand gegen Stiftsbildung. Schwäbischer Ernst gegen österreichische Leichtlebigkeit, kindlicher Katholizismus gegen kritisch betrachtende evangelische Haltung. Doch sicher war nicht die Weltanschauung der Grund des Zerwürfnisses. Strauß war in seiner Unentschlossenheit bestimmt schwer zu ertragen. (Frage an Vischer: »Weißt Du mir keinen Helden für eine Biographie?«) Er betätigt sich als Topfgucker, der überall Verschwendung wittert, gibt den Kellerschlüssel nicht aus der Hand; zieht Ratgeber heran, die parteiisch sein müssen, wie »Carline«, die frühere Hilfe seiner Mutter, die ihrerseits in den Augen des gestrengen Hausvaters den nötigen »Formsinn« vermissen läßt.
Zwei Kinder werden geboren, 1843 die Tochter Georgine, 1845 der Sohn Fritz. Ein Jahr später trennen sich die Eheleute.

Agnèse Schebest-Strauß zieht nach Stuttgart, von wo aus sie mit liebenswürdiger Zähigkeit versucht, unter den Freunden von Strauß — wie Mörike, Friedrich Theodor Vischer, Reinhold Köstlin und dem Musiker Ernst Friedrich Kauffmann — Bundesgenossen zu werben. Sie veröffentlicht ihre Erinnerungen »Aus dem Leben einer Künstlerin«, ein Buch, dessen Erscheinen Strauß mit juristischem Beistand erwartet. Doch er war gar nicht erwähnt. Sie faßt ihre künstlerische Erfahrung in einer »Mimik« (Rede und Gebärde) zusammen und wählt dazu die Gesprächsform. »Ich denke«, schrieb sie an einen Pfarrer in Odessa, »daß diese Art zu belehren einer Frau auch am ehesten gestattet werden dürfte, insbesondere mir, die zum Belehren und Bücherschreiben kam wie der Blinde zur Ohrfeige. Mir wäre es genügend gewesen, meinen

Friedrich Theodor Vischer

Kindern die Nase zu putzen, ihre und ihres Vaters Hemden und Strümpfe zu flicken und allem literarischen Kram ferne zu bleiben«. Die als Hausfrau verkannte Schriftstellerin flicht auch in ihre Plaudereien über die Kunst des Vortrags immer wieder Hausfrauliches ein, und Anna und Marie, die fiktiven Rede-Schülerinnen, erfahren beim Bügeln und beim Kochen, wie Normas Rache-Rasen zu gestalten wäre.

Den Freunden steht Agnèse Schebest mit Rat und Tat bei. Überall spielt sie die gute Fee. So bei Mörike und den Seinen. Bald schickt sie ein »Leibchen«, bald ein »Hütchen« für das »liebe gute Klärchen«, Mörikes Schwester, und dazu ein Briefchen: »Ach, wenn ich doch recht reich oder auch nur wohlhabend wäre, wie gerne würde ich dazu beitragen, den guten Bruder durch eine Badkur wiederherstellen zu lassen, wie mag er sich absorgen!« Soviel Armut, soviel Tapferkeit, soviel Güte — alles weist auf Strauß, den undankbaren, unduldsamen Rabenvater zurück.

Strauß wittert in seinen früheren Freunden ihre Verbündeten. Reinhold Köstlin soll ihr sogar bei der Abfassung ihrer Memoiren geholfen haben: Aus der Feder seines einstigen Konkurrenten — er war aufs Schlimmste gefaßt. Auch meldete man, »Madame« gehe bei dem kunstsinnigen Hofprediger aus und ein . . . und alles, was er in den nächsten zwanzig Jahren aus Stuttgart hören sollte, sieht er gegen sich gerichtet.

Vischer war es indessen gelungen, eine ebenso gegensätzliche Frau zu finden. Auch sie Österreicherin, auch sie ein einfaches Wesen. Der Ort der Begegnung war noch romantischer als der Bühneneingang, an dem Strauß und Agnèse zusammentrafen. Auf der Fahrt über das adriatische Meer sah der Tübingen-flüchtige Italienreisende seine Frau zum ersten Mal: Thekla Heinzel aus Raab bei Riedau im Innviertel, die Tochter eines Schullehrers und Organisten, die, bei ihrem

Bruder in Capo d'Istria erzogen, eben auf der Reise in die österreichische Heimat war.

Vischer fühlt sich dazu berufen, sie geistig zu sich emporzuheben. Am Anfang schien es ihm sogar, als sei sie den Tübingerinnen überlegen. Er meint zu erkennen, »daß Küche und Hauswesen bei uns allgemein auf nutzlose Verschwendung und Ungenauigkeit gebaut sind, seit ich das Österreichische durch meine Frau kenne, die ein Ei braucht, wo man hier sechs nimmt«.

Gemeinsam betrauern sie den Tod eines prachtvollen Söhnleins, gemeinsam freuen sie sich an Robert, dem Zweitgeborenen. Doch dann entdecken sie, daß sie keine Gemeinsamkeiten haben. Vischer macht auch in diesem Punkt Tübingens Enge für sein Unglück verantwortlich. Natürlich eilt das Gerücht jeder Streitigkeit von Haus zu Haus, und Freund und Feind mischen sich als Ratgeber ein. Zank, Krankheit und sogar der Tod des Kindes werden dem »Nest« angelastet. Im Februar 1845 schrieb Vischer, der sich auf seinen vierten Umzug innerhalb Tübingens vorbereitete, an Familie Strauß nach Heilbronn:

»An Georgi ziehen wir aus unserem Keller, wo mir die Hände von Winterbeulen so aufschwollen, daß ich nicht schreiben konnte, fort in ein neugebautes Haus von Prokurator Lang in der schönen Lage vis á vis dem Hehl'schen am Neckar . . . Kost(et) viel, war aber keine Wahl.« Auch dieser Wohnungswechsel war unglücklich. Vischer an Strauß im Juni des gleichen Jahres:

»Diesen Brief schreibe ich oder fange ich wenigstens an im Senat, um nur die Zeit nicht ganz zu vergeuden, wie diese Ichthysauren, die um mich herumsitzen. Es ist ein wahrhaft abscheuliches Volk, am abscheulichsten, wenn sie heiter, wenn sie witzig werden. Ich fahre zu Hause fort. Die Menschen berieten gerade das auf den 14. August bestimmte Fest der Einweihung der Aula, wobei ich mich hübsch aus dem Staube machen werde.

Um aber von dieser Situation auf mich selbst zurückzukommen, so muß ich Dir sagen, daß der Verlust meines Buben etwas Hartes ist. Der Kerl war dick und stark, wohlgebaut, besonders schöne gewölbte Brust, was in Deutschland so selten ist, scharfer militärischer Blick, doch eine ganz ruhige, traktable philosophische Natur. Der Sonnengott kann seine alte üble Gewohnheit nicht lassen, auf schöne Kinder neidisch zu sein. Er hat ihn mir mit giftigen Strahlen getötet. Die schnell eintretende Schwüle machte aus dem Farbendunst des neuen Hauses einen Kochofen und tötete das Kind.«

Noch einmal wechselte Vischer die Wohnung, diesmal innerhalb der eleganten Neckarvorstadt: im heutigen Hause Uhlandstraße 4 blieb er immerhin ganze sechs Jahre. Wir haben hier als Ausgangspunkt seine Wöhrd-Spaziergänge kennengelernt. Von hier aus zog er nach Zürich, um einen Ruf ans Polytechnikum anzunehmen. Natürlich war er nicht sofort entschlossen. »Was das Für betrifft«, schrieb er am 12. März 1855 an Strauß, »so weißt Du doch wohl nicht ganz, wie mich dieses Tübingen tötet. Nicht einmal ein ordentlicher Spaziergang über Feld ist möglich! Die Mühlräder meines Geistes reiben sich auf, weil sie den Stoff, den sie zum Mahlen brauchen: Leben, Anschauung, Reichtum von Objekten, nicht haben. (...) Nur eine Versetzung der Universität nach Stuttgart ist denkbar, aber auf dies Ungewisse kann ich mein Handeln nicht gründen.«

Auch er hatte sich von seiner Frau getrennt, die ihn jedoch ständig verfolgte. Auch er hatte Probleme mit der Erziehung seines Sohnes, den er nicht der Mutter überlassen will. Das Eheunglück der beiden Feuerköpfe ist im ganzen Ländle bekannt, und die Befriedigung der Rechtgläubigen war groß. Gott strafte, und die Österreicherinnen waren sein Werkzeug. Ein anonymer Roman in drei kleinen dicken Bänden mit dem Titel »Eritis sicut deus« nahm, das Thema menschlicher Vermessenheit anschlagend, Vischer zum Modell . . ..

Wir wollten keine Lebensromane nachzeichnen. Wir wollten keine »Stiftsköpfe« zeichnen, denn das kann Ernst Müllers klassisches Buch viel besser. Mit ihm war ich 1974 im Stift, wo er zu einem Colloquium über David Friedrich Strauß eingeladen war. Vor mir der Leiter, der »Ephorus« des Stifts, neben mir ein Schulkamerad, auch er wie Strauß Repetent im Stift, auch er nach den »Landexamen« durch die niederen Seminarien gegangen, um mich viele Theologie- und Straußkundige, dazu befähigt, mühelos die theologischen und philosophischen Debatten des vergangenen Jahrhunderts wiederaufzunehmen. Ich hatte den stiftskundigen Professor begleitet und mit ihm geschimpft. Denn weil es ein herrlicher Vorfrühlingstag war, lief er einfach ohne Mantel aus seiner Bücherhöhle über den betriebsamen Räumen des »Schwäbischen Tagblatts«, unbürgerlich wie die theologischen Wöhrd-Spaziergänger des vergangenen Jahrhunderts. Die »Stimmung« im Stift war theologisch. So sehr, daß ich in meiner Unwissenheit bei den blauen Bergen der Alb Trost suchen mußte. Doch ab diesem Tag interessierte mich Strauß.
Hier also soll es nicht um den Liebes- und Lebensroman der beiden Stiftler Strauß und Vischer gehen. Sie wurden nie Tübinger Bürger, sie blieben Stiftler: Geister, die ganz von der schwäbischen theologischen Kultur durchdrungen waren. Und diese Kultur war im Stift behaust. Sie kamen von Tübingen nicht los.
Auch das Ehe-Unglück wird aufs Stift zurückgeführt. So von Mohl, dem in Tübingen aufgewachsenen Kanzler und Abgeordneten, der sich sein Leben lang leidenschaftlich um Weltläufigkeit bemühte. Er urteilt über die »unklugen und mit Notwendigkeit zu einem übeln Ausgange bestimmten Ehen« der Freunde, »daß sie nur welt- und menschenunkundige Zöglinge des Tübinger Stiftes einzugehen im Stande sind.«
Es gehört zum eisernen Bestand der schwäbischen Kulturgeschichtsschreibung, das Besondere – und Nachteilige der Stiftserziehung herauszustellen. Vischer gelang dies beson-

ders brillant, denn trotz äußerster, von Strauß oft bespöttel-
ter Eleganz war er selbst wohl am meisten betroffen. In einer
Schrift »Dr. Strauß und die Wirtemberger« (1838 in den
»Hallischen Jahrbüchern« erschienen), in der er vieles aus
dem schwäbisch-theologischen Milieu erklärt, behauptet er:
»Man kennt den Seminaristen leicht an einem blöden und
unfreien Zuge, der ihm bleibt. Seine innere Bildung steht in
einem großen Mißverhältnis zu seiner äußeren, im Gefühle
dieses Mangels zieht er sich auf den Wert seiner geistigen
Bildung zurück, und hieraus entsteht nun ein ganz eigenes
Geschmäckchen gegenüber dem Studierenden in der Stadt ...
Zu Allem kommt noch die angeborne Schwerfälligkeit schwäbischer Natur, und so bleibt von dieser Erziehung lebens-
lang ein Rest von Verschüchterung, der Geist ist bei allem
Reichtume wie mit eisernen Reifen gebunden ...«

Strauß floh zunächst nach Weimar, dann nach Köln, weil er
dort die brieflichen Giftpfeile seiner Frau durch den Bruder
abfangen lassen konnte. Später wohnt er, relativ glücklich,
in Heidelberg, ist immer wieder geneigt, sich in München
niederzulassen; auch Ulm und fast jede andere kleinere Stadt,
in der es sich »wohlfeil« leben ließ, wurde erwogen, auch
Berlin und Bonn. Schließlich zieht er nach Aufenthalten in
Berlin und Heilbronn nach Darmstadt – und auch innerhalb
jeder Stadt wechselte er dann mehrmals die Wohnung. Zunächst war Georgi, der allgemeine Kündigungstermin im
April, sein Schicksalstag. Dann jeder Monatserste, da er aus
Angst, sich zu binden, nur noch möbliert wohnt. Sein natür-
licher »Standort« wäre vielleicht Ludwigsburg gewesen. Doch
die ruhige Garnisonsstadt erinnerte ihn an die unangenehme
Erfahrung seiner Abgeordnetentätigkeit: er ließ sich nämlich
1848 zunächst in die Paulskirche und – als dies mißlang – in
die Württembergische Abgeordnetenkammer wählen. Doch
bald trat er gekränkt zurück.
In Stuttgart wohnte seine Frau, deren Freunde ihm ganz

Württemberg vergällten. Ans Ausland dachte er nicht, und außer einer Italienreise fand seine Ruhelosigkeit im Inland Genüge. Eine Zeitlang meint er, München sei die Stadt, in der er leben könne. Doch dann denkt er an die Zukunft seiner Kinder und schreibt an Vischer:

»Hier (in München) sind mir die Schulen nicht gut genug, und in Württemberg kann ich nirgends sein. Ich habe in der Verzweiflung schon an Tübingen gedacht; allein, von anderem abgesehen, wäre es mir nicht mehr möglich, unter Studenten zu leben; wer keine Hunde leiden kann, der kann auch keine Studenten leiden – diesen Satz wirst Du zugeben.«

Vischer arbeitet daraufhin für den zögernden Freund eine detaillierte Studie über Tübingens Vor- und Nachteile aus:

»Daß Dir München wildfremd bleibt, kann ich mir vorstellen. Vielleicht nur bei den Künstlern fändest Du Dich heimischer, aber der vollere Kreis derselben wäre wieder zu geräuschvoll für Dich. Nun will ich Dir über Tübingen so sächlich sprechen, als ob ich nichts davon hätte, wenn Du hieher kommst:

1) Hunde gibt es allerdings ziemlich; namentlich eine sehr schöne Pudelrasse hat sich neuerdings verbreitet. Jedoch wirst Du nicht in Lokale kommen, wo diese Dich genieren könnten, sondern in Berührung kommst Du nur

a) mit meinem Hans, einem allgemein beliebten Pinscher

b) wenn Du mit mir spazieren gehst, mit denjenigen Hunden verschiedener Vorstädte, bei denen ich in besonderer Achtung stehe, die mich daher zu begrüßen und stückweise zu begleiten pflegen, wobei durch ihre Spiele mit Hans allerdings einiges Geräusch entsteht.«

Vischer schildert ihm seinen gesellschaftlichen Umgang, und das gegenwärtige Lokal, die sogenannte »Neckartyrannei« in der Neckargasse: »Es ist da still und ruhig, wie Du es magst; aber gegen den Zufall, daß auch Fremdere, Unwillkommenere eintreten, kann man sich nicht abschließen.« Und, nachdem er unter Punkt 3) die wissenschaftlichen Mög-

lichkeiten durch Arbeit auf der Bibliothek schilderte: »Dagegen: Saunest. Es wird Dir nach langem städtischen Aufenthalt ärger sein als Du glaubst. Es ist vor Ärger auf Schritt und Tritt kaum auszuhalten. Nun überlege!«
Der Briefwechsel der Freunde wird grotesk: Klagen, Katastrophenberichte. Vermutungen über neue Tücken der Gattinnen: Strauß macht nur noch drei Kreuze, statt sie zu nennen. Auch Vischer ist ständig bedroht. Selbst nach Zürich folgt sie ihm, strebt ständig eine »Wiedervereinigung« an. Auch sie wirbt bei den Freunden ihres Mannes um Verständnis, und findet wie »Madame« Strauß ihre Anhänger.
Beide Männer sind mit einer genialen Begabung zum Unglück ausgestattet. Freilich erkennt dies der eine jeweils nur am andern. So schreibt Strauß an Rapp über ein Zusammentreffen mit Vischer in St. Gallen: »Man kann mit Vischer nicht, auch nur kurze Zeit, zusammen sein, ohne sich über seine lästigen Angewöhnungen, seine Unzufriedenheit und Ansprüche in Wirtshäusern und dergleichen zu ärgern; doch dies abgerechnet, waren wir recht vergnügt. Wir fuhren am anderen Tage noch miteinander per Eisenbahn bis Winterthur, wo wir Mittag machten; da zeigte er mir in der Zeitung einen Artikel von ihm über den Übelstand, daß die Züricher in ihrem See keine einzelnen Badehäuschen haben, ganz im Stile seiner früheren Polemik gegen die Tübinger Straßenpolizei; als ich las, wie er am Ende durch einen kühnen Sprung auch noch auf die schlechte Milch in Zürich zu reden kam, mußte ich ungeheuer lachen.«
Auch Vischer wird wohl gelegentlich über sich selbst gelacht haben. Er bewältigt sich selbst in der Satire. In seinem Roman »Auch einer. Eine Reisebekanntschaft« gestaltet er den stets von den Tücken des Objekts verfolgten Helden nach sich selbst. Aber auch Strauß hat in seinem Unglück solche Einsichten. Doch beide werden nie sich selbst entfliehen. Beide umkreisen unablässig die schwäbischen Stätten ihres Unglücks.

Vischer kehrte sogar nach Tübingen zurück und gibt sich der Hoffnung hin, die neue Eisenbahn würde alle seine Probleme lösen . . .

Doch schon der erste Eindruck zerstört seine Illusionen. »Jetzt, wie ich nach dem Neste selber kam«, schrieb er im Juni 1866 an Strauß, »erfuhr ich ganz, daß trotz allem Wissen meine Phantasie in diesen elf Jahren mir das Bild verwischt hat. Diese Einsamkeit, Öde, Armseligkeit, Sauerei . . . mir war, als müsse ich mich in einen dreckigen Sarg legen; wie Grabesschauer kam es über mich . . . Schon die Häuser! Die elenden Baracken . . . Ich habe in der Neckargasse gemietet, etwas eng (die Wohnungen sind rar), aber heiter, Aussicht südlich ins Neckartal.«

Seine Frau ist inzwischen in Heilbronn, und er fürchtet ständig, daß sie wieder auftauchen könnte; Strauß ist in Darmstadt und Vischer redet ihm zu, es vielleicht doch noch einmal mit Württemberg zu versuchen. Doch David Friedrich Strauß kann sich erst dazu entschließen, als seine Frau gestorben war (in Stuttgart am 22. Dezember 1869).

»Vielleicht indes«, schreibt Strauß einmal an Vischer, »ist es bei uns beiden so ziemlich das Gleiche, daß wir uns abwesend angezogen und anwesend abgestoßen fühlen.«

Beide kommen nicht los. Ihr Haß fordert immer neue Nahrung. Es ist fast gleichgültig, ob der Rückblick auf die Tage im Stift bei Vischer Unbehagen, bei Strauß elegische Gefühle auslöst. Auf das Märklin-Buch des Freundes eingehend, schrieb Vischer am 8. Dezember 1851: »Die Pietät, womit Du unsere Jugend-Erinnerungen und das schwäbische Wesen unserer Kreise dargestellt hast, ist mir, versteht sich, nicht bloß als die Deinige heilig, sondern sie ist zugleich meine eigene. Die meinige aber schon an sich nicht ohne Vorbehalt; aus diesen Zuständen stammen meine Freundschaftsbande fürs Leben, in jenem stillen Tale (gemeint ist Blaubeuren) habe ich den Jugendtraum geträumt; aber trotz alledem und alledem und trotz der geistigen Entwicklung, die in diesem

Elemente wuchs, ist und bleibt mir diese Art aufgewachsen zu sein ein Unglück, das Repetentenwesen trotz seinem Freundesleben und Humoren eine düstere, trübe Erinnerung.« Beide können die Erinnerungen nie verdrängen. Das »Saunest« bleibt Pol und Beziehungspunkt, ob angezogen, ob abgestoßen.

Auf der Niedernauer Bank, wo wir Strauß verlassen haben, um auch nur andeutungsweise seinen Umzügen zu folgen, könnte er über diesen Bann nachgedacht haben; »ein Schmerzensreich, ein Glückloser, ein vom Schicksal Verfolgter...«

Sicherlich war ihm am wirklichen Tübingen wenig gelegen. Auch wenn er es vielleicht nicht so scheußlich und dreckig fand wie der ästhetische Freund, mußte es ihm wenig sagen. Denn für Naturschönheit war er nicht gerade übermäßig empfänglich. Württemberg blieb für ihn immer das Land seiner Freunde. Strauß kam auf den Dobel zu Pfarrer Käferle, reiste zu Stadtpfarrer Fischer nach Öhringen, besuchte Pfarrer Rapp in Unter-Münkheim. Sofern sie nicht so unfügsam war wie Strauß, Vischer und Märklin (denn er hatte seine Angriffe auf den Pietismus als Schulmann gebüßt), war die »Große Blaubeurener Promotion« im Lande verteilt: Kirchtürme grüßten freundschaftlich.

Briefe gehen hin und her. Freundschaften werden zu Brieffreundschaften, doch Strauß und Vischer gelingt es auch, sich brieflich für immer zu entzweien. Sie sprechen sich in Briefen an andere Freunde über solche Ärgernisse aus, ziehen sie ins Vertrauen: auch in den Briefen der Sechzigjährigen ist noch etwas von der Atmosphäre der Jugendfreundschaft, von Stiftsspaziergängen, bei denen die Horde vorausstürmt, und zwei, die sich etwas anvertrauen wollen, im Abstand folgen. Im Mittelpunkt dieser Welt blieb Tübingen. Doch nicht das »Städtchen«.

Das Idyll, das Strauß in seinen Erinnerungen an Märklin entwarf, ist nur Konvention. Der Wald und die Rebe, fröhliche Menschen als Staffage vor der dunkelblauen Mauer der

Schwäbischen Alb als Hintergrund. Dies Tübingen ist für den vertriebenen Stiftler kein geliebtes Landschaftsbild, sondern eine Ansicht des Stifts, zeitgenössisch koloriert.

Vischers Fluch: »Auf diesem Misthaufen soll ein für allemal keine Universität sein.« Trotzdem feiert sie ihr fünfhundertjähriges Bestehen. Die Stadt ist nicht mehr so schmutzig wie ehemals, als Strauß und Vischer vom Stift zum »Neckartyrannen« stapften. Auch damals konnte noch blökender, schnatternder und grunzender Gegenverkehr vom Wöhrd heraufkommen. – Die »elenden Baracken« stehen heute unter Denkmalschutz. Spaziergänge über Feld sind möglich. Allerdings würde sie Vischer wegen der bunten Menge, mit der er seine Einsamkeit teilen müßte, wohl kaum beschreiten. Doch trotz mancher Veränderungen kennt der akademische Bürger auch heute noch die Enge, in der er sich bald geborgen, bald eingesperrt fühlt. Spätestens dann, wenn man sich auf der Wilhelmstraße dreimal an einem Tag in die Hände lief.

Weltabgeschlossen ist Tübingen nicht mehr. Schon seitdem es die Bahn gab, die Vischer mit wahrer Heilshoffnung erwartete. Jede zweite Woche wollte er in Stuttgart Vorlesungen halten. Wer kennt ihn nicht, den Traum von hauptstädtischem Einkauf und Opernbesuch, der stets scheitert. Ein witziger Kopf soll wegen der Umständlichkeit der Linienführung gesagt haben: »Tübingen ist durch die Eisenbahn von aller Welt hermetisch abgeschlossen.«

Noch heute fördert die räumliche Konzentration Zufälle, Bekanntschaften und Anregungen, die nur in Tübingen eintreten können. Doch auch heute noch gilt Vischers Einsicht, »daß das wirkliche Leben oft gewisser Zufälle bedarf, die in Tübingen nicht eintreten können.«

DIR AUCH SINGT MAN DORT EINMAL...

Im Universitätsarchiv liegt eine interessante Urkunde: das
Protokoll der zweiten Sitzung des »Privat-Vereins für die
Verschönerung der Umgebung von Tübingen« vom 3. Juni
1842, an der bekannte Gelehrte, unter anderen auch der
Ästhetiker Friedrich Theodor Vischer, teilnahmen. Unter § 3
der Tagesordnung bemerkt der Protokollant: »Schließlich
brachte der Herr Vorstand noch zur Sprache, daß mit der be-
absichtigten Verschönerung der Umgegend zu Spaziergängen
ein anderer Punkt in Verbindung gebracht werden könne,
nämlich die so wünschenswerthe Verschönerung des Kirchhofs, welcher jetzt mehr einer Wildniß als einer Anlage gleiche, wie doch andere Kirchhöfe in anderen Städten diesen
Charakter haben. Durch die vom Kirchen-Convent vor einiger Zeit beschlossene Maßregel, daß niemand einen eigenen
Schlüssel mehr haben dürfe, und eine Begleitung des Toten-
gräbers sich gefallen lassen solle, wenn er das Grab seiner
Verschiedenen besuchen wolle, sei das Übel jetzt nur noch
vermehret, weil jetzt selbst denen, die dort eine kleine Anlage
errichtet hätten, die Pflege derselben erschwert werde.« »Auch
sey nicht zu bezweifeln, daß, wenn erst aus der Wüstenei des
Kirchhofs eine gartenähnliche Anlage geworden, dieß schon
von selbst zu größerer Achtung vor der Ruhestätte der Verstorbenen und deren Verzierungen führen werde.«
Die Tannenallee des Stadtfriedhofs war schließlich eine Tat

des von Friedrich Theodor Vischer mitgegründeten Verschönerungsvereins, der seine Mittel fast ausschließlich für die Alleen am Neckar und für den Friedhof einsetzte, bevor das Geld für nationale Denkmäler und Aussichtstürme auf stolzem Berge benötigt wurde.

Daß ein Friedhof als Ort besinnlichen Wandels öffentlich zugänglich ist, das scheint uns heute selbstverständlich. Gerade der Herbst – für die Katholiken Allerseelen, für die Evangelischen der Totensonntag – ist die Zeit der Friedhofsspaziergänge. Dies scheint ein uralter Brauch. Dabei wehrte man sich gerade hierzulande, in Württemberg, noch in unserem Jahrhundert ganz erbittert gegen den »Totensonntag«, auch »Totenfest« genannt.

Pfarrer Herrlinger aus Ludwigsburg schrieb im Herbst 1900 im »Kirchlichen Anzeiger für Württemberg«: »›Totenfest‹ steht im Portemonnaiekalender auf den letzten Sonntag des Kirchenjahres, heuer also auf 25. November, nach der Sitte Norddeutschlands, wo bekanntlich zum Gedächtnis der in den Freiheitskriegen Gefallenen ein Totenfest auch in den evangelischen Landeskirchen eingeführt wurde. Unsere evangelische Bevölkerung in Schwaben weiß hievon nichts, aber sie trägt, wenigstens in den Städten, mit jedem Jahr zahlreicher an Allerheiligen Kränze auf ihre Gräber.«

So wird es auch in Tübingen gewesen sein, zumal da die norddeutschen Professoren bestimmt diese Gepflogenheit vermißten. Doch nicht nur sie. Es ist uns heute schwer verständlich, daß die Einführung eines »Totenfestes« einst ein brennender Wunsch der Gemeindeglieder war; daß in der Stuttgarter Stiftskirche ein solches Fest gefeiert wurde, obwohl sich die Kirche davon distanzierte: wenigstens wußte man amtlich nichts von einem solchen Fest. »Die Empfänglichkeit des Publikums für alle Neuerungen würde besonders in Anbetracht der starken rationalistischen Strömung der Gegenwart die Einführung des Totenfestes in Württemberg sicherlich erleichtern«, aber der Schaden eines solchen Festes sei »nicht

wieder gutzumachen«, schrieb damals ein Stuttgarter Stadtpfarrer. Zumal da ja gar kein Grund für ein solches Fest vorhanden sei: »Dem rein menschlichen – oder besser gesagt –
bürgerlichen Bedürfnis nach alljährlicher kirchlicher Erinnerung an die Verstorbenen wird ausreichend entsprochen durch
die in den meisten Gemeinden anläßlich des Silvester- oder
Neujahrsgottesdienstes übliche Erwähnung der Toten.«
Allenthalben fragten sich die evangelischen Theologen, wie
der Diskrepanz zwischen Volkssitte und kirchlicher Ordnung
abgeholfen werden könne. Denn: »Nehmen läßt sich unsere
städtische evangelische Bevölkerung den bereits eingebürger-
ten Grabesgang um Allerheiligen schwerlich mehr« (1900).
»Der eingebürgerte«, bürgerliche Grabesgang: warum war er
ein bürgerliches, nicht kirchliches Anliegen? Die Kirche gedachte der Toten nicht auf sentimentalem Friedhofsspaziergang, sondern im Gottesdienst. Auch in Tübingen erwähnte
der Silvestergottesdienst die Verstorbenen. Ottilie Wildermuth beginnt eine ihrer Novellen, »Liebeszauber«, mit einer
Schilderung ernster Silvesterstimmung, die – wenigstens bei
der Jugend – bis Mitternacht wieder verflog: »Die Abendfeier
in der Kirche, mit der sie das alte Jahre begruben, ging eben
zu Ende. ›Mach End', o Herr, mach' Ende. An aller unsrer Not‹
– tönte der Schlußvers des Liedes durch die alte Kirche. Die
Gemeinde erhob sich. Die Herzen waren still geworden, die
Schauer der Vergänglichkeit, etwas von dem heiligen Wehen
der Ewigkeit war durch jede Seele gezogen.«

Den Friedhofsspaziergang am Totensonntag gab es also in
ihren Tagen noch nicht. Er sollte privatem Schmerz gehören.
Jeder Schritt brachte wehmütige Erinnerung und Andenken.
Der Spaziergänger empfand wohltuende Melancholie, die
Mahnung welkender Blumen und fallenden Laubes; er dachte
dabei wenig an die letzten Dinge, wie sie die Bibel lehrt, und
selten an christliche Vorbereitung zum Sterben.
Die Kirchhöfe der Barockzeit zeigten zwar manchen Toten-

kopf, manches Symbol der Vergänglichkeit und viele ein-
drücklich-mahnende Verse. Und trotzdem war das Friedhofs-
gefühl noch nicht entdeckt, der Gang zwischen Trauerweiden
und trauernden Engeln, die Andacht zwischen Gräbern. Auch
die »Pietät« war offensichtlich ein Lernprozeß. In Tübingen
wurde sie auf dem Stadtfriedhof, 1829 eingeweiht, eingeübt.
Zu einer Zeit, da »Friedhofsspaziergänge«, »Spaziergänge
zwischen Gräbern« ein häufig behandelter literarischer Gegenstand waren. Anfänglich war er kahl und nüchtern-geo-
metrisch, dieser »Garten der Erinnerung« – nicht mit ge-
schlängelten Wegen und landschaftsgärtnerisch bedachten
Buschgruppen, sondern eher nach der Art eines schwäbischen
Nutzgartens angelegt.
»Geschlossen hat sich der alte Garten Gottes, denn zu eng
ist sein im Laufe der Zeiten oft erweiterter und zuletzt keiner
passenden Erweiterung mehr fähiger Raum geworden. Nicht
also daß der letzte Feind schon aufgehoben wäre, sein ernster
Ruf erschallt fort und fort an uns Wanderer der Erde, und
ein weiteres und geräumigeres Totenfeld ist eben darum gerüstet, und übernimmt von dem heutigen Tage an die Ent-
schlafenen dieser Stadt. Nicht mehr Samen der Erdgewächse,
der edle Samen der Menschenhüllen wird von nun an dort
ausgestreut werden. Dort wird von nun an, sei es auf län-
gere oder kürzere Zeit, sei es auf mehr oder minder als 300
Jahre, für die Geschlechter dieser Stadt ihr Leben und Wirken, und die Reihe ihrer trüben und frohen Stunden zum
Ziele kommen.«
So sprach der Pfarrer am ersten Advent 1829 bei der ersten
Beerdigung auf dem jetzigen Stadtfriedhof. Allerdings werden es weniger als 300 Jahre werden, daß dieser Friedhof besteht, denn im Jahre 2129 wird er nicht mehr belegt werden,
und schon seit zwanzig Jahren ist er nicht mehr die allgemeine Ruhestätte, sondern der nach dem Zweiten Weltkrieg
als Soldatenfriedhof angelegte Bergfriedhof ist Hauptbestat-
tungsort. Der »neue Friedhof« ist also schon wieder der alte

geworden. Ihm ging der 1541 angelegte Ammerfriedhof voraus, dessen allerletzte Reste im Alten Botanischen Garten, jenseits der Ammer, zu finden sind. Noch früher beerdigte man auf dem Kirchhof um die Jakobuskirche, und davor bei der Stiftskirche. Diese Friedhöfe wurden abgeräumt, ähnlich wie es mit Einzelgräbern geschieht, wenn die »Ruhefrist« abgelaufen ist. Nachdem die Stadtmauern niedergelegt waren, entstand um die Neue Aula ein klassizistisches Neu-Tübingen. Bald rückte es dem Totengarten nahe, den man im »weitabgerückten, stillen Hang des Käsenbachs« angelegt hatte. Ein Friedensfeld »sei dieser freundlich angelegte und in ein liebliches Tal gebettete Garten Gottes.« Im Talesgrund fließt der Käsenbach vorbei, und leichte, freundliche Hügel steigen über den ersten Gräbern an. Auf die früheren Äcker werden viele Bäume gepflanzt, und so wird es ein Friedhof im Stil der damaligen Zeit. Eine Schrift »Über die Anlegung und Umwandlung der Gottesäcker in heitere Ruhegärten der Abgeschiedenen« (1825) zeigt das klassizistische Bemühen der Zeit, aus dem Begräbnisort elysische Felder zu machen, eine Parklandschaft mit Anklängen an den englischen Garten.

Das Käsenbachtal erfüllte die Anforderungen, die die Idylle stellte, und nicht allzufern, käsenbachaufwärts, lag ja auch das Lustwäldchen, dem Studenten den Namen Elysium gegeben hatten. »Dieses Nebeneinander von Käsenbach und Elysium, Erdgeruch und humanistischer Verklärung, ist uns immer gleichsam als Symbol für die Tübinger Symbiose von Gôgerei und Universitas Litterarum erschienen«, schreibt Otto Weinreich in den »Spaziergängen eines Tübinger Gelehrten«.

»Krummschenkel« hieß früher das Gebiet, auf dem jetzt die Büsche und Bäume des neuen Friedhofs wuchsen, in dem man bald ahndungsvolle Spaziergänge machen konnte, ohne zu kraß an die traurige Bewandtnis des Ortes erinnert zu werden.

»Friede«, gemeint ist der Wunsch für friedliches Ausruhen

im Jenseits, liest der Spaziergänger auf manchem Grabstein. Daß der erste Tote des neuen Friedhofs ein Schmied namens Engelfried war, wurde als bedeutsames Zeichen gewertet, und der Pfarrer spricht: »O möchte nur der Name, den du auf dieser Erde trugest, bedeutungsvoll für dich geworden sein. Möchte deine, von allem Irdischen entbundene Seele selig unter Engeln wandeln, während dein Staub hier im Frieden liegt. Und wenn auch längst keiner mehr in der Gemeinde, der du angehörtest, deiner sich erinnert, so möge doch nach deinem Namen dieser Totengarten für alle die Tausenden, die dir in der Bestattung folgen, in Wahrheit und mit Recht genannt werden dürfen – Engelfriedhof!«

Wo war das Grab von Engelfried? Seine Stelle ist mit dem noch erhaltenen »Gräberverzeichnis für Erwachsene« auszumachen. Es ist kein standesamtliches Dokument, kein kirchliches Totenbuch, es dient der Übersicht auf dem Friedhof. Oft in ungelenker Schrift und verwunderlicher Rechtschreibung haben es die Totengräber geführt.

Reihe 1, Nr. 1: »Engelfried Schmid« liest man da, und zur Erläuterung: »Nr. 1 fängt jedes mahl unten an der Mauer an«, während heute die Zählung beim Weg beginnt. Auch die Abteilungen sind anders geordnet.

Wenn der Totengräber die Verstorbenen nicht kannte, dann sind keine Namen eingetragen. »Eine Jungfer aus der Amtspfleg«, »Vom Krankenhaus ein Mannsbild und ein Weibsbild«, »Ein Bergknappe vom Clinicum«, steht da. Frauen sind mit dem Zusatz, wessen Weib, Witwe oder Tochter sie waren, eingetragen, oder einfach als »Tante«, »Schwägerin« eines Professors. Sie bleiben selbst oft namenlos, und die einzige Berufsbezeichnung für eine Frau, die in diesen Jahren stirbt, ist »Leichensängerin«; diese ging herum und sagte die »Leich«, also die Beerdigung an, »statt Karten«.

Auch ein Selbstmörder wurde bald beerdigt: »Kost, Zacharias, Selbst entleubt liegt unten an dieser Reihen an der Mauer« (1830).

Eintrag des Schmied Engelfried und
des »Hölderle, studios« im Gräberverzeichnis
für Erwachsene 1829–1869

Die größten Schwierigkeiten hatten die Totengräber, wenn sie Berufsbezeichnungen, die nicht »Beck, Schmid, Glaser, Gutscher« waren, eintragen sollten. Sie schrieben wie sie sprachen: »Tacksader« für den Herrn Taxator, und auch mit dem »Abpoteker« hatten sie ihre Schwierigkeiten.

Als Hölderlin am 10. Juni 1843 im dritten Grab einer neuen Reihe beerdigt wurde (bis zu seinem Grab hinauf war der Friedhof schon gewachsen!) schrieb der Totengräber: »Hölderle, Studios(us)«. Der Dichter wäre dadurch zutiefst gekränkt worden, denn aus seiner Wahnsinnszeit ist ja oft berichtet, wie wichtig ihm die ehrenvolle Titulatur war.

Von Hölderlins Zeitgenossen, von Leuten, die in der ersten Zeit des neuen Friedhofs verstorben sind, findet man wenig Spuren. Die Gräber wurden neu belegt, die Grabsteine verschwanden. Das älteste Grab, das dem Friedhofsspaziergänger auffiel, ist ein schlichtes Gußeisenkreuz, unter dem Jacob Conrad Schweickhardt ruht.

Dieser Ur-Schweickhardt, ein Ahn des heute noch blühenden Geschäftshauses, war Kaufmann und Konditor und allgemein als streitbarer Mann bekannt. Nach einer sicherlich mißlichen geschäftlichen Auseinandersetzung, bei der sich der Vater offensichtlich sehr erregte, schreibt der Sohn in ein Tagebuch: »Ich danke Gott, daß die Sache nun vorüber ist und daß mein Vater nun wieder beruhigt ist.«

»Wer sah bei dieser oder jener Gelegenheit diesen Sinn nicht aufflammen und in lodernder Kraft sich an den Tag legen?«, so fragte Archidiakonus Pressel damals am Grabe Schweickhardts. Doch mit der virtuosen Kunst eines Grabredners verteidigt er seinen Mandanten: »Aber sagt, meine Freunde, ist der Eifer nicht besser, ob er auch zuweilen sich heftiger erhübe, als, ich will noch keineswegs sagen, der geradezu unredliche und schlechte Sinn, sondern auch als die Schlaffheit und Gleichgültigkeit und als der Mangel an echter und verständiger Teilnahme?«

Die Worte sind, wie die Reden an Engelfrieds Grab, schon

Friedrich Hölderlins Grab

140 Jahre verhallt, und niemand weiß mehr, was für ein unruhiger Mann unter dem Gußeisenkreuz ruht, auf dem Mohnkolben ewigen Schlummer symbolisieren.

So wurde also in der Mitte des vorigen Jahrhunderts aus Reihe und Reihe ein Gräberfeld, das wie die Friedhöfe andernorts auch aussah: Obelisken, Aschenkrüge, zerbrochene Säulen zwischen Bäumen, ein Garten des Gedenkens, der an die Via Appia erinnern sollte.

Die beinahe modeabhängigen Denkmäler wurden den Hinterbliebenen immer wichtiger; auf dem alten Friedhof dürften mehr Denkmäler mit Inschriften gestanden haben als auf dem neuen. Denn der Wunsch, sich in die Vergänglichkeit zu versenken, die Gedanken frei schweifen zu lassen, bestimmte die Zeitgenossen, die mit Gießkannen und kleinen Häckchen zwischen den Gräbern »lustwandelten«, wie sich ein Prediger ausdrückt.

Über die Grabsteine wurde gesondert Buch geführt. »Denkmale für Erwachsene« steht über der Liste, die 1869 beginnt. »Mit Schrift« und »ohne Schrift« ist hier das wichtigste Kriterium und keine Frage des Geschmacks, sondern eine finanzielle Frage, denn nur ein Grab »mit Schrift« kostete damals etwas.

Im Jahr 1860 wird bei der Stiftungspflege Tübingen, der der Stadtfriedhof unterstand, um die Überlassung der ersten Familiengräber nachgesucht. Sie werden gewährt, doch dann wird die Zusage für weitere Familiengräber wieder zurückgenommen, und erst 1873 (im Vergleich zu anderen Orten recht spät) kann in Tübingen jede Familie ein eigenes Grab erwerben. Der Eigenheim-Gedanke auf dem Friedhof setzt sich durch.

Dem Familiensinn ist solche Graberhaltung ein wichtiges Anliegen, und ihm haben wir auch einige alte Gräber auf dem Stadtfriedhof zu verdanken. So die Jäger'schen Gräber auf dem ältesten Teil des Friedhofs. Sie stehen wie eine Buschgruppe da, die efeuumrankten Kreuze sind nicht mehr zu er-

kennen. Wie das nicht weit entfernte Denkmal für Seifen-
sieder Härtner und Frau, um 1854 entstanden, wurden sie
um 1900 durch eine Stiftung gesichert; aber bald werden
auch sie aufgegeben werden. Die Tochter des Seifensieders,
Frau Schokoladefabrikanten-Witwe Moser in Stuttgart, hörte
damals vom Erhalter der Jäger'schen Gräber, »daß die älteren Gräber nahe daran seien, ausgegraben zu werden.«
»Selbstredend darf dies nicht stattfinden«, bestimmt sie, und
so findet man das Grab mit dem efeuumrankten Aschenkrug
noch heute.

»Ach! Wenn mein Geist hinausschweift in die nähere oder
entferntere Zukunft, wenn ich vor mir alle die Trauerzüge
schaue, die dort um jene Ecke lenken, über jene verhängnisvolle Brücke sich bewegen, durch dies knarrende Tor einziehen, auf diese Felder links und rechts sich verlieren und um
offene Gräber sich reihen« – so ruft der Prediger bei Engelfrieds Beerdigung aus. Der Schmerz der Angehörigen ist bis
heute gleich geblieben, aber sonst stimmt in unserer Zeit von
jener Vision nichts mehr. Wo die verhängnisvolle Brücke
war, da parken heute Autos, und wo sich Trauerzüge mit
Trauerwagen der ersten oder zweiten Klasse bewegten, bewegt sich heute, wo die Stadt viel mehr Studenten zählt als
damals Einwohner, höchstens ein Demonstrationszug.

Was wird mit dem Friedhof geschehen, wenn die Belegung
endgültig aufhört, wie entwickelt sich ein Friedhof zum Park?
Dabei kann man freilich nicht viele Grabdenkmäler erhalten.
Von den ganz alten werden nur noch die der Berühmtheiten
bleiben, da die anderen vorher abgeräumt werden, und somit
– weil ja die wenigsten Familien an einem alten Grabstein in
Garten oder Flur Interesse haben dürften – irgendwo verschwinden.

So vergehen auch diese »zeitüberdauernden Symbole des Gedenkens«, wie sich ein Vertreter der Steinmetzen jüngst ausdrückte. Auf dem alten Ammerfriedhof, auf dem heute Kinder spielen, lagen Tausende von Toten. 1836 wurde er, wie

man damals liest, »mit sinniger Benützung der schöneren Grabsteine zu Anlagen und mit Verrückung der wertloseren an die Mauer zu einem Teile des Botanischen Gartens umgeschaffen«. Als 1901 die Mauer gegen die Rümelinstraße abgebrochen wird, entziffert man 61 Grabsteine. Von diesen werden 10 Grabsteine an neue Stellen gesetzt – so die von Uhlands Großeltern. Sonst ist kaum eine Erinnerung geblieben. Auch Friedhöfe sterben.

Soweit die Geschichte seiner Monumente, die der romantische Friedhofskult allmählich in einen Garten der Erinnerung bettete, der den elysischen Gefilden nachempfunden war. – Doch folgen wir noch einigen Friedhofsspaziergängern des vorigen Jahrhunderts. Vergegenwärtigen wir uns die Zeichen der Erinnerung, des Totengedenkens, das den Menschen jener Tage so teuer war, daß es sich vielfach manifestierte.
Isolde Kurz war eine emanzipierte Frau. Sie schreckte ihre Mitbürger mit wilden Ritten. Sie beunruhigte sie mit dem Ansinnen, einmal in der Woche Schwimmstunden für Frauen einzuführen. Tübingen wurde ihr bald zu eng. Sie zog nach München und verkehrte mit der künstlerischen Bohème. Schließlich verließ sie Deutschland und lebte in Italien. Als alte Frau kehrte sie erst nach Tübingen zurück.
Doch die außergewöhnliche Isolde Kurz war auch eine typische Vertreterin des 19. Jahrhunderts. Dies offenbart sich auch in ihrer hohen Schätzung des familienverbindenden Andenkens an die Verstorbenen. Als der Vater »geschieden war, hielt sein Andenken die Hinterbliebenen beinahe fester zusammen, als zuvor seine leibliche Gegenwart«, schreibt sie in einem Buch der Erinnerung.
»Der leere, schon einsinkende Hügel auf dem Friedhof, wo unsere Blumengrüße von der Sonne gedörrt und vom Regen zerklatscht wurden, sah mich bei jedem Besuch wie ein stiller Vorwurf an. Eine Zeitlang wartete ich, ob sich nicht die Heimat jetzt ihres verkannten großen Sohnes erinnern und ihm

den späten Dank an seinem Grabe abtragen würde. Als aber alles still blieb, trat ich selbst mit einem Bildhauer in Unterhandlung. Und nun sollte das Denkmal auch so feierlich wie nur irgend möglich sein, kein bloßer behauener Stein, sondern ein Stück atmender Kunst. Man einigte sich über die Kopie einer lebensgroßen antiken Muse in Sandstein auf hohem Sockel. Der geforderte sehr hohe Preis stand außer allem Verhältnis zu meiner Lebenslage, aber gerade das empfand ich wohltuend. Solch ein Totenopfer für den Abgeschiedenen, der sich nicht mehr daran freuen konnte, der mit einem Zehntel dieser Hingabe im Leben glücklich gewesen wäre, mochte wohl einer kühlen Vernunft widerstreiten, aber der erschütterten Seele war es ein Bedürfnis.«

Der Grabstein und die Ehrung nach dem Tode wurde den Hinterbliebenen ein Ersatz für mangelnde Anerkennung in einer Gesellschaft, die sich zusehends in kleine Zirkel zerstreute, in die Familienstube zurückzog. »Auch dieser wurde von den Seinen geliebt«, sollte das Grabdenkmal den Friedhofsspaziergängern zurufen. Den Hinterbliebenen wurde das Grab, die Rasenbank am Elterngrab, das Plätzchen, an dem sie Trost in allen Entbehrungen des Lebens suchten. Das Grab von Hermann Kurz, nach ihm die Gräber von Uhland und Ottilie Wildermuth, selbst Hölderlins Grab, wie wir sahen, wurden später von Grabbesuchern als Kultstätte der Erinnerung in Beschlag genommen.

Oben, bei Uhlands Grab, wurde bestimmt schon oft sein Gedicht »Droben stehet die Kapelle« rezitiert oder eindrucksvollschleifend gesungen: »Hirtenknabe, Hirtenknabe! Dir auch singt man dort einmal!« Auch diese Vorstellung, daß man sich nämlich in die Zeit hineinträumt, in der man nicht mehr sein wird, gehörte ganz zum vergangenen Jahrhundert. Hermann Kurz hatte Gedanken niedergeschrieben, wann und wie er sterben wolle und wie sein »entseelter Leib der Flamme übergeben werden sollte« – doch mußte sich sein klassizistisches Sehnen mit der trauernden Muse über seinem Sarge be-

gnügen. Uhland schrieb 1805, in dem Jahr, in welchem auch
»Die Kapelle« entstand, eine »Bitte« auf, die er dann im
März 1812 als Gedicht ausführte:

> »Setzt mir nur einen blanken Stein,
> Nicht Bilder drauf, noch Worte drein;
> Doch sollt ihr ihn nach Osten kehren,
> Es wird ihn Morgenrot verklären.«

Seine Bitte wurde gewährt, und seine Witwe respektierte den
Wunsch, indem sie unter einem ebenso einfachen Granitstein
ruht.

Vom oberen Teil des Stadtfriedhofs sieht man hinüber bis
zur Stiftskirche. Dort läuteten die Glocken schon jahrhundertelang, im vergangenen Jahrhundert hörte man vom Turm
noch das »Trauerblasen«. Von dort kam der Trauerzug aus
der Stadt, wenn die Leichenpredigt in der Stiftskirche gehalten wurde, bis 1829 auf den alten Friedhof im jetzigen (alten)
Botanischen Garten, ab 1829 auf den jetzigen (alten) Stadtfriedhof. Alle diese Umstände waren ja von der »Trauer- und
Leichentax-Verordnung, so fern solche die Universität Tübingen und sämtliche derselben Zugethane näher angehet«
von 1784 aufs Genaueste bestimmt. Ihre Entwicklung vom
18. bis ins 19. Jahrhundert, die wir an Tübinger Beispielen
gut verfolgen können, spiegelt die allgemeine Tendenz zur
Sentimentalisierung der Trauersitten. Im 18. Jahrhundert
enthält sie noch eine Menge von Maßnahmen und Verord-
nungen, vielfach nach Ständen gestuft: wem und wie lange
vom Turme geblasen wird, welchem Stande welches Bahr-
tuch ansteht, wie viele Trauerwagen und Pferde eingesetzt
werden dürfen; Vorschriften über die Trauerkleidung und
über das Verhalten von »Leichensängerin« und »Barbier«.
Darüberhinaus wird von dieser Herzoglich-Württember-
gischen Ordnung mancher Aufwand verboten: »Auch in An-
sehung der Grabstätten wird aller unnöthige Aufwand hiemit gänzlich verboten.« Wie heute noch, gibt es eine detail-

Grabdenkmal Hermann Kurz

lierte Gebührenordnung, angefangen von der Gebühr für die »Schreiner-Arbeit mit Innbegriff der Zunaglung des Sargs«; je nach Modell sind 35 verschiedene Gebührensätze vorgesehen. Trinkgelder sind streng verboten.

1828, also kurz vor der Einweihung unseres Friedhofs, wird das akademische Bürgerrecht aufgehoben und 1833 eine neue »Leichen- und Leichen-Tax-Ordnung für Stadt und Universität Tübingen« erlassen. Der Geist hat sich geändert. In der alten Ordnung liest man über die Leichenwagen: »Von solchen Leichenwägen werden nicht mehr als zwei, welche sich ganz gleich sind, gehalten, wovon ohne Unterschied des Rangs oder Stands der eine oder der andere gebraucht werden kann und soll.« Nur ganz arme Familien dürfen ihre Leichen selber tragen, um Gebühren zu sparen.

Im 19. Jahrhundert wurden der Innerlichkeit allmählich alle tabellarisch geregelten Prestige-Maßnahmen uninteressant. Wichtig erschien den Hinterbliebenen vor allem, daß sie ihren Schmerz zum Ausdruck bringen konnten und sich dabei der Teilnahme ihrer Mitbürger versicherten. Wo im 18. Jahrhundert eine leere Trauerkutsche den größten Eindruck hinterließ, war es im vergangenen ein tiefgefühltes Wort und ein stummer Händedruck. Das zeigt auch die Geschichte der Leichenrede. 1784 wurde in der Tübinger Ordnung der Druck von Leichengedichten – als ein Ausdruck des Traueraufwands – untersagt (und nur die »Programmata« für Professoren machten eine Ausnahme). In einem Entwurf von 1822 wird der Druck von »Leichenreden«, also individuellen »Worten am Grabe« gestattet, allerdings zunächst nur den Familien von Professoren und anderen höheren Staats- oder städtischen Beamten. Damit beginnt – bald auf alle Stände bis hin zum Dienstmädchen ausgedehnt – die Reihe der kleinen, oft schwarzgeränderten Schriften aus hiesigen Druckereien, aus denen wir allerdings außer dem Namen der Verstorbenen selten mehr erfahren, als daß ein Leben der Liebe, der Treue, der Güte endete, und daß der Verstorbene bei allen, die ihn kannten, unvergessen bleiben wird.

Diese Schriftchen sind kleine Denkmäler, wie die Grabsteine, die den sinnenden Grabbesucher mahnten. Auf solche Erinnerung war im vergangenen Jahrhundert alles angelegt. Das junge Mädchen, das wir (in Ottilie Wildermuths Novelle »Liebeszauber«) nach ernststimmendem Silvestergottesdienst vor der Stiftskirche verließen, besuchte dann ein altes Fräulein namens Veronika, die an diesem Tage nicht mit Jungmädchen-Besuch gerechnet hatte: »Es waren eigentümliche Gäste, die Veronika an jenem Silvesterabend zu sich lud . . .: die stillen Toten wollte sie sich zu Gaste bitten«, dabei unterstützt »durch die Bilder der Eltern an den Wänden, eine Schatzkammer getrockneter Blumen, eingewickelte Haarlokken, vor allem Briefe mit Bändern aller Farben zusammengebunden – das war der ganze Zauberapparat, mit dem sie die Geister vergangener Zeiten heraufbeschwören wollte.«

Das Stübchen als Andenkenschrein – der Friedhof war sein »öffentliches« Gegenstück, in dem man wonnevoll-wehmütig wandelte. Der Zauberapparat wurde im spätbürgerlichen 19. Jahrhundert nur zu oft in Bewegung gesetzt, und nicht nur dem alten Fräulein war das Totengedenken ein Trost in der Resignation. Totengedenken und ständige Drohung mit dem Verlust, der Gedanke an die Ehrung nach dem Tode, dies war ein Band, das Familie und Gesellschaft zusammenhalten sollte. Selbst die Kirche sah so viel Gräberkult, Resignation und Erinnerungsseligkeit nicht immer gerne. Glaube und Hoffnung wurden von der Erinnerung überschattet. Mancher Geistliche hätte gerne die Grabpflege erschwert und den Hinterbliebenen den Schlüssel zum Friedhof, für den sich die Mitglieder des Verschönerungsvereins einsetzten, wieder abgenommen.

Hölderlin-Schelling-Hegel sind ein Fremdenführerdreigespann. Dort drüben im Stift lebten sie gemeinsam: Griechenbegeisterung, pantheistische Schwärmerei, poetische Entrückung. Die Geniepromotion. Schelling, »der Philosoph der Romantik«, Hegel, »der größte und tiefste Philosoph des deutschen Idealismus«, wurden die beherrschenden Köpfe auf den philosophischen Kathedern. Als Stiftler auf Bildungsreise nach Berlin zu Hegel wallfahrteten, lebte Hölderlin, das dritte Genie der Geniepromotion, schon längst wieder in Tübingen, geistig umnachtet. Vielleicht wird er deshalb in dem stolzen Schwabenspruch »Der Schelling und der Hegel, die sind bei uns die Regel« ausgelassen? 1802 war die Geisteskrankheit ausgebrochen. Seit 1807 bis zu seinem Tod 1843 wurde er im Hause von Schreinermeister Zimmer gepflegt.

»Nur wenige Häuser vom Stift entfernt, mit dem Blick auf dieselben grünen Bäume und dasselbe fließende Wasser steht das Haus, in dem Hölderlin vom Wahnsinn umfangen durch lange Jahrzehnte sein stilles Leben verbrachte« (Julius Hartmanns Stiftsgeschichte).

Mit seinen Freunden machte er einst die bekannten Stiftsspaziergänge. Deren Ziele: die Alleen, der Schloßberg und der Österberg, ein paar Tälchen, die in ihrer Weltabgeschlossenheit heilige Orte der Freundschaft werden konnten. Für

Hölderlin und seine dichtenden Genossen vor allem aber der Österberg und der beliebte Wandel zu seinen Füßen, wo das »Philosophenbrünnele« dem Berg entspringt. Wenn der Österberg ihr Parnaß war, so war dies ihr »kastalischer Quell«, besonders heilig dem Bunde der Aldermannsfreunde Magenau, Neuffer und Hölderlin. Rudolf Magenau erzählt von seiner Bewandtnis: »Wir versammelten uns nämlich wöchentlich einmal, des Donnerstages bei einem Becher Wein oder Bier, und da mußte jeder ein Gedicht seiner Muße vorlesen, das er den Tag zuvor jedem der Gesellschaft schriftlich übergeben hatte. Frei zu urteilen war jedem erlaubt, ja es war die erste Pflicht. Mit jeder Woche wurde von uns dreien einer zum Aldermanne gewählt. Dieser durfte den zwei andern, sich selber nicht vergessend, ein Thema zu einer ästhetischen Abhandlung anweisen, und vorschlagen, welche alsdenn bei der nächsten Sitzung abgelesen werden mußte, z. B. über Sprache, Purismus derselben, Schönheit, Würde, Popularität usw.«

Dies klingt wie die Tagesordnungspunkte einer Akademie für Sprache und Dichtung: Herr Friedrich Hölderlin spricht über Sprach-Purismus heute ... Doch der Jünglings-Bund war ganz anders. Er pflegte heilige Riten. Das Glas Wein begleitete kein Arbeitsgespräch, sondern war – als Punsch – Opferwein, der »dem guten Geist« dargebracht wurde, nachdem sie auf Hölderlins Befehl vorher »am kastalischen Quell, dem Philosophenbrünnele, sich einer Reinigungszeremonie unterzogen hatten.« (So Ernst Müller in »Hölderlin. Studien zur Geschichte seines Geistes«.)

Das Wasser dieses Brünneles erquickte Gerechte und Ungerechte, Mensch und Tier, und die Vertreter von Poesie und Prosa. Auch Ottilie Wildermuth pflegte sich später auf morgendlichen Spaziergängen an diesem Quell zu laben.

Dieser Freundschaftsbund hatte auch sein Tälchen. Rudolf Magenau, dem die Musen nicht so hold waren, daß sein Dichterruhm auf uns kam, erinnert sich an dieses Tal und andere

Örtlichkeiten, die ihm und seinen Aldermannsbrüdern Neuffer und Hölderlin heilig waren:

»Wie selig entflogen diese Tage in eurem Bruderbunde, edle unvergeßliche Freunde! wenn wir des Abends so traulich uns niedersetzten auf einem küligen Mooshügel im Wankheimer Tälchen, links umtanzt von dem liederreichen Volke des Wäldchens, oder hinschwärmten in süßer wehmütiger Stimmung in Thills Tälchen, am Ufer des Murmelbächleins, an dem er, der frühverstorbene Jüngling (Thill) seine Lieder dichtete, oder auf der Spitze des hohen Spitzberges den sanften Mond begrüßten mit Gesang, oder hinab uns stürzten im Mondenscheine in die spiegelhellen Fluten des Neckars, o wer mißt die Freude, wie sie uns beglückte! Eine Seele in drei Leibern waren wir!«

Wo lag Thills Tälchen? Von welchem Murmelbächlein wurde der frühvollendete Stiftler Johann Jakob Thill zu seinen Gedichten begeistert? Wir wissen es nicht. Jedenfalls wurde es eine Weihestätte des Freundschaftskults, dem Hölderlin auch die hochempfindsamen Verse »An Thills Grab« widmete (1789).

Das Wankheimer Tälchen können wir leicht aufsuchen, auch wenn es heute längst nicht mehr so abgelegen ist, und sowohl die Straße nach Reutlingen als auch die benachbarten Kasernen empfindliche Abstriche von der Dichter-Stille mit sich bringen. Seine poetische Anziehungskraft war stark, und auch hier zeigt sich, daß die Natur mit vielen Zungen spricht. Denn das stille Tal war nicht nur Hölderlin und seinen Freunden, sondern auch dem ganz anderen Ludwig Uhland heilig.

Freilich war es die Tübinger Natur, die Hölderlin und seinen Freunden zum Modell für das Landschaftliche ihrer Poesie wurde. Trotzdem wird man enttäuscht, wenn man etwa in den Dichtungen jener Jahre heimatliches Detail erwartete. »Burg Tübingen« ist ein Gedicht Hölderlins überschrieben (Ende 1789 oder Anfang 1790). Sie ist von der stiftsnahen

Neckarhalde aus gesehen und in die schaurigen Stimmungen der Ruinenpoesie getaucht.

> »Still und öde steht der Väter Veste,
> Schwarz und moosbewachsen Pfort und Turm,
> Durch der Felsenwände trübe Reste
> Saust um Mitternacht der Wintersturm . . .«

Der Wanderer hört keinen Festgesang, sieht kein Siegesmahl, keine Fahne, keine Rosse, keine Doggen, kein Burgfräulein. »Aber schaurige Begeisterungen weckt die Riesin in des Enkels Brust.« Diese »Begeisterungen« fanden in der Burg zwar nahe Anschauung. Aber das eigentliche Vorbild des Dichtenden war die »Elegie«, nicht die Tübinger Schloßruine. Andere Dichter fanden in anderen Gemäuern die Trümmer einer größeren Vergangenheit. Nicht nur Rom ist dahingesunken . . . Friedrich Matthissons »Elegie in den Ruinen eines alten Bergschlosses geschrieben« wurde zum Vorbild. Thill schrieb ein Gedicht »Stauffen«; Conz verweilte betrachtend vor »Schloß Württemberg«.

Im Dichterwettstreit erlebte man die Zeugnisse der Geschichte. Die Zeugnisse der Geschichte und die Natur gehören zur Landschaft der Hölderlinschen Phantasie. 1793 schrieb er an Stäudlin: »Neuffers stille Flamm wird immer herrlicher leuchten, wenn vielleicht mein Strohfeuer längst verraucht ist, aber dieses vielleicht schrecket mich eben nicht immer, am wenigsten in den Götterstunden, wo ich aus dem Schoße der beseligenden Natur, oder aus dem Platanenhaine des Ilissus zurückkehre . . .« Die beseligende Natur: das ist Tübingen. Die Platanenhaine des Ilissus: das ist Griechenland, die Landschaft Ilions, wie sie ihm im Homer begegnet, und die er wie die Ossians, in Tübingens freundlicher Umgebung wiederfindet.

Beseligende Natur ist ihm auch der Sternenhimmel. Am 28. November 1791 berichtet er dem Freund Neuffer: »Vom großen Jean Jacque(!) mich ein wenig über Menschenrecht belehren lassen, und in hellen Nächten mich an Orion und Sirius, und dem Götterpaar Kastor und Pollux gewaidet, das ists all! Im Ernst, Lieber! ich ärgre mich, daß ich nicht bälder auf die Astronomie gerathen bin. Diesen Winter soll's mein angelegentlichstes sein.«

Man mag sich vorstellen, wie Hölderlin, immer eines spionierenden Famulus gewärtig, auf dem Wöhrd spazierenging, wie er zu Füßen des Schlosses dahinstürmte, oder in hellen Winternächten ans Fenster der Stiftsstube trat und zum Firmament hinaufträumte. Seine Gefühle sind lokalisierbar, doch das Lokale gibt ihnen nicht einmal Kolorit. Hölderlin-Schelling-Hegel, das Fremdenführerdreigespann: Hegel starb in Berlin, Schelling in München. Nur seine Krankheit führte Hölderlin nach Tübingen zurück. Wäre nicht sein Alter im Hölderlinturm, gäbe es auch für ihn – wie später für Strauß und Vischer – in Tübingen nur eine geistige Heimat: das Stift. Denn die Landschaften, in denen der junge Hölderlin eigentlich lebt, sind fern: Rom und Griechenland mit ihren bedeutsamen Örtlichkeiten, wie »Aganippens Flur«. Aganippe ist die Tochter eines Flußgottes und Nymphe einer Quelle am Musenberg Helikon in Böotien. Örtlichkeiten wie der karische Berg Latmos, in dessen Höhle Luna den schönen Jüngling Endymion allnächtlich besucht. Selbst der Neckar führt Hölderlins Geist zu den Inseln Joniens, zu Lorbeerwald und Granatbaum. Es ist, als wolle er die Götter des heimischen Flusses versöhnen, wenn er am Ende des weitschweifenden Gedichts versichert:

»doch weicht mir aus treuem Sinn
auch da mein Neckar nicht mit seinen
lieblichen Wiesen und Uferweiden.«

Dürfen wir annehmen, er habe über dem Lorbeerwald das Seufzerwäldchen, über dem Granatbaum die Weide, in deren Schatten er Klopstock las, nicht vergessen? Denn liebliche Wiesen begleiten jeden Fluß, und Weiden standen schon an

Jesaias Wasserbächen. Hölderlin besang auch den Main. Aber
auch diese Ode beginnt mit Strophen ans Land der Griechen.
Er war kein Dichter schwäbischer, nicht einmal deutscher
Landschaft.

Die Landkarte Griechenlands, eine Himmelskarte, ein Lexi-
kon der Mythologie, – sie alle sind nützlicher zum Verständnis seiner Dichtung als ein Plan von Tübingen am Ausgang
des 18. Jahrhunderts.

Wir wollen Hölderlin nicht auf seinem Lebensweg, auf seine
fernen Wanderungen begleiten. Als Kranker kam er nach
Tübingen zurück, zunächst ins Klinikum zu Autenrieth, bis
ihn Anfang Mai 1807 Schreinermeister Zimmer bei sich aufnahm. Er wohnte im Hölderlinturm. Doch damals konnte
man eigentlich noch nicht vom »Hölderlinturm« sprechen.
Hier scheint die städtebauliche Entwicklung eigenmächtig für
ein beredtes Dichterdenkmal gesorgt zu haben. Denn dieser
Turm mit dem »kleinen, geweißneten amphitheatralischen
Zimmer« (Waiblinger), in dem der Dichter über drei Jahrzehnte lebte, stellt sich ganz selbstverständlich neben andere
Dichterstätten.

Hölderlins Turmzimmer im ersten Stock war dadurch entstanden, daß ein früherer Hauseigentümer, ein Zeugmacher
(hier und in der unteren Neckargasse wohnten Wirte, Handwerker, Torwächter und andere kleine Leute) im Jahr 1778
die Erlaubnis bekam, seine »im Zwinger neu erbaute Behausung mit der vorderen Seite auf die Zwinger-Mauer zu
stellen, den daran befindlich gewesenen Stadtturm abzubre-
chen und auf das steinerne Rundel einen Anbau aufzufüh-
ren und mit seinem Hause zu verbinden.«

Dieser Turm scheint uns heute in die »Neckarfront« ein-
gewachsen, die beinahe selbst wie ein Werk der Natur zu
uns spricht. Doch die Klassizisten, zu denen auch der Tübinger Architekt Heigelin gehörte, sahen in solchen Bauten höchstens eine Beleidigung für das Auge. So liest man in den
1798 anonym erschienenen »Phantasien und botanischen

*Zimmers Haus mit dem Turm,
in dessen 1. Stock der kranke Hölderlin lebte.
(photographiert 1864 von Paul Sinner)*

Bemerkungen auf einer Fußreise durch die schwäbische Alpe. Von einem Weltbürger und Freunde der Naturwissenschaft«, nämlich von Christoph Heinrich Pfaff, der vom »schönen von Weiden beschatteten Ufer des Neckars kommend«, über den Kontrast, welchen hier »die Werke der Natur mit den Werken der Kunst machen«, zu Papier bringt: »In die schöne Harmonie der Natur bringt diese Stadt den unangenehmsten Mißklang. Mit dem größten Eigensinne, wüste Häuser und wüste schlechte Straßen zu bauen, kann man es kaum weiter treiben, als hier geschehen ist. Die Stadtmauer, die hier vom Neckar bespült wird, ist mit dicht aufeinander stehenden Häusern besetzt. Wo der kleinste Zwischenraum zwischen den Dächern derselben gelassen ist, schaut ein anderes Haus hervor. Das Ganze stellt einen verworrenen Haufen von den unangenehmsten Gestalten vor.« Wir kennen dies und brauchen Pfaff gar nicht erst ins Stadtinnere zu begleiten.

Wie würde er staunen, wenn er heute nach Tübingen käme. Immer, wenn sich Tübingen von seiner schönsten Seite zeigen soll, kommt die Neckarfront ins Bild. Kein Fernsehteam läßt es sich entgehen, Tübinger Zelebritäten – etwa Ernst Bloch, Walter Jens, Hans Mayer, Walter Schulz – vor diesen pittoresken Hintergrund zu bitten; zumal dann, wenn Hölderlin im Spiele ist.

»Des Morgens läuft er in diesen Tagen von $^1/_2$ 4 Uhr bis beinahe Mittag im Zwinger auf und ab«, notiert Wilhelm Waiblinger in sein Tagebuch (9. Juni 1823). Er geht also den Weg vom Turm bis zur heutigen Neckarbrücke, an der Mauer entlang, die heute fest zum studentischen Sommerleben gehört. Sonst kam der Kranke wenig außer Haus. Gelegentlich durfte er die Familie des Schreiners in den Garten vor dem Hirschauer Tor begleiten. Die Schilderung Zimmers in einem Brief an Hölderlins Mutter ist berühmt. Er berichtet ihr am 14. Oktober 1811: »Gestern bin ich zum erstenmal mit Ihrem Lieben Sohn wieder ausgegangen, derselbe ist seitdem mein Vater seine Zweschen herunter gethan hat nicht mehr aus dem Hauß gekommen, damahls war Er auch mit drausen und Lachte recht, wenn man schüttelte und die zweschten Ihm auf den Kopf fielen. Im heim gehen begegnete uns Professor Konz und grüßte Ihren Sohn, nannte Ihn Magister, sogleich erwiederte Ihr Sohn, Sie sagen Herr Magister, Konz bat Ihren Sohn um Verzeihung und sagte bey uns alte Bekante kommt es nicht darauf an wie mir uns Titulliren bey diesen Worten zog Konz den Hommer aus der Tasche und sagte, sehen Sie ich habe auch unsern alten Freund bey mir, Hölderlin suchte eine Stelle darin auf, und gab Sie Konz zum leßen, Konz laß die Seite Ihrem Sohn ganz Begeistert vor, dadurch wurde Ihr Sohn ganz enzükt, mir gehen dann auseinander, und Konz sagte, leben Sie recht wohl Herr Biebledekarius das machte Ihren Sohn ganz zufrieden.«

Ein Tübinger Herbstbild. Der Bürger mit dem Zwetschgenkorb begegnet dem »dicken Conz«, Professor der Beredtsamkeit und Lehrer einer ganzen Generation schwäbischer Dichter, so auch Hölderlins, vielleicht in der Neckarhalde oder am Klosterberg, wo Zimmer und die Seinen, mit den Früchten des Feldes beladen, auf schnellstem Wege ihrem Häuschen zustrebten, und Conz von der Münzgasse, wo er wohnte, zu einer Unterredung im Stift schritt. Denn es ist nicht wahrscheinlich, daß der ob seines Phlegmas bekannte Philologe, naturschwärmerisch wie Werther, seinen Homer auch vor dem Tore mit sich führte. Es mag bei der Stiftskirche vor der alten Aula gewesen sein, wo Conz, von der Münzgasse kommend, sein Colleg las, und Zimmer und die Seinen zielstrebig die Treppe zur Klinikumsgasse benützten, um heimzukehren.

Ab und zu holte ein Stiftler den Kranken zum Spaziergang ab. Waiblingers Tagebuch am 8. Juni 1823: »Ich besuchte Hölderlin, lud ihn auf morgen zu einem Spaziergang ein. Er liegt seit einigen Tagen immer im Bett und wandelt nur des Morgens im Zwinger auf und ab. Er liest viel in seinem

›Hyperion‹.« Als Waiblinger am nächsten Tag aus dem Stift herüberkommt, scheint es zunächst, als werde aus dem Morgenspaziergang nichts. »Denn Hölderlin«, schreibt Waiblinger, »weigerte sich mit meiner königlichen Majestät zu gehen.« Doch schließlich steht er auf und begleitet Waiblinger auf den Österberg:

»Ich brachte ihn dazu, daß er in mein Pantheon ging. Die Aussicht, der herrliche Frühlingsmorgen schienen doch auf ihn zu wirken. Ich fragte ihn tausenderlei, bekam meistens unverständliche oder unsinnige Antworten. Als ich ihn fragte ›Wie alt sind Sie, Herr Bibliothekar?‹, antwortete er unter einem Schwall französischer Worte: ›Bin mir nicht mehr bewußt, Euer Gnaden.‹ Ich erinnerte ihn vergeblich an vieles. Zimmer wunderte sich schon, daß er das Häuschen betrat, aber unbegreiflich sei's ihm, als Hölderlin gar eine Pfeife rauchte, die ich ihm füllte und anzündete und die ihm recht zu schmecken schien: Und vollends – auf mein Vorbringen setzte er sich an meinen Pult, fing an ein Gedicht zu schreiben: ›Der Frühling‹, schrieb aber nur fünf gereimte Zeilen und übergab sie mir mit einer tiefen Verbeugung. Vorher hatte er nie aufgehört, mit sich zu sprechen . . . Aber sobald er von dem Schreiben aufstand, ward er stiller, sah viel zum Fenster hinaus, sagte nicht mehr wie vorher: ›Erstaunlich schön, was Euer Gnaden da haben‹ – senkte dann wieder das Auge gedankenvoll in sich hinein, schwieg, bewegte nur äußerst selten den Mund zu einem krampfhaften Laut – nahm endlich den Hut, ohne jene Komplimente, ging mit uns fort, still, ohne zu sprechen, ohne den Leuten ein Kompliment zu machen – ohne hinter uns zu gehen – was er immer aus Höflichkeit tut – bewegte sogar eine Melodie im Munde und machte mir endlich beim Abschied ein ziemlich verständiges Kompliment.«

Die Aussicht aus Hölderlins Zimmer wurde von seinen Besuchern viel bewundert. Ein Studiosus, der später bei Zimmer

wohnte, Ernst Friedrich Wyneken, beschrieb sie 1859 in
einem Brief an seine Eltern: »Das eine Fenster geht hinaus
auf den reißend zwischen Weidengebüsch dahin eilenden
Neckar, auf die hinter ihm thronenden Alleen, aus welchen
einige freundliche Häuser hervortauchen und die ganze Aussicht umkränzt vom blauen Saume der rauhen Alb. Mein anderes Fenster geht hinaus auf einen großen Buchsbaum, auf
ein Stackett mit Salatbeeten dahinter, und Kresse und blü-
hendem Mohn und einer Treppe, welche von einer steilen,
etwa 20 Fuß hohen, diese Aussicht beschränkenden Mauer in
diesen Garten hinabführt; dann wieder ein Stackett – ein
alter Schuppen – die Spitze eines Hauses und im äußersten
Hintergrunde ein Ausläufer des Schloßberges. Rechts auf der
schon genannten Mauer stehen in derselben geraden Linie
einige kleine Häuser, die also nur eine Fortsetzung der Mauer
zu sein scheinen und deren Fenster das zarte, frische Grün
einiger junger Pflaumenbäume beschattet. Übrigens ist mein
Zimmer hoch und sehr wöhnlich.«
Alles scheint uns vertraut: die Alleen, die Mauern, die Berge.
Nur der Neckar hat sich verändert. Damals eilte er reißend
dahin. Nun zieht das dunkle Wasser des aufgestauten Nek-
kars langsam am Turm vorbei, von Trauerweiden sacht berührt.
Die Aussicht aus dem Zimmer eines Geisteskranken könnte
wenig interessieren, auch wenn der Kranke einmal der Dichter Friedrich Hölderlin war. Die studentische Beschreibung
zeigt jedoch, wie allgemein geschätzt die »Aussicht« um die
Mitte des vorigen Jahrhunderts war. Wyneken zeichnet für
seine Eltern einen Blick aus seinem Fenster, wie man es damals auf seinem Skizzenblock festzuhalten liebte. Er skizziert
Vorder- und Hintergrund, zieht Linien, schraffiert, setzt Lichter und Schatten. Die Aussicht ist ein malerisch-poetischer
Gegenstand vor allen anderen. Deshalb freut sich auch der
redliche Tischler, der Hölderlin unter dem Eindruck seiner
Hyperion-Lektüre (und auf Empfehlung Autenrieths) in sein

Haus aufgenommen hatte, daß er dem Dichterauge den Blick auf Neckar und Alb bieten konnte. Er schreibt an einen Unbekannten: »Hölderlin war und ist noch ein großer Natur Freund und kann in seinem Zimmer das ganze Neckartal samt dem Steinlacher Tal übersehen ... Seine Gestalt ist schön und wohlgebaut, ich hatte noch kein schöneres Auge bei einem Sterblichen gesehen als Hölderlin hatte; Er ist jetzt 65 Jahre alt, aber noch so munter und lebhaft, als wenn er erst 30 wäre. Das Gedicht das beifolgt, hat er in 12 Minuten niedergeschrieben. Ich forderte ihn dazu auf, mir auch wieder etwas zu schreiben. Er machte nur das Fenster auf, tat einen Blick ins Freie, und in 12 Minuten war er fertig.«
Die Inspiration am offenen Fenster oder der kommandierte Naturpoet; der Dichter als »Natur Freund«. Dies ist auch die romantische Naturphilosophie, die ein paar Meter flußabwärts entscheidende Impulse bekam, ins Breite wirkend ...
Es führte zu weit, die Entwicklung von der malerischen und dichterischen Landschaft zur »Aussicht« zu untersuchen. Auch Waiblinger nimmt an, daß die schöne Aussicht vom Österberg auf Hölderlins Dichtergemüt wirken müsse.

Hölderlin starb am 7. Juni 1843. Er wurde auf dem damals neuen Stadtfriedhof beigesetzt. Dahin führte der elfte Spaziergang. Sein Grab war zunächst nur wenigen ein Wallfahrtsort. Isolde Kurz bekennt in ihren Erinnerungen »Aus meinem Jugendland«:
»Doch einen gab es in Tübingen, der mich verstand und den ich oft in der Stille besuchte, wenn wir auch nicht miteinander reden konnten ... Dort, nahe der unteren Mauer, lag sein Grab. Man mußte die tief herabhängenden Schleier der Trauerweide aufheben, dann war man in grüngoldener Dämmerung mit dem Schläfer allein. Ein schmaler Stein stand schief eingesunken an dem ungepflegten, damals halb vergessenen Ort.«

Ein alter Mann war gestorben, Friedrich Hölderlin, 73 Jahre. In Tübingen kannte jeder seine Geschichte. Und obwohl es für den kranken Hölderlin nichts Beleidigenderes gab, als einfach »Magister« tituliert zu werden, blieb er für die Leute eben der studiosus Hölderlin oder Hölderle. Hölderle, Studios(us), schrieb der Totengräber in das Gräberverzeichnis. Der Pauperpräfekt, als Leiter eines Knabenchores, der einer alten Stiftung gemäß an Gräbern und (vor allem in der Adventszeit) auf den Straßen sang, notierte am 6. Juni 1843: Student Hölderle, wurde nicht gesungen. Nur im Totenbuch der Stiftskirche heißt es »Friedrich Hölderlin, Bibliothekar, Dichter. Gegen 40 J. mente absens.«

Hölderlins nächste Verwandte kamen nicht zur Beerdigung. Daß die 72jährige Schwester nicht aus Nürtingen herüberkam, entschuldigt die Sitte der Zeit, nach der die Begleitung zum offenen Grabe vor allem Sache der Männer war. Hofdomänenrat Gok, der in Stuttgart lebende Halbbruder, entschuldigte sich in einem Brief an den Grabredner: »Nur eine seit mehreren Tagen anhaltende ernstliche Unpäßlichkeit, bei welcher ich mich ohne Gefahr der üblen Witterung nicht aussetzen durfte, konnte mich abhalten, den Unvergeßlichen zu seinem Grabe zu geleiten . . . .« Nicht einmal Anordnungen mögen sie gegeben haben.

Trotzdem: Hier ist nicht über den »einsamen letzten Gang« eines großen Mannes zu berichten. Denn Hölderlins Leichenbegängnis wurde zur beinahe akademischen Feierlichkeit. Ein angehender Geistlicher hat ihn begleitet.

Der umnachtete Dichter war in einer Zeit des Geniekults und der Verehrung von Geistesheroen nie ganz in Vergessenheit geraten. Berühmtheiten aufzusuchen, sich kluge Worte auf den Lebensweg und ein paar Worte ins Stammbuch schreiben zu lassen, entsprach humanistischer Tradition: man denke nur an Faust und den Schüler. Der kranke Hölderlin hatte sich daran gewöhnt, Ziel mehr oder weniger neugieriger und einfühlender Aufwartungen zu sein. Wilhelm Waiblinger

Friedrich Hölderlin
gezeichnet von J. G. Schreiner
und Rudolf Lohbauer
27. Juli 1823

schrieb 1823 in sein Tagebuch: »Schaudernd stand ich wieder neben dem wahnsinnigen Hölderlin. Er spielte Klavier. Das kann er nun acht Tage lang fortsetzen. Er ließ sich durch mich nicht stören.« Man erzählt sich von seinen merkwürdigen Komplimenten, von den Büchern, die er um sich hat; man läßt sich seine Gedichte vorlesen; man läßt sich Poesien ausfertigen. Die Besucher des wahnsinnigen Genies, das seit der Herausgabe seiner Gedichte (1826) noch bekannter geworden war, kamen auf ihre Kosten: Adelbert Keller, der Tübinger Bibliothekar, berichtet nach Hölderlins Tod an einen Freund: »Ich habe ihn vorigen Winter doch noch gesehen, was mir jetzt doch lieb ist. Der junge Christoph Schwab, Sohn Gustav Schwabs, der viel zu Hölderlin kam, ... führte mich mit Uhland zu dem unglücklichen Dichter, den wir übrigens ziemlich heiter und blöd zufrieden trafen. Eine hohe, ehrfurchtgebietende greise Gestalt, trat er, nachdem wir eine gute Weile auf ihn gewartet hatten, herein, setzte sich ans Clavier, auf dem er leidlich zusammenhängend phantasierte, und schrieb uns am Ende ein Gedicht über den Winter nieder, das freilich des eigentlichen Zusammenhangs entbehrte, obschon einige Ahnungen schöner Bilder und Gedanken nicht zu verkennen waren.«

Auch sein Ende war des Bildes, das sich der Geniekult von Hölderlin gemacht hatte, würdig. Hölderlin speiste – allein – am Tisch der freundlichen Pfleger zu Nacht. Nicht mehr auf seinem Zimmer wie in jenen Tagen, als ihn Waiblinger zum Spaziergang abholte und bemerkte: »Eine schreckliche Angewohnheit an ihm ist's auch, daß er, sobald er gegessen, das Geschirr vor die Türe stellt.«

Gustav Schwab erwähnt in seinem Nekrolog, die letzten Stunden mit Hölderlins Dichtung verbindend: der Dichter starb, »nachdem er wenige Stunden vor seinem Tode dem Clavier noch rührende Akkorde entlockt und in die von ihm so schön besungene ›schwärmerische Nacht‹ hinausblickend, den Mond, ›das Ebenbild unserer Erde‹, hatte emporsteigen sehen«. Hölderlin am Fenster, den Blick zum Sternenhimmel empor – wie vor über fünfzig Jahren drüben im Stift.

»N.S. Das Leichenbegängnis war sehr feierlich, und es nahmen auch viele Studierende daran Anteil.« Dies fügte der Mediziner Gmelin seinem Bericht an Hofdomänenrat Gok an. Christoph Schwab hatte die Studenten zur Teilnahme aufgemuntert, oder gar »zusammengetrommelt«. Auch Karl Mayer, der Staatsrechtler Falatti und der Bibliothekar Klüpfel folgten dem Sarg. Ludwig Uhland und Gustav Schwab waren verhindert. Die Liedertafel, deren Leiter Friedrich Silcher war, umrahmte die Feierlichkeit.

Konnte man erwarten, daß das Begräbnis eines Dichters, an dessen gesunde Tage sich nur noch einige Freunde aus dem Stift erinnerten, unter allgemeiner Anteilnahme der Bevölkerung begangen würde? Das sicher nicht.

Die Dokumente zu Hölderlins Krankheit und Tod wurden in der Großen Stuttgarter Ausgabe seiner Werke erschöpfend veröffentlicht. Wir wollten uns – bei diesem Gang auf den damals neuen Stadtfriedhof – nur vergegenwärtigen, wie anders – soll man sagen bürgerlich – eine solche Feierlichkeit seit Hölderlins Jugendtagen geworden war. Wenn man sein Gedicht »An Thills Grab« liest, mag man das ermessen. »Der Leichenreihen wandelte still hinan, Und Fakkelschimmer schien auf des Theuren Sarg . . .« Damals, in jenen hochempfindsamen Tagen, – wurde nachts und oft in absoluter, als höchste Stufe der Feierlichkeit empfundener Stille, der Abschied begangen. Gerade Conz, dem wir hier schon begegneten, hatte 1792 in einem von J. D. Mauchart, Repetent am Stift und auswärtigem Mitglied der literarischen Gesellschaft zu Halberstadt herausgegebenen »Allgemeinen Repertorium für empirische Psychologie und verwandte Wissenschaften« eine Abhandlung »Über das Feierliche« veröffentlicht. Er schreibt in Briefform und beginnt – mit einem nächtlichen Leichenbegängnis. Seine Eindrücke: »Das Geläute der Glocken, in das der dumpfe Schall der Kirchglocken aus den benachbarten, dem Grafen zugehörigen Dörfern herüber tönte, der ernste, langsame Zug, oben der helle, gestirnte Himmel, die Natur unten wie in einem dünnen, halbdurchsichtigen Schleier verhüllt – alles mußte akkordieren, diese Szene zu einer der feierlichsten zu machen . . . und ringsum Stille, die tiefste Trauer der Wehmut . . .« Conz schließt seinen Bericht über diese nächtliche Bestattung, an der ihm das Wesen der Feierlichkeit aufgeht: »Ich schlich mich weg von der Menge, die sich nun auch nach und nach verlor, und ging unter mancherlei Empfindungen und Gedanken, wer weiß durch welche Abwege?, nach Hause.«

Ein halbes Jahrhundert später war man – mit unseren Augen betrachtet – zwar immer noch für alles Rührende und Feierliche, doch man ließ mehr bürgerliche Gesetztheit walten, als »in Hölderlins Tagen«. Durch die lange Zeit seiner geistigen Umnachtung wird man sich übrigens auch kaum gewahr, daß er bis 1843 lebte, und daß es somit etwa sein könnte, daß wir eine Fotografie des wahnsinnigen Sängers hätten, wie sie etwa von Donizetti überliefert ist. Er wird – ähnlich wie Schiller – ein Jüngling des 18. Jahrhunderts bleiben.

Die Beerdigung war um zehn Uhr vormittags. Der lorbeerbekränzte Sarg wurde in der Bursagasse abgeholt; der Leichenwagen fuhr an der Stiftskirche vorbei durch die neue Prachtstraße, die Wilhelmstraße; am Neubau der Universität vorbei zum »krummen Schenkel«. Als man am Tor angekommen war, wurde der Sarg von Studenten der »Zimmerei« übernommen und zum Grab getragen. Trotz bemerkenswert schlechter Witterung spielte sich die ganze Feierlichkeit am offenen Grabe ab. Eine Friedhofskapelle gab es noch nicht, und sie erschien eigentlich auch nicht als dringendes Bedürfnis. Denn damals wollte man im allerletzten Augenblick Abschied nehmen . . .

Um Hölderlins Grab standen also die Studierenden, einige Professoren, die Mitglieder der Liedertafel, Verwandte. Christoph Schwab hielt die Leichenrede. Das Eingreifen der Natur durch ein plötzlich befriedetes Unwetter wurde überall als Zeichen gewertet. – Das Jahr 1843 ist noch nicht so lange her. Auch damals dachte man nicht an ein Eingreifen des lieben Gottes in die stimmungsvolle Gestaltung der Tübinger Feierlichkeiten. Doch wußte man das Wetter poetisch auszulegen. Viele Beerdigungsberichte sprechen von den Stimmungen der Natur: ein Vorschein der Idee des Waldfriedhofs, wo das Wogen der Tannenwipfel zur Heilsbotschaft wurde: der Schläfer sei in den Kreislauf der Natur wiederaufgenommen. Gottlob Kemmler teilte also den Lesern des Morgenblattes mit: »Wir wußten lange nicht, wie wir's mit seinem Begräbnis halten sollten. Der Himmel hat es auch hier zum Besten gefügt und einen tüchtigen Gewitterregen hereinsprühen lassen, daß nur diejenigen sich an den Zug anschlossen, die wahres Interesse für den Verstorbenen hegten. Der Zug sah freilich still und arm genug aus; nur die Lorbeergewinde des Sarges waren auszeichnend; dafür aber blieb das profane Gewühl von müßigen Leuten, Mägden und schreienden Kindern fern vom geweihten Grabe. Der Regen und Sturm war auf's Höchste angewachsen, als man den lorbeerbekränzten Sarg in die Tiefe senkte. Aber es war eine heitere Regenhelle, und die Gegend stand frisch und üppig, und bald darauf brach die volle Sonne aus den Wolken.«

Fast vierzig Jahre später bekam der Dichter sein erstes Denkmal, als der jüngere Uhland schon längst auf seinen Sockel gehoben war. Es war mehr eine rührende Geste einiger Verehrer, als ein öffentliches Anliegen, den Botanischen Garten mit einem Denkzeichen an den »Naturfreund« zu schmücken. »Ein kostbares Schmuckstück des Botanischen Gartens ist das ›Hölderlindenkmal‹, Sommers wenigstens, wo es von prächtigen Palmen und Zierpflanzen umgeben ist, während Winters ein hölzerner Kasten das schöne Marmorbild verhüllt.« Doch der Chronist der »Tübinger Blätter« muß hinzufügen: »Dies ist nicht etwa, wie mancher schon gemeint hat, ein

Standbild des nach griechischem Himmel sich sehnenden Dichters selbst, sondern es ist ein ›Genius des Ruhms‹, den ein Verehrer des Dichters, der Bildhauer Andresen, geschaffen und zum Andenken an Hölderlin 1881 hieher gewidmet hat.« Verse schmücken den Sockel, doch nicht von Hölderlin, sondern von Hamerling.

Ein sinniges Denkmal, Hölderlins Sommerdenkmal. Auf einer Photographie des vorigen Jahrhunderts ist es von Kübelpalmen und Blattpflanzen umstellt wie das Rednerpult einer Hölderlinfeier mit Lorbeerbäumchen. Dazwischen der leichtgeschürzte Genius, fremd und schutzbedürftig unter nordischem Himmel.

Der anatolische Hügel

Wir wollen uns endlich wieder vom Banne der Gräber befreien und besteigen noch einmal den Berg, der selbst dem kranken Hölderlin für Augenblicke dichterische Heiterkeit zurückzugeben schien.

An Ostern auf den Österberg – dies scheint eine einleuchtende Devise, obwohl der Name des Berges auf seine Lage im Osten von Tübingen, und der des Festes auf eine germanische Frühlingsgöttin zurückführt. Doch wer macht heute einen feiertäglichen Spaziergang in ein so nahegelegenes Gebiet? Ostern vor einem Jahr wenigstens bin ich am Ostermorgen, Fausts Auferstehungs-Erleben erwägend, keinem »eigentlichen« Spaziergänger begegnet, der mich in solchen Betrachtungen störte. Auch sonst werden Österberg-Spaziergänge im eigentlichen Sinn immer seltener. Ab und zu sieht man jemanden, als ob es keine Wege gäbe, den freien Nordhang hinaufkeuchen, steil und gerade hinan, so wie im Winter die Ski- und Schlittenfahrer ins Ammertal sausen. Man sieht von weitem, daß diese Österberg-Bezwinger etwas für ihre Gesundheit tun, und daß das eigentliche Ziel ein Punkt auf der Trimmspirale ist, den es zu erringen gilt.

Ab und zu wird ein Frauchen oder Herrchen von einem Hund über den Wiesenplan gezogen. Dann und wann bildet sich eine Gruppe um einen Hobby-Bastler, der hier sein ferngelenktes Modellflugzeug kreisen läßt. Oder ein paar Franzosen sitzen auf einer Bank und rauchen »Gauloises«. Eigentlich sind sie nicht wegen der landschaftlichen Reize heraufgestiegen: nur die allergrößte Langeweile in der Stadt trieb sie auf diese Höhen.

Niemand wandelt, promeniert, spaziert. Dabei hat das vorige Jahrhundert den Österberg als Spazierberg der Tübinger entdeckt und mit vielen mühe- und geistvoll angelegten Aufstiegen erschlossen. Natürlich ging es vor allem um die Aussicht, und die Bestrebungen gipfelten im Bau des Aussichtsturmes. Der Österberg als Aussichtspunkt soll aber heute ganz aus dem Spiel bleiben.

Das Ziel der sonn- und feiertäglichen Promenaden präsentierte sich allerdings im vergangenen Jahrhundert noch ganz anders als heute, wo unter Häusern und Bäumen die Form des sanften Hügels kaum mehr zu erahnen ist. Die Oberamtsbeschreibung von 1867 beschreibt einen Blick auf den gegenüberliegenden Keuperzug: »Besonders schön erscheint hier der langgestreckte Ammerberg mit der Wurmlinger Kapelle an dem westlichen Ende, der wie ein Arm zwischen den Tälern des Neckars und der Ammer riesenkräftig in die reizende Landschaft hereingreift und an dessen östlichem Ende der Österberg wie eine geballte Faust den Schluß bildet.« Heute könnte sich höchstens die Faust des Betrachters ballen, wenn er von Jahr zu Jahr mehr Spuren der Bebauung entdeckt.

Der Hügel, zernagt auf beiden Seiten durch tief eingeschnittene Klingen – seine geographischen Gegebenheiten haben wir in einem früheren »Spaziergang« beschrieben – war in seiner Gestalt so gut zu erkennen, da er nur niedrige Büsche, Weiden, Gärten, Weinberge und ein paar Äcker trug, das Lustnauer »Wäldle« ausgenommen. 1918 klagt die Dichterin Isolde Kurz in ihren Erinnerungen (»Aus meinem Jugendland«) über die gestörte Harmonie der Lebens-Landschaft: »Aber was den Zügen (Tübingens) in den sechziger und siebziger Jahren ihren ureigenen geistigen Ausdruck gab, die

Weinberge und Weinberghäuschen
prägten, wie auf diesem Stich von 1730,
lange Zeit das Gesicht
des Österbergs

mittelalterliche Romantik, ist für immer daraus verschwunden. Das Studentenleben hat sich in die häßlichen Korporationshäuser auf den Anhöhen zurückgezogen, die für die weichen, niederen Hügel viel zu groß sind und laut aus der Harmonie des Ganzen herausfallen.«

Zu den Häusern kamen riesenhafte Bäume, die vor allem das Bild des »rechten Österbergs« veränderten. Dazu die »Tübinger Blätter« von 1912: »Übrigens zeigt der (neuentstandene) Baumschlag, daß auch eine andere Gestaltung der Oberfläche ihren Reiz hat. Und wenn es nun einmal mit den Reben nichts mehr ist, so ist der Obstbau und die Bepflanzung mit kräftigen Bäumen, nicht nur mit Apfel- und Birn-, sondern auch mit Nuß- und Kirschenbäumen, namentlich aber auch mit Waldbäumen, gewiß in mancher Hinsicht nur ein Vorteil.«

Die hohen Bäume und die stolzen Burgen, die mit Erkern und Türmen und flatternden Fahnen ins Land grüßen, sind aber nicht nur ein Phänomen der Stadterweiterung, sondern sie zeugen von wilhelminischer Berg-Interpretation: aus dem sanften Hügel wurde ein stolzer Berg, ein Hohenzollern im kleinen.

Es ist übrigens charakteristisch, daß sich das Verschönerungs-Bedürfnis der Tübinger Honoratioren in der ersten Hälfte des Jahrhunderts fast ausschließlich dem Wöhrd und seinen Alleen, dann dem Botanischen Garten zuwandte. Beim Promenieren begnügte man sich mit dem Grün der Bäume, der Wiesen, mit dem Wasser. Freilich war der Österberg kein unbekanntes Land. Am nördlichen Abhang entlang oder am südlichen Abhang über den Gänswasen führten beliebte Gänge nach Lustnau. Doch die Überquerung des Berges zur Einkehr im nahen Dorfe zählt die Oberamtsbeschreibung von 1867 zu den größeren und nicht alltäglichen Spaziergängen. Erst in der zweiten Jahrhunderthälfte wurde der Verschönerungsverein vor allem ein Verein zur Krönung von Berghöhen mit Bänken, Hütten, Türmen, und gegen Ende des Jahrhunderts beinahe ein Österberg-Verein.

Die Wöhrd-Spaziergänge des Biedermeier waren ein in sich sinnvolles Wandeln, auf und ab, bis man genügend Leute gesehen und genügend Luft geschnappt hatte. Ein Familien-Ausflug auf den Österberg jedoch war ein Unternehmen, das Anflüge von Tourismus nicht leugnen kann.

Daß diese Spaziergänge solche Ziele brauchen, erkannte auch der findige Fotograf Paul Sinner (1838 bis 1925), der in der späteren Gartenstraße sein Atelier hatte. Von dort stieg er herauf zur Wielandshöhe, nicht nur, um von dort die Landschaft zu fotografieren, sondern dort entwickelte und trocknete er auch seine Platten, ein damals recht komplizierter Prozeß. Auf seinem nahen Besitz gründete er ein Sommerlokal, die »Sennhütte«.

Ich sprach manche alte Tübinger, die sich lebhaft an die Familienspaziergänge auf die »Sennhütte« erinnern. Die Mutter des Buchhändlers Hugo Frick etwa, die damals mit Eltern und Geschwistern von ihrer Gärtnerei beim Stadtfriedhof manchen Sonntag den Österberg bestieg, um – von der Käsenbachseite kommend – einen Blick ins liebliche Neckartal zu werfen und einzukehren. Da man sparsam war, verzehrte man allerdings nicht viel.

Die Fotografen-Tochter Sinner erzählt in den Erinnerungen an ihren Vater: »In das Jahr 1879 fällt seine Gründung der reizend gelegenen Sommerwirtschaft Sennhütte auf dem Österberg. Raus aus der dumpfen Gemächer quetschender Enge, auf zur Sennhütte, stand als Motto in der geräumigen Glashalle, die mit der Zeit an das Haus angebaut werden mußte. Aber mit welchem Kampf war diese Gründung verbunden! Ein tief von Wagenspuren durchfurchter Hohlweg bildete die Zufahrt, ein Pfad an der Wielandshöhe vorbei den Zugang zu diesem letzten der drei einzigen Häuser des Berges, Jahr um Jahr ließ mein Vater die Wege verbessern, die Anlieger, meist arme Weingärtner, steuerten fünfzigpfennigweise dazu bei, die Stadt tat fast nichts. Doch wurde der Zuspruch der Wirtschaft immer größer, wer hat je die schönen

70. Sennhütte.

Herbstfeiern und sonstigen Feste vergessen, die dort abgehalten wurden. Auch dies Unternehmen glückte während zwanzig Jahren, bis von der Stadt geplant wurde, einen Zickzackweg von der Gartenstraße herauf auf den Österberg zu führen. Dazu sollte der Besitz der Sennhütte dienen, der total zerschnitten worden wäre. Die drohende Enteignung und die veränderten Verhältnisse im Studentenleben durch den Bau der Korporationshäuser bewegten meinen Vater, das schöne Anwesen dem Korps Rhenania zu verkaufen.«
Das Motto dieses Ausflugslokals kommt einem bekannt vor. Es ist frei nach Goethes »Osterspaziergang« formuliert, mit dem wir den Weg auf kulturgeschichtliche Pfade antraten. Was Faust zu Wagner spricht, wird manches akademische und nicht-akademische Familienoberhaupt beim Blick ins Neckartal hinab rezitiert haben:

> »Kehre dich um, von diesen Höhen
> Nach der Stadt zurückzusehen.
> Aus dem hohlen finstern Tor
> Dringt ein buntes Gewimmel hervor.
> (. . .)
> Aus niedriger Häuser dumpfen Gemächern,
> Aus Handwerks- und Gewerbesbanden,
> Aus dem Druck von Giebeln und Dächern,
> Aus der Straßen quetschender Enge,
> Aus der Kirchen ehrwürdiger Nacht
> Sind sie alle ans Licht gebracht.«

Aus den »dumpfen Gemächern« und der »quetschenden Enge« der Straßen wurde in Sinners Glasveranda allerdings die »quetschende Enge der dumpfen Gemächer«. Das mag eine spezielle Anspielung auf Tübinger Verhältnisse sein, oder hat diese Zeile nur die Erinnerung der Sinner-Tochter

Die »Sennhütte« des
Photographen Paul Sinner

zusammengebracht? Die Goethe-Anspielung war hier ja nicht weit hergeholt, denn bei seinem Besuch in Tübingen genoß der Dichter von einem benachbarten Professorengarten aus den Blick auf die Alb.

Doch die Veranda sieht man auf unserem Foto nicht. Auf einer Aufnahme um die Jahrhundertwende, als die Rhenanen-Burg die Sennhütte mächtig überragt, sieht man die Aussichtsterrasse über dem Glasbau. Um die Hütte war nochmals eine Terrasse aufgeschüttet, und auf kühnen Bretterkonstruktionen stehen, beinahe über dem Tal hängend, Gartentische mit karierten Tischdecken, die im Winde flattern. Ein richtiges Gartencafé also mit all seiner sommerlichen Flüchtigkeit.

Hinter dem Haus stehen im Schatten des Apfelbaums Flaschen mit Bier oder Saft. Davor steht ein merkwürdiger schwarzer Wagen. Keineswegs die Kutsche, die aussichtsdurstige Gäste heraufbrachte, auch nicht der Karren des Österbergschäfers, sondern Paul Sinners »fliegendes« Atelier, von dem seine Tochter 1938 schreibt: »Ende der sechziger Jahre wurde ein besonders gebauter Wagen und ein Pferd angeschafft, eine zusammenlegbare, merkwürdige Dunkelkammer war im Wagen eingerichtet, die vor einigen Jahren vom Deutschen Museum in München erworben wurde und dort zu sehen ist.«

War es an Ostern schön, wurde die »Sennhütte« geöffnet. Manches Osterei mag dann den Österberg hinabgerollt sein, und mancher Schlüsselblumenstrauß wurde gewunden. Sicher gab es oft Gezänk über den Fleck im hellen Kleidchen eines Mädchens oder über das Loch in den Strümpfen eines Knaben. Sie trugen ja an Ostern wie in allen Monaten mit einem »r«, noch »lange Strümpfe«, selbst wenn es heiß war . . .

Mit solcher Ausrüstung hing es auch zusammen, daß die bequemen Wege, die heutige Bergbezwinger außer acht lassen, angelegt wurden. Die Aufstiege auf den »mons anatolicus«

lassen ein wahres Gebirge vermuten, und in ihrer Anlage fand der Verschönerungsverein ein Hauptbetätigungsfeld.

Da war der »Nordaufstieg«, der um die Jahrhundertwende angelegt wurde. Er begann mit einer Brücke über die Ammer auf der Höhe des Instituts für Leibesübungen (und das erklärt auch die Lage der heutigen Brücke). Über Treppchen führte er zu einer Bank am Waldesrand. Dann trat der Spaziergänger ins »Wäldle«, gewann auf Serpentinen langsam an Höhe, und erreichte beim Verlassen des Waldes eine Schutzhütte am »unbeständigen Feldweg«, wie die Fortsetzung des Matthias-Koch-Wegs in die Flurkarte eingetragen ist.

Früher schon wurde vom Verschönerungsverein »beschlossen, die notwendigen Güterstücke zu einem Fußweg von der Brunnenstraße durch das Käspersloch anzukaufen. Dieser konnte nach vielen Schwierigkeiten 1891 ausgeführt werden. Wie alle unsere Anlagen, erfreute sich auch diese fortgesetzt eines guten Besuches«, heißt es in einem Tätigkeitsbericht des Vereins von dem Weg, der zum Funk hinaufführt.

Die Krönung wäre eine Verbindung zwischen Neckarbrücke und der Bergspitze über Lustnau gewesen, denn »für Dreiviertel des Jahres gäbe es keinen schöneren Wandel als an der sonnigen Seite des Österberges hin, und eine südliche Verbindung zwischen der Neckarbrücke und der Höhe des Österberges bis zum oberen Hundskapf hin eröffnete weite Perspektiven«. (»Tübinger Blätter«, 1912.)

Hier mußten sich die Spaziergänger mit einer kleineren Lösung, einem Weg durch die Hundskapf-Klinge, begnügen. Doch »sofort nach der Erstellung dieses Weges wurde der dringende Wunsch nach Errichtung einer Schutzhütte laut«. Sie wurde als »Hauff-Hütte« 1896 erbaut, und die Höhe des Hundskapfs dem Dichter des Lichtenstein zu Ehren »Hauff-Höhe« benannt.

So war der Österberg schließlich von allen Seiten her bequem für Familienspaziergänge gerüstet. Immerhin wurde noch

1905 ein »Luftkurhaus« auf dem Gipfel in Erwägung gezogen. Es liegt eine gewisse Ironie darin: als alle Wege ausgeschildert, mit Bänken, Hütten und Dichternamen geziert und vollendet waren, war der Berg schon so stark in die Stadt eingegliedert, daß er als Ausflugsziel immer unattraktiver wurde. Deshalb hatte ja auch Sinner seine »Sennhütte« wieder geschlossen.

Heute, wo er studentischem Lustwandel zu weit und zu mühsam ist (wie eh und je wird das nahe Neckar-Revier vorgezogen), wo die Familien weitere Ziele ansteuern und die Österberg-Fernsicht auch nicht mit Fernsehtürmen konkurrieren kann, ist es wieder ruhig geworden. Wo die Hauff-Hütte als einsame Schutzhütte stand, entsteht Neubau an Neubau. Wo im vergangenen Jahr noch Osterglocken in halbverwilderten Bauerwartungs-Gärten standen, haben die Bagger alles zerstört. Die Aufstiege für Fußgänger sind Fußpfade des Berufsverkehrs geworden: so die Himmelsleiter, über die man von der Brunnenstraße die Ämter in der Doblerstraße erreicht, und der Weg durchs Käspersloch, der Wilhelm-Schussen-Weg, den eilige Südwestfunkleute hinaufhetzen. Die Serpentinen des »Nordaufstiegs« liegen unter tiefem Laub, und niemand benützt diesen Pfad. Auch die Schutzhütte ist verschwunden, und unter einer Buschgruppe läßt sich nur noch ihr Fundament erahnen.

DREIZEHNTER SPAZIERGANG

ZUR SCHÖNEN AUSSICHT

Pfingsten wurde im Tübingen des letzten Jahrhunderts zwar
meist mit einer Wanderung zum Lichtenstein und zum Nebel-
höhlenfest begangen. Aber da wir der Einteilung in nähere
und weitere Spaziergänge, die in den Ortsbeschreibungen
dieser Zeit meist eingehalten wurde, folgen wollen, ersteigen
wir noch einmal den Österberg, und auf dem Österberg den
Kaiser-Wilhelm-Turm. Dieser Aussichtsturm, durch einen
Sendemast um seinen stolzen Helm gebracht, wurde zwar
erst am 2. Juli 1891 unter Beteiligung von Stadt und Universität feierlich eingeweiht und scheint insofern – bei üblichem
journalistischem Jubiläumsdenken – kein Grund zum Rückblick zu sein. Aber bei genauerem Hinsehen doch: denn dieser Aussichtsturm stammt »geistig« aus dem Jahre 1873.
Bevor, am Jahrhundertende, die Burgen der Studentenver-
bindungen stolz ins Tal grüßten, und mit ihren geflaggten
Zinnen »laut aus der Harmonie der weichen Hügelland-
schaft herausfielen«, wie Isolde Kurz klagt, gab es auf dem
Berge wenig Attraktionen. Kanzler Autenrieth ließ am Jahr-
hundertanfang eine Baumanlage pflanzen, die »Autenrieths-
halde«, im Volksmund Kanzlerbuckel genannt. Man stieg
bergan in Garten oder Weinberg, und wenn man anhielt,
blickte man ins fruchtbare Tal. Sicherlich freute man sich an
der schönen Aussicht. Romantik und Biedermeier war für
den malerischen Blick ins Tal zugänglich, in Kunst und Leben.

Als Aussichtsplattform diente der Hügel wohl erstmals bei der Grundsteinlegung zum Bau der heutigen »Neuen Aula«, damals (1841), noch einsam vor der Stadt gelegen. Robert von Mohl schreibt: »Den Abhang des benachbarten Österberges belebte ein buntes Getümmel. Hier waren die Geschütze aufgefahren, deren Bedienung und Wirkung eine zahlreiche, in der friedlichen Musenstadt wenig hieran gewöhnte Jugend bewunderte. Es fanden aber auch Hunderte von Zuschauern daselbst einen Standort, welcher ihnen den ganzen Anblick der Feier gestattete, wenngleich die Worte der Redner nicht bis zu ihnen dringen konnten. Der Feiertag und die Kunde des Festzuges, namentlich aber die Hoffnung, den Sohn des Königs sehen zu können, hatte aus der ganzen Umgegend Scharen von Landleuten herbeigezogen, deren sonntägliche Tracht und unverhehltes Staunen in der Menge sich gemüthlich bemerklich machte. Trotz des großen Zudranges erregte nicht die mindeste Störung oder Unordnung einen unangenehmen Eindruck.«

Der Berg also als Festtribüne für biedere Landleute, die mit ihrem naiven Staunen über das stumme, ferne Zeremoniell im Tale wesentlich zur Hebung der Feierstimmung der offiziellen Gäste beitrugen. 1853 wurde der grüne Hügel wieder Teil einer Festkulisse: bei der großen »Naturforscherversammlung«. Die schöne Tübinger Umgebung sollte den 500 Festgästen aufwiegen, was der Stadt selbst an Pracht abgehe, betonten die Berichterstatter. Eine Schilderung der »Allgemeinen Zeitung« (Augsburg) mag zeigen, wie sehr die Schönheiten der Landschaft ins Festprogramm eingeplant wurden. »Die Versammlung hat schon einen großen Teil der deutschen Städte bereist, und nach der großartigen und glänzenden Aufnahme, welche sie im vorigen Jahr in Wiesbaden gefunden, dürfte sie in dem bescheidenen Tübingen einem etwas fühlbaren Kontrast begegnen. Indessen hat das Comité, mit Prof. Bruns an der Spitze, alles getan, was in seinen Kräften stand um die Ungunst äußerer Verhältnisse zu besiegen, und den Besuchern den Aufenthalt möglichst angenehm zu machen. Die in den naturwissenschaftlichen Fächern wenigstens sehr reichhaltigen und gutgeordneten Sammlungen und Cabinette unserer Universität dürften auch strenge Richter nicht ohne Befriedigung lassen, und unsere glänzenden Universitätsgebäude manchen in Erstaunen setzen. Die überaus reizende Umgegend, welche in dem Festprogramm natürlich eine Hauptrolle spielt und ihre Schönheiten den Besuchern in verschiedenen Richtungen offenbaren wird, kann niemanden unbefriedigt lassen. An deutscher Gemütlichkeit wird es auch nicht fehlen an einem Ort, dessen äußere Verhältnisse, verbunden mit dem süddeutschen Charakter seiner Bewohner, ganz dazu geschaffen sind.«

»Der heutige Tag hat unter den besten Anzeichen begonnen. Während der heiterste Himmel auf das schöne Neckartal herunterblickt, hat auch die Stadt Tübingen ihr Festtagsgewand angelegt, an der Straße nach Stuttgart flaggt über einem Triumphbogen die württembergische Fahne, und an der imposanten neuen Aula vorbei und durch den schönen Teil der neuen Stadt gelangen die zahlreich ankommenden Gäste nach den freundlichen, vielfach geschmückten Wohnungen.«

Unter den »Mitwirkenden« ist der Österberg sogar in erster Linie zu nennen. Denn er machte es möglich, daß sich die landschaftlichen Schönheiten den Gästen »in verschiedenen Richtungen offenbaren« konnten. Dafür wurde eigens ein »Gerüst«, die Andeutung eines Aussichtsturmes, aufgestellt (wie es scheint, nicht auf der Spitze des Berges, sondern in der Nähe der Wielandshöhe). Der Bericht vom 21. September meldet, wie zahlreich »das Luginsland« auf dem Österberg besucht wurde, »welches die Stadt für die fremden Gäste neu hat erbauen lassen. Bei der hellen Luft genoß man eine weitreichende entzückende Aussicht über die schwäbische Alb bis in ihre fernsten Höhen«.
Klüpfel-Eiferts Stadtbeschreibung schildert den Aussichts-

punkt schon in den schönsten Farben: »Die lockendste Höhe ist die Spitze des Österbergs.« Auch die Wielandshöhe, »von wo aus in der letzten Zeit mehrere schöne Ansichten von Tübingen aufgenommen wurden, ist eines Stillstandes wert. Doch wenn man eine Viertelstunde weiter zwischen Weingärten und Baumgütern hinangeschritten ist, hat man den höchsten Punkt erreicht, und der Blick in die Weite ist frei. Die ganze Länge des Neckartals, die Tiefe des Ammertals, zwischen beiden das Schloß und sein langer Bergrücken, die Stadt zu seinen Füßen terrassenförmig aufsteigend, die nahen bewaldeten Höhen geben ein gar schönes Bild; herrlich aber stellt sich dem Auge die Kette der Alb dar, die von hier aus in ihrer ganzen Länge übersehen werden kann.

Wir können nichts Besseres tun, als auf Gustav Schwabs Gedicht verweisen, mit dem er seine Beschreibung der Schwäbischen Alb so einladend eröffnet, und womit er diese Stelle besonders weiht:

›Ich sing, ich darf es wagen,
hier muß ein Lied entstehn,
ich brauche nur zu sagen
was ringsum ich gesehn.‹

Vom Rosenstein im Osten bis zum Lochen im Südwesten tritt Berg an Berg hervor, schön besonders in der Abendbeleuchtung, welche die Felsenwände auch aus weiter Ferne glänzend hervortreten läßt und die Taleinschnitte mit scharfen Schatten füllt. Und wenn es sich dann trifft, daß, wenn das Auge sich weidet, aus den zum Teil verborgenen Dörfern, von Lustnau herauf, von Kusterdingen, Wankheim, Derendingen herüber am Ende in volleren Schlägen von der Stadt her das Abendgeläute ans Ohr dringt, so vereinigt sich alles, unaussprechlichen Genuß zu bereiten.«

Eifert beschreibt hier die totale Aussicht, die das 19. Jahrhundert so liebte. Zum Panorama kommt Glockenklang, noch geheimnisvoller als sonst, da die Schallquelle verborgen bleibt. Datzu extreme, nicht lange verweilende Beleuchtungseffekte. Was lag näher, als diese Wirkungen noch durch die Erbauung eines erdenthebenden Turmes zu erhöhen?

Dieser erste Aussichtsturm auf dem Österberg, nicht für die Dauer gezimmert, war ein großer Erfolg, an den man sich oft erinnerte. Doch nicht zufällig kam dann zwanzig Jahre später, nach dem gewonnenen Krieg, wieder der Wunsch nach einem krönenden Aussichtsturm auf, werden Spendenaufrufe zum Turmbau erlassen. Allerdings vergeblich, ebenso wie vier Jahre später, als der Turm eine Attraktion des Universitätsjubiläums werden sollte.

Ein wesentlicher Gesichtspunkt war bei diesem Bauvorhaben die Rottenburger Konkurrenz, die »Weilerburg«, die die Tübinger ungerne emporwachsen sahen. Der Ästhetik-Professor Karl Köstlin ließ damals ein Flugblatt unter dem Titel »Umschau in Tübingen« verbreiten. Er zieht Bilanz, »weil nämlich im Jahre 1873 bei der bevorstehenden Enthüllung des Uhlanddenkmals die Stadt Tübingen von einer großen Anzahl Fremder besichtigt werden wird«.

»Streng genommen sollte auch noch die Rede sein vom Österberge. Jeder sieht: der einst vom Verschönerungsverein projektierte Aussichtsturm bildet den natürlichen Abschluß der bisherigen Anlagen.« Alle Tübinger würden »demnächst die Rottenburger einigermaßen beneiden, wenn sie ihren Weilerburgturm fertig haben«. Die Bevölkerung der Universitätsstadt habe sich jedoch diesem Plan »nicht hold« erwiesen. Das so gelobte »Sieges- und Minnesänger-Denkmal auf Alt-Rottenburg« macht die Zusammenhänge deutlich, denn es sollte ein »Denkmal deutscher Größe« sein. Und diese Größe erlebte man bis in unser Jahrhundert auf den Höhen der Berge. Verräterisch, daß in den Wanderführern dieser Zeit jede größere Erderhebung als »stolz« charakterisiert wird; verräterisch das Zeremoniell des Herüber-, Herunter-, Hinabgrüßens. »Stolz grüßt die Weilerburg vom Rammert herunter.«

Auch die Aussichts-Besessenheit der Bürger am Ende des vorigen Jahrhunderts hat ihre Gründe, obgleich die Aussicht als solche natürlich keine Erfindung der Gründerzeit ist. Die »Aussicht« ist meist ein schwer errungener Höhepunkt, dominierend, die Schönheiten der Umgebung zusammenfassend und daher ein lohnendes Ziel. »Aussicht«, »Rundsicht«, »Fernsicht«, »prächtiges Panorama« betonen die Beschreibungen.

Der Feldstecher wird für den Spaziergänger ebenso wichtig wie sein Stock. Es scheint, als wollte das Bürgertum seine Herrschaft im Blick vom Berg bestätigen. Ein Blick, der es für vielerlei Einschränkungen entschädigen sollte.

Generalstäblerisch in die Runde weisend, konnte der Vater seine Ortskundigkeit erweisen, häufig darin unterstützt von jenen Platten, deren Pfeile in die Lande weisen und zeigen, was man sehen könnte. Allerdings nicht lange, dann sind sie durch Kritzeleien, Denkmäler privater Art also, unleserlich geworden.

Auch in Tübingen entstanden, meist vom Verschönerungsverein getragen, in jenen Jahren mehrere Aussichts-Anlagen und Türmchen, so der Bußturm, die »Bismarck-Höhe« usw. Am 2. Juli 1891 war es dann endlich so weit, daß der Österberg mit einem Turm gekrönt werden konnte, der viel mehr als ein Aussichtsturm war: der Kaiser-Wilhelm-Turm.

Alle Tübinger Vereine hatten sich zur Turmweihe versammelt. Einige Annoncen in der »Chronik«: »Veteranen-Verein: Angetreten wird punkt 3 Uhr bei der Stiftskirche. Orden, Ehren- und Vereinszeichen sind anzulegen . . . Feuerwehr: Kleidung Tuchrock, Gurte, blanker Helm . . . Harmonie: Punkt 3 Uhr in der Langen Gasse. Sonntagsanzug.«

So also fand man sich droben auf dem Festplatz ein. »Der patriotische Akt auf der Kuppel des Österberges war vom Wetter aufs Schönste begünstigt.« Musik, gemeinsamer Gesang (»Deutschlandlied«, »Wacht am Rhein«), Reden, Geselligkeit im »Museum« – Grundelemente der Feierlichkeit wie damals überall. Der Gemeinderat Dr. v. Schönberg schlug in seiner Rede das Thema an: »Die Einweihung gilt nicht nur einem Aussichtsturm als einem Werk des Gemeinsinns um der Verschönerung der Stadt, sondern auch einem Denkmal der Erinnerung an die Gründung des neuen deutschen Reiches zu Ehren unseres unvergeßlichen ersten Kaiser Wilhelm.«

Darauf Professor Eugen Nägele: »Herrliche, altheilige Berge stehen in unserem schönen Schwabenlande, aber freudiger begrüßen wir keinen als den, welchen ein ehrwürdiges Denkmal aus der großen Geschichte unseres Volkes oder ein Zeichen echter Liebe zur deutschen Heimat ziert. Zu der Zahl dieser Stätten ist nunmehr auch unser lieblicher Österberg getreten. Sein Turm ist die Erfüllung eines längst gehegten Wunsches, ja Traumes vieler alter und junger Tübinger, er ist eine Zierde in Schwabens, ja in Deutschlands weitem Ehrensaal. Da geziemt es dem jüngeren Geschlecht, dem älteren zu danken, daß dieses Werk gestiftet und den Männern, die diesen Bau geleitet, der bald lichtumflossen, bald wetterumtost und regengepeitscht, fest, stark und kühn aufragt auf der Kuppe des grünen, neckar- und ammerumrauschten Österbergs, ein Denkmal für Großtaten und eine Schöpfung des Bürgertums, durch die es sich selbst ehrt. Längst war dieser Berg durch Erinnerungen an deutsche Dichter geadelt. Uhland hat oft in jugendlichem Drang seine Schritte aus des Vaters Hause auf diese Höhe gelenkt. Hier oben hat er in dem Jahr, da der alte deutsche Kaiserthron machtlos zusammensank, sein Lied gesungen: ›Ich bin der Knab' vom Berg‹, das heute noch die deutsche Jugend zu kühner Tat begeistert. Das sind die Gefühle mit welchen wir Jungen und Jüngeren die Blicke schweifen lassen vom Kaiserberg zur Kaiserburg, zu den einst von Wachtfeuern erhellten Schwarzwaldhöhen, die Gefühle mit denen wir dem Lauf des Neckars zum Rhein und Niederwald folgen.«

Der Architekt wurde für sein Werk mit einem Orden ausgezeichnet. In seinen Dankesworten hob er »die Freude hervor, die es ihm gemacht habe, die Studien, die er vor einigen Jahren auf Italiens klassischem Boden gemacht, mit dem schönen und billigen Baumaterial von Dettenhausen und Tübingen in die Wirklichkeit umsetzen zu können«.

Die Freude war so allgemein, daß man den Turm am Abend, bengalisch beleuchtet, noch einmal vom Tal aus bewunderte, wobei seine »edlen Formen in dem grünen und roten Licht glänzend hervortraten«. Doch auch dieses Kunstwerk, das in jener Festnacht den Beschauern immer wieder »laute Ausbrüche des Jubels entlockte«, ist Vergangenheit geworden, seitdem er, seiner alten Spitze beraubt, zum Sender und damit zum Denkmal der Kommunikation geworden ist – oder geworden sein sollte.

Ein Denkmal für Ludwig Uhland

Fast granitene Schroffheit

Am 14. Juli 1873 wurde Ludwig Uhlands Denkmal feierlich enthüllt. Einst glänzte sein Standbild in goldener Bronze hell in der Sommersonne, einsam. Die Bäume um das Denkmal waren noch nicht hoch, der Platz noch nicht bebaut. Heute steht Uhland schwärzlich, das Beinkleid patina-gestreift, unter hohen Bäumen, deutschen Eichen. Ziemlich unbeachtet gehört er zum Stadtbild, denn Denkmäler werden nicht mehr so beachtet wie im denkmalfreudigen 19. Jahrhundert, wo sie zu den touristischen Hauptattraktionen gehörten. Nur die wenigen Fremden, die heute noch mit der Bahn kommen, betrachten den Herrn im trotzigen Eisengehege, »made in Wasseralfingen«, und einige umschreiten ihn sogar, um auf der Rückseite zu lesen, wer er sei.

Sehen wir ihn daher mit den verwunderten Augen der Festgäste an, die, im neuen Bahnhof feierlich empfangen, zur Enthüllung gekommen waren.

Die vielgelesene illustrierte Zeitung »Über Land und Meer« beschrieb den Denkmal-Uhland ausführlich: »Zwar trägt er das Haupt hoch und frei und sein Antlitz atmet Energie und Würde, aber zugleich auch den nüchternen Ernst und eine fast granitene Schroffheit! Nicht apollbegeistert berührt uns dieses Auge; nicht, Unsterblichkeit suchend, schweift es zu den Sternen! Fest geradeaus blickend, hat es vielmehr ein reales Ziel erfaßt; scheinbar ein fernes, denn der Blick ist hell, und sein Strahl ist scharf.

Schwer läßt es sich auch glauben, daß diese Lippen Hermes gelöst, weder zu süßem Schmelze des Sanges, noch zu feuriger Rede. Karg verschlossen, wie sie scheinen, mag auf ihnen nur der Lakonismus des Gesetzes ruhen oder taciteisches Schweigen. Scharfkantig im Konturenschnitt ist die Nase, kraftzuckend im Ansatz die Braue. Beides kündet wohl wagenden Sinn, doch nicht sehnendes Fühlen! Bloß die Stirne, die prachtvoll gewölbte, däucht jedem ein Speicher des Geistes; und hinter ihrem festgeschlossenen Bau mag sich ruhig das Edelste bergen, Deutschlands Gewissen! Aber nichts von Schwung und Größe zeigen wieder Gang und Gebärden. Passender dazu, als ideales Gewand, hüllt der schlichte Rock des Bürgers die scheinlosen Glieder.

Auch vermissen wir nicht auf diesem Haupt (die »Gartenlaube« nennt es »spärlich umlockt«) den unsterblichen Kranz; aber wir suchen von selbst in dieser Hand die bescheidene Schriftrolle des Denkers, leicht an die Brust gepreßt, trägt sie die Rechte, während die Linke sich, willenlos scheinbar, und doch des Dranges bewußt, geballt hat zur nervigen Faust.

So schritt Uhland, der Forscher, durch die dichtgedrängte Reihe der Tübinger Musensöhne zum Kolleg; so schritt Uhland, der Dichter, durch Eichenrauschen und Lindenduft zur Höhe des deutschen Parnaß; so schritt Uhland, der Patriot, durch das enge Gassengewirr der alten Reichsstadt Frankfurt zu seinem Sitz im Parlamente.«

Obwohl der »Wöhrd« der Lieblingsspaziergang des Dichters war, wurde die Entscheidung, dort sein Denkmal aufzustellen, nicht allgemein begrüßt. Die Frankfurter Zeitung schrieb: »Das Denkmal Uhlands steht leider nicht auf dem Marktplatz, wo vor dem altertümlichen Rathause unter Verlegung des dortigen Brunnens die beste Stätte für dasselbe gewesen wäre, sondern vor der Neckarbrücke auf einem Platze ohne Häuser und ohne Straße. Nur die Pappeln und Weiden des

Neckarufers, die Stadt und das Schloß Hohentübingen bilden einen Hintergrund, welcher für die sonstigen Mängel des Platzes einigermaßen den Beschauer entschädigt.«
Für den Ort sprach allerdings die Bahnhofsnähe. Spottete Wilhelm Busch nicht über die Denkmalswut seiner Zeitgenossen:

> »Der Plastiker, der uns ergötzt,
> Weil er die großen Männer setzt,
> Grauschwärzlich, grünlich oder weißlich,
> Schon darum ist er löb- und preislich,
> Daß jeder, der zum Beispiel fremd
> Soeben erst vom Bahnhof kömmt,
> In der ihm unbekannten Stadt
> Gleich den bekannten Schiller hat.«

Andere Städte, die keinen eigenen großen Mann und Patrioten hatten, mochten Schiller ein Denkmal setzen. Doch Tübingens Schiller hieß Uhland.
Ursprünglich wollten die Freunde des Dichters sein Gedächtnis im Garten seines Hauses am Österberg verewigen, in der Nähe seines Gartenhäuschens, wegen seiner großen rundbogigen Fenster »Glaspalast« genannt. Ottilie Wildermuth, die dort oben manche Seite schrieb, notiert zu diesen Umtrieben: »Die Unruhe ist das irdische Anhängsel jeder geistigen Feier – Taufe, Konfirmation, Hochzeit, **der Tod sogar** bringen äußerlichen Trubel und Sorge mit sich. Wenn ich sehe, wie Frau Uhland geplagt ist mit dem Ruhm ihres Mannes, wo eine andere Witwe in der Stille ihrem Leid leben darf! Buchhändler, die den Nachlaß herausgeben, Schriftsteller, die ihn bereinigen wollen; Bildhauer mit Statuetten, mit Zeichnungen zu Grabsteinen, Telegramme, Forderungen, sie soll ihren Garten zum Denkmal hergeben, Bitten um Autographen – sie ist oft ganz dahin und ratlos. Das ist eben das Erdengewicht von allem was geistig ist.«
Sie bedachte nicht, daß dieses »Erdengewicht« erst durch die

bürgerliche Betriebsamkeit so drückend wurde, um so drük-
kender, je mehr die Gegenstände solcher Verehrung jeder
irdischen Bedingtheit entrückt wurden. Frau Emilie Uhland,
Uhlands »Emma«, entzog sich jedoch solchen Ansinnen, und
man verübelte ihr, daß sie nicht die Verwalterin von Uhlands
Ruhm wurde; daß sie später von Tübingen und »ihrem« Grab
wegzog, und schließlich, daß sie noch bei Lebzeiten das »Uh-
landhaus« verkaufte.
Denn auch dieses Haus gehörte zu einem Stationenweg der
Dichter-Erinnerungen, die das 19. Jahrhundert, in Felder ge-
teilt nach Art altmodischer Ansichtskarten, so gerne graphisch
verewigte.
Doch alle diese Gedenkstätten, zu denen noch die droben stehende Wurmlinger Kapelle als »Dichterdenkmal« trat, ge-
nügten nicht, um den Patrioten Uhland zu ehren, denn vor
allem der sollte 1873 gefeiert werden. Schon 1819 war er
Landtags-Abgeordneter, dann 1848 in Frankfurt, und schließlich – bevor er sich resignierend von der Politik zurückzog –
Mitglied des Stuttgarter »Rumpfparlaments«. Darum schrieb
ein Denkmal-Verein (gegründet im Todesjahre 1862) zusammen mit dem Schwäbischen Sängerbund eine Denkmals-
Konkurrenz aus.
Schon Jahre vorher – wie bei vielen Denkmalsprojekten des
vergangenen Jahrhunderts – wurde Geld zur Verwirklichung
gesammelt. Auch Uhland-Freundin Wildermuth war unermüdlich für die Sache des Vereins tätig; bald nach seiner
Gründung sandte die Schreibfreudige einen Spendenaufruf
an einen ostpreußischen Brieffreund: »Sie dürfen nicht er-
schrecken noch erstaunen, wenn sie einen solchen feierlich
gedruckten Zettel durch meine Hand erhalten. Der Sinn der

Uhland-Denkmal-Konkurrenz
im Lock'schen Sommertheater
April 1868
(photographiert von Paul Sinner)

216

vorstehenden Ansprache ist der, daß unsere Tübinger, vom großen Eifer für das Dichterdenkmal beseelt, durch Gründung von Zweigvereinen in allen deutschen Städten jedem Gelegenheit geben wollen, auch mit einem kleinen Scherflein, wo es kein großes reicht, das Andenken des deutschen Mannes und deutschen Dichters zu ehren. Denn erzwungen und mühsam gemacht darf eine Sache dieser Art nicht werden, die nur Wert und Sinn hat, wo sie aus dem freien, freudigen Willen des Volkes hervorgeht. Gut, daß jetzt allmählich die Männer ausgestorben sind, die Anspruch auf Denkmale machen. Man könnte es nicht mehr erschwingen.«

34 Modelle standen im April 1868 im Lock'schen Sommertheater (in der Nähe der Marquardtei in der Herrenberger Straße) zur Wahl, und eine sehr kompetente Kommission hatte aus einem Angebot, aufgestellt wie Zuckerhasen im Konditorschaufenster, auszuwählen, wie Uhland dargestellt werden sollte. Ein Berichterstatter unterschied zwei Hauptabteilungen der Entwürfe: »Die einfachen Statuen des Dichters, welche in der Wiedergabe der geistigen Auffassung und Individualität Uhlands den einzigen Schwerpunkt der Aufgabe gesucht haben«, und »Denkmale monumentaler Struktur, meist mit architektonischem Unterbau, wobei zwar auch wieder ein Stand- oder Brustbild den Gipfelpunkt des ganzen Werkes bildet, dem selbst aber ein symbolischer Gedanke zu Grund liegt, welcher durch mehr oder minder reiche, allegorische Darstellungen der hervortretendsten Eigenschaften Uhlands – als Repräsentant hoher Männlichkeit und Treue, als Dichter der Sage und des Volksliedes usw. – Ausdruck gegeben ist.«

Dankbarer, würdiger, für den vorgesehenen Platz geeigneter erschien ihm – dem neubarocken Denkmalsgeschmack des späteren 19. Jahrhunderts entsprechend – das monumentale Programm: etwa die Figuren der Sage, der Poesie und der Freiheit, um den Dichter versammelt. Oder Figurengruppen, die Gattungen Uhlandscher Dichtung repräsentieren: Hirte und Hirtin, der gute Kamerad, der Sänger, und schließlich Herzog Ernst wären zu sehen gewesen.

Auch Uhland zwischen Volkslied, Tragödie und Lyrik, alle drei natürlich als stehende weibliche Figuren, fand viel Beachtung. Allerdings scheinen ihm einige Entwürfe zu »möbelartig« durchgebildet, wenn es auch an »schön empfundenen«, schwungvollen Figurenensembles um den Dichter, mit und ohne Lorbeer, mit und ohne Leyer, nicht gebricht. Ein empfindsames Gleichgewicht allerdings zwischen dem männlichbescheidenen Dichter und seinem symbolischen Gefolge, etwa wie bei Nr. 34: »Ein Brustbild Uhlands, bekränzt von einer kolossalen Germania, zu deren Füßen die trauernde Poesie; es zeichnet sich zwar durch großartige Komposition und feine künstlerische Empfindung und Darstellung aus, wirkt aber etwas fremdartig, ja störend, da durch den kolossalen Maßstab der Nebenfiguren das Gleichgewicht gestört, der eigentliche Schwerpunkt des Ganzen verrückt wird, und dieses viel eher die Verkörperung eines symbolischen Gedankens als ein wirkliches Denkmal vorstellt, das der Person des Dichters geweiht ist.«

Bei aller Schlichtheit fiel Entwurf Nr. 17 ins Auge; so sehr, daß sogar den Planern figurenreicher Programme Korrekturen »im Geiste von Nr. 17« angeraten wurden. Denn der Schöpfer dieses schlicht-realistischen Modells habe es verstanden, »dem Geist und Charakter unseres vaterländischen Dichters Ausdruck zu verleihen, und bei edler und künstlerischer Auffassung die Person desselben, Uhland, so zu geben, wie er war«.

Das schlichte Modell Nr. 17, das schließlich in der Konkurrenz siegte, war von Gustav Adolf Kietz, einem Schüler Rietschels, der seinem Lehrer schon beim Schiller-Goethe-Denkmal an die Hand ging, und von dem einige Figuren am Reformationsdenkmal in Worms stammten. Eine Bahnstation vor Tübingen hatte er damals schon den großen Sohn Reutlingens, den Nationalökonom Friedrich List in schlichtem

Standbild verewigt. Kietz, ein Freund Wagners, nahm an den Plänen für die Bayreuther Festspiele teil und schuf in dem Jahr, das ihm bei der »Uhlandfeier« den Ehrendoktor unserer Universität brachte, eine Marmorbüste des Komponisten für die »Villa Wahnfried«.

Leicht war es nicht, Uhland würdig und dabei nicht allzu idealisierend darzustellen, denn er war nie ein schöner Mann. Adalbert von Chamisso schrieb 1810 über den Jugendgenossen: »Uhland selbst ist unansehnlich, und man möchte nicht diese goldene Ader hinter ihm suchen.« Nicht einmal so schlank, wie er erzgegossen vor uns steht, soll er gewesen sein. Dazu kamen, wie bei allen Standbildern, die Männer des eigenen Jahrhunderts zeigten, auch bei Uhland Schwierigkeiten mit der Wiedergabe des Kostüms. Etwa die Frage, wie geschmackvoll es sei, wenn man zwischen den engen Röhren einer erzgegossenen Hose die Wolken ziehen sieht.

Doch solche und andere Überlegungen und Entscheidungen der Kommission waren längst vergessen, als an jenem Sommertag des Jahres 1873 die Statue, »geheimnisvoll verhüllt«, unter den Bäumen, »die gewiß oft dem Dichter leise zugerauscht und geflüstert, wenn er unter ihnen dahinschritt«, dem großen Augenblick der Enthüllung entgegenharrte.

FÜNFZEHNTER SPAZIERGANG

ALS EIN MUSTER DES BESTEN

»Welche rege Beteiligung des Schwabenvolkes! Neben dem
schlichten Rocke des Landpastors und dem modernen Kleide
des Städters die malerische Tracht des Landvolkes, die grünen Manchesterwämser, und scharlachroten, mit silbernen
Kugelketten besetzten Westen, dann die bunten, mit Gold-
ketten durchwirkten Mieder der Mädchen. Hier und da ließ
sich schon eine der hundert weißgekleideten Festjungfrauen,
mit Epheu im Haar und der unvermeidlichen schwarzroten
Schärpe angetan, sehen.« So schildert die »Gartenlaube« die
Stimmung am Festmorgen in einem der zahlreichen Stim-
mungsberichte, die deutsche Zeitungen anläßlich der Enthül-
lung des Uhland-Denkmals am 14. Juli 1873 veröffentlichten.
Andere Blätter allerdings bedauerten, daß sich fast nur das
»Schwabenvolk« an den Feierlichkeiten beteiligte und die
Zahl auswärtiger Festgäste, deren Empfang man im neuen
Bahnhof aufs würdigste gestaltete, geringer war als erhofft.
Alle konnten – nachdem man sich am Vorabend der Feier an
Uhlands Grab versammelte und seine Lieder sang, Quartiere
aufsuchen, teils privat, teils in den Gasthöfen der vielge-
schmückten Stadt.
Schon um 6 Uhr war Tagwache. Nachdem von der Stiftskirche
der Lieblingschoral Uhlands schallte (obgleich Uhland der
Kirche nicht gerade gut gesonnen war), gruppierte sich um
9 Uhr der mächtige Festzug in der schönen, neuen Wilhelm-

straße: zahlreiche Vereine, Sängerbünde, Festjungfrauen, Gymnasiasten, Ehrengäste und Studenten »mit all dem Pomp, der den studentischen Aufzügen eigentümlichen Reiz verleiht«, und nicht zuletzt die blitzblanke Feuerwehr, sie alle marschierten, von zwei Kanonenschüssen in Bewegung gesetzt, durch die engen Straßen der alten Stadt.

Einladungs-Karte

zur

Betheiligung an dem Feste der Enthüllung

von

UHLANDS DENKMAL

zu

Tübingen am 14 Juli 1873.

Diese Karte berechtigt zu freiem Eintritt auf die Tribüne und den Festplatz, sowie zur Betheiligung an dem Festessen. Wer an dem Festessen (Couvert mit einer halben Flasche Traminer 3 fl.) Theil nehmen will, hat gegen Vorzeigung dieser Karte längstens bis 5 Juli bei Kaufmann **C. H. Schneider** in **Tübingen** eine Karte für das Festessen zu lösen. Auswärtige werden gebeten, bis zu demselben Zeitpunct eine Karte zu belegen und solche dann in dem Empfangszimmer auf dem Bahnhof einzulösen. Auf spätere Anmeldungen kann keine Rücksicht mehr genommen werden.

Diese Karte ist nur für Eine Person giltig.

Allmählich kam der Zug beim Denkmal zum Stillstand, Festordner gruppierten die Teilnehmer nach Verein und Rang auf der amphitheatralischen Festtribüne, gegen die Stadt zu am Neckar errichtet. Günther Bellmann in den Städtischen Sammlungen entrollte für mich den »Plan zur Aufstellung am Uhlandfeste«: auf der Tribüne saßen die Delegationen der Gesangvereine, die Sänger des »Festgesangs«, Ehrengäste (vor ihnen die Hundertschaft der »Festjungfrauen«), Abordnungen der Universität und der Studenten, der Uhlandverein und andere hohe Herrschaften.
Irgendwo im Gelände »sonstige Teilnehmer«. Vor dem Denkmal paradierten die Veteranen und die Stadtgarde, und vor den in den Festreden vielgerühmten blauen Bergen der Schwä-

bischen Alb flatterten bunte Fahnen, von Fahnenträgern präsentiert. Am Fuße des Denkmals hatte neben dem Redner-
podium die Musik Aufstellung genommen, und so waren
also alle Anstalten getroffen, um die reibungslose Abfolge
von Reden, Gedichten und Gesängen – Zentrum all der bür-
gerstolzen Feierlichkeiten des vergangenen Jahrhunderts –
zu garantieren.
Der von Immanuel Faißt komponierte und dirigierte Festgesang war kaum verklungen, als der erste Festredner, Karl
Köstlin, der Professor der Ästehtik, das Podium betrat, um –
sich wendend an die »hochgeehrten Männer und Frauen,
Jünglinge und Jungfrauen, Söhne und Töchter des deutschen
Volks« – eine nimmerendende Denkmalsrede zu halten.
Er würdigte Uhland in den Rubriken Verstand, Gefühl, Gemüt (Kindlichkeit, volkstümlicher Sinn, seine »Treue«),
setzte das künstlich Getrennte wieder zur deutschen Mannes-
tugend zusammen und ließ dann diesen Teil in einem Cha-
rakterbilde Uhlands enden, wobei er die einzelnen Züge durch
kunstvolles »sowohl- als auch« zu verbinden oder durch ein
»nicht nur, sondern auch« zu steigern wußte: »Uhland gehörte nicht zu denen, welche treue Anhänglichkeit und Liebe
tatlos bloß im Innern der Seele hegen.« Im Gegenteil: »Sein
kindlich liebe- und hoffnungsvolles Herz war zugleich ein
starkes Mannesherz. Uhland war nicht bloß eine gemütliche
und gemütvolle Natur, sondern er war ein Charakter.«
Es dürfte eine halbe Stunde gewesen sein, nachdem der Äsdthe-
tik-Professor das Wort ergriffen hatte, als er die Abteilung
»Uhland als Mensch« schloß und sich dem Dichter Uhland
zuwandte: »Aus einem solchen Gemüte und Charakter konnte
nun auch eine Dichtung hervorgehen, wie das deutsche Volk
sie bedarf. Nicht ein üppig prangender und strotzender, aber
ein reicher, aus Zweigen, Blättern, Blumen und Früchten gar
mannigfaltig schöner Gestalt und Farbe und stets edeln und
kräftigen Duftes gewundener Kranz ist Uhlands Poesie.
Schlagen wir das Buch seiner Gedichte auf . . .«

Der Festredner blätterte lange: Mit Uhland durch die Lebens-
alter, durch das Jahr, durch die Zeiten – bis er endlich zum
langersehnten Schluß kam: »Doch der Worte ist es nun genug; es ist Zeit, daß der Unsterbliche selbst vor unsern Augen erscheine und unter seinem Volke als ein Muster des
Besten, das es hat, sichtbar stehe bis zum Ende der Tage.«
»Auf diese Worte zogen die ältesten Kinder des einzigen
Sohnes der einzigen Schwester Uhlands, die in der Blüte ihrer Jugend stehenden Luise und Ludwig Meyer, die Hülle
vom Denkmal unter Kanonendonner, Glockengeläute und
dem tausendstimmigen Jubelruf der Menge. Da stand das
Bild des Dichters, wie es der Redner geschildert, vom Glanz
der Morgensonne bestrahlt. Sein Blick ist nach Süden gerichtet, nach den blauen Bergen seiner Heimat, deren sagenreiche
Kuppen ihn so oft zu sich gezogen, während die Stadt zu ihm
herüberschaut, die, wie er ihr im Leben treu geblieben, nun
auch seinem Standbilde eine dauernde Stätte bietet. Die Vor-
derseite des Sockels zeigt eine Germania, den Schild zu ihrer
Linken, das Buch des Rechtes, auf welches sie den Finger legt,
vor ihr aufgeschlagen; rechts neben ihr erscheint die anmuts-
voll frische Jugendgestalt der Poesie, links die ernste Figur
der Forschung, sinnig vertieft in die Urkunden der Vorzeit;
auf der Rückseite stehen die Worte: Ludwig Uhland, dem
Dichter, dem Forscher, dem deutschen Mann das dankbare
Vaterland 1873.«
Köstlins Enthüllungsrede – so kommentierte die »Frankfurter Zeitung« – »war wegen ihrer abstrakten Fassung und namentlich wegen ihrer Länge nicht geeignet, einen tiefen Eindruck zu machen; die Sonne brannte auf dem schattenlosen
Platze den Leuten auf die Köpfe, eine bedeutende Unruhe
gab sich kund, und mehrere Personen wurden ohnmächtig.
Sonst hat der Redner kein Unheil angerichtet.«
Dr. Otto Elben, der im Namen des schwäbischen und der
deutschen Sängerbünde folgte, machte Uhland zum Künder
des Bismarck-Reiches. Die Sängerbünde priesen sich »glück-

Ludwig Uhland.

lich, dies Denkmal in dem geeinigten wiedererstandenen deutschen Reiche errichten zu dürfen«, und bedauern, daß Uhland trotz der »Glut« seiner dichterischen Vorahnungen nicht mehr die Vollendung »auch seines Wirkens« erleben durfte. Was Uhland je Patriotisches gedichtet, welche Siege er »mit dem ganzen markigen Jubel des vom höchsten Glücke beseelten Patrioten preist« – alles wurde von solchen Festrednern auf die Situation nach 1870/71 bezogen und das Uhland-Denkmal fast zum frühen Bismarck-Monument gemacht. »Und auf das Denkmal des Sängers«, sprach der Anführer der Sänger-Scharen, mit einer Geste in Richtung Hohenzollern weisend, »schaut vom nahen Gebirge die Stammburg eines Heldengeschlechtes herüber, für alle Zeit dem Beschauer die Erinnerung: dies Denkmal ist aufgerichtet in einer großen Zeit, als der Angriff des Erbfeindes abgeschlagen worden, als Kaiser und Reich wieder in Deutschland walteten.«

»Und wieder wogte der Gesang«; »unter den Klängen desselben nahten sich einige Festjungfrauen dem Denkmal, Fräulein Anna Breit trat zu dem Standbilde heran, und weihte ihm einen Lorbeerkranz« und sprach dabei das Festgedicht Ottilie Wildermuths.

Und wieder erscholl Rednerwort, ein Redner folgte dem andern, bis zum Festmahl im Museum, wo die Ehrengäste, deren handschriftliche Liste (mit Bemerkungen über den Eingang der 3 Gulden) auch in den Städtischen Sammlungen aufbewahrt wird, speisen sollten – wenn sie zwischen Reden und Toasten überhaupt dazu kamen!

Ein Minister sprach im Namen des Königs; ein Professor dankte im Namen des Comitées, der dankte den »deutschen Sangeskräften«, die allsogleich das Wort ergriffen. Wieder sprach Dr. Elben. Er steigerte die patriotischen Visionen des

Entwurf einer würdigen Gestaltung
des Uhland-Platzes, die jedoch
nie zustande kam.

Vormittags (schließlich feierte man ja am 14. Juli, dem Nationalfeiertag des Erbfeindes!) durch den Ausruf: »Wie mancher unserer edlen Krieger mag in dem großen Kriege auf dem Schlachtfelde an Uhlands Liedern sich erhoben haben, wie mancher hat des guten Kameraden gedacht, als die todbringende Kugel geflogen kam.« Er endete mit dreifachem Hoch auf Kaiser und Reich.

Erst durch die Reden der einheimischen Literaten wurde die Szene wieder privater. Adalbert von Keller ermunterte zu einem Schluck auf Frau Emilie Uhland, die altershalber in Stuttgart blieb. Ein Aristokrat rühmte Uhland als Vorbild der im Kriege Gefallenen. Endlich erhob sich Stadtpfarrer Zimmermann von Owen: »Meine Herren, ich werde Ihre Geduld nicht lange in Anspruch nehmen, schon aus Sanitätsrücksichten. Es haben einige der Vorredner in ihren Trinksprüchen Wendungen und Worte gebraucht, welche andere zu dem Glauben führen, als hätte der heute Gefeierte, als hätte unser Uhland, wenn er, was wir erlebt haben, mit uns allen erlebt hätte, in der Schöpfung des Deutschen Reiches das vollendet gesehen, was er ersehnt und wonach er gestrebt.«

Doch Uhland hätte keineswegs »im neuen deutschen Reiche, wie es jetzt ist, die Vollendung oder die Verwirklichung seiner Wünsche und Hoffnungen erkannt«. Schon allein, daß Österreich fehlt, »schon das allein für sich hätte Uhland schmerzlichst empfunden!«. »Noch mehr aber, als die volle Einheit würde Ludwig Uhland die volle Freiheit im neuen Reiche vermissen«, und daher trinkt er »auf den Ausbau des deutschen Reiches in Uhlands Sinn«.

Diese Rede mag manchen von Alkohol und Hitze geröteten Kopf noch mehr gerötet haben; die Mägen knurrten, denn das waren wohl die »Sanitätsrücksichten«. Nur schwer – etwa durch eine Rede über Uhlands Humor und durch Überreichung von Zweigen der Uhlandslinde in Stuttgart an die Damen, die der harmoniestörende Geistliche gar nicht ansprach

– wäre die Hochstimmung wieder herzustellen gewesen, wäre nicht endlich das Essen aufgetragen worden.

Die »Demokraten«, die mehr Anspruch auf Uhland machen konnten, speisten im »Kaiser«(!). Als im »Museum« die

Speisen.

Gemüse-Suppe.

Englischer Braten mit italienischen
                            Nudeln.

Hammelschlegel mit neuen Bohnen.

Salmen nach holländischer Art mit
                            neuen Kartoffeln.

Junge Gans mit Salat.

Süße Speise.

Gefrorenes.

Punschtorte.

Kirschkuchen.

Klein Backwerk.

Telegramme ferner Sängerbünde verlesen wurden, sprach auf dem Festplatz der Bismarck-Gegner und radikale Führer der demokratischen Volkspartei Karl Mayer, der Sohn von Uhlands bestem Freund. Auch er betonte, wie wenig das Deutsche Reich den Vorstellungen des Dichters entspreche. Uhland, der Mann von 1848, war also ein Politikum.

Gerade seine Feinde bestätigten ihm, daß er nicht nur ein gemütvoller Poet war. Etwa Robert von Mohl, der frühere Tübinger Professor und Staatsrechtler, Mitglied der liberalen Partei und 1874 in den Reichstag gewählt, schrieb in seinen im selben Jahr abgeschlossenen Erinnerungen, Uhland sei ihm, abgesehen davon, daß er ihn für ungehobelt, eitel und hochmütig hielt, »stets als Politiker ich weiß nicht ob mehr lächerlich als verächtlich gewesen. Von einem selbständigen Urteile oder gar einer staatsmännischen Auffassung war niemals die Rede, ob er nun mit der verrotteten altwürttembergischen Landschaftspartei ging oder zu den bissigen Stimmführern der Krakeeler nach dem Jahre 1830 gehörte oder endlich sich, eine Schande für einen gebildeten Mann, unter die äußerste Linke im Frankfurter Parlamente setzte. Immer ging er eben mit denen, welche Opposition machten, mochten diese sein und führen, wohin sie wollten«.

Über hundert Jahre steht Uhland auf seinem Sockel. Der Nachwelt ist er ziemlich gleichgültig geworden. Sie vernimmt Karl Mayers Weiheworte mit Befremden: »Nicht den Mann allein, dessen Bild er trägt, auch uns selber ehrt dieser Altar, und die Nachgeborenen, die vielleicht über unsere sonstigen Eigenschaften, Taten und Werke ganz anders urteilen werden, als wir uns einbilden, müssen doch dereinst sagen: Sie waren gut trotz alledem, und es lebte in ihnen ein edler Kern: denn sie haben diesen Dichter zu würdigen und zu lieben verstanden, und sie haben sich und ihm ein Denkmal gesetzt.« Und die »Gartenlaube« schrieb: »Uhlands Grab, dessen Geburts-, Wohn- sowie Sterbehaus in Augenschein zu nehmen, wird der Deutsche beständig lieben.«

Indessen: Wer kommt heute noch auf Uhland-Pilgerfahrt nach Tübingen? Die großgedachte Platzanlage um das Denkmal (heute »Platz der Stadt Monthey«) wurde nie zu Ende geführt, das Rondell ist als Parkplatz begehrter denn als Kultstätte huldigender Sänger. Nur der damalige Platanen-Festplatz ist noch, wie er war. Allerdings nahm dort das festliche Treiben des Weihetages ein schnelles Ende: »Während es fröhlich unter den Platanen auf und nieder wogte, zog es drohend am Himmel auf, und schwere Tropfen fielen plötzlich unerwartet nieder, und trieben Alt und Jung heim. Die Beleuchtung des Festplatzes übernahmen die Blitze, und der

Donner ersetzte die Musik; so sehr auch die alten Bäume ihre Häupter schüttelten und sich beugen mochten, der Sturm wollte den Dichter ebenfalls grüßen und bestand darauf, das Finale des Tages zu geben.«

SECHZEHNTER SPAZIERGANG

DAS PARADIES LAG DRAUSSEN

Fausts »Osterspaziergang« gab uns ein Leitmotiv, das zu jeder mittelalterlichen Stadt paßt: die drangvoll-»quetschende« Enge in den Mauern und die freie Weite der schönen »Umgebungen«. Doch in Tübingen wurde der Gegensatz bis ins letzte Jahrhundert besonders stark empfunden. Das Giebel-Idyll der hohen Fachwerkbauten, die Traulichkeit niedriger Weingärtnerhäuser, ja sogar die architektonischen Reize der Stiftskirche wußte man wenig zu schätzen und sah nur Dumpfheit und Schmutz. Denn in der Tat suchte man in der Stadt vergeblich nach Bäumen und Gärten. Draußen aber war das Paradies, durch kleine Spaziergänge zu erreichen. Selbst als gegen Ende des Jahrhunderts die Schätzung der gewachsenen Geborgenheit beginnt, bleibt dieses Tübinger Grunderlebnis.

»Tübingen gleicht, soweit es auf dem Berg liegt, einem einzigen alten Hause, das noch im prächtigsten Garten steht, durch alle Fenster herein bricht der lockende Glanz der sonnigen Landschaft und der Inwohner speist, trinkt und schläft nur hier innen, sonst aber ist er außer dem Hause, außer den engen, finsteren Gängen und Treppen, wandelt glücklich umher in dem Garten, unerschöpflich reich an heimlichen Wegen und Rastorten, die man beim Überblicken der großartigen Gegend gar nicht ahnt. Welch ein Gegensatz zwischen der Enge der Stadt und der Freiheit der Landschaft.«

Eduard Paulus entwarf dieses Bild in einer Würdigung Uhlands: zwar war der Blick von Uhlands Geburtshaus in der Neckarhalde frei bis zu den »blauen« Bergen der Schwäbischen Alb, und auch in seinem Haus an der Neckarbrücke konnte er Neckarlandschaft und Berge vom Balkon genießen. Doch seine Jugendjahre verlebte er im Giebelstübchen eines Hauses im tiefsten Gassengewirr, in einem Haus hinter der heutigen Stadtpost. Sommers wie winters, und oft mehrmals täglich jedoch verließ er Tübingen, das alte Haus, und erging sich im prächtigen Garten. Auch er ging oft die Straße nach Lustnau hinaus, um nach Anlaufen des Wendepunkts, den seit alters her der »Adler« darstellte, auf irgendeinem Wege, dem Käsenbach oder der Ammer folgend, heimzukehren.

Vor dem Lustnauer Tor waren wir nämlich bei unserem ersten Osterspaziergang stehengeblieben. Familiäre Osterspaziergänge führten damals nie allzuweit. Denn die eigentlichen »Wandertage« kamen erst später im Jahr. Schon das Suchen der Osternester und das Herumtollen auf der Osterspielwiese – in Tübingen bevorzugt droben ums Schloß – brachten Bewegung genug . . . Damals, als Ostern noch nicht mit »Verreisen« gleichbedeutend war, gab es auch an diesem Tag mehr häusliche Freuden als heute, wo man nach kurzer Aushändigung der Geschenke das Auto besteigt. Lassen wir uns am Lustnauer Tor noch von Ostererinnerungen des späteren Stiftlers Wilhelm Waiblinger aufhalten. In sein literarisch überhöhtes Tagebuch trug er am 3. April 1821 zum Thema Ostern und erste Liebe folgendes ein:

»Das Fest der Ostern weckt immer in mir das süße Gefühl der Erinnerung: die Eindrücke der Kindheit verlieren sich nie ganz . . .« Besonders, wenn man – wie Waiblinger damals – erst 17 Jahre alt ist! »Die Mama rüstet sich zum frohen Feste schon acht Tage voraus. Da wurden Kuchen gebacken, jeglicher Art, Äpfel, Birnen, Zwetschgen, gedörrte Mandeln und allerlei Sachen derart gerüstet, aber besonders Eier

hübsch mit blauen, grünen, roten, gelben Farben gefärbt,
viele auch mit mehreren Farben zugleich gemalt, in einige
sogar der Anfangsbuchstabe des Namens gezeichnet, ja für
jedes Kind ein paar hübsche, verzuckerte Eier mit kleppern-
den Zuckererbsen beim Konditor gekauft. Dies geschah alles
ganz heimlich, während die Kinder in der Schule waren, und
wir forschten überall nach, recht kindisch, wie's denn mit
dem Ostertag aussehe . . . Der Ostersamstag war bald da,
und jetzt sollte Moos dasein, worin die Mutter die bunten
Eier stecken sollte. Da wurden wir denn nach kurzer Berat-
schlagung geheißen, in einem ferne liegenden, einem Verwandten zugehörigen Garten es zu holen. Die Nachbar-
schaftskinder trugen sich auch an, uns Gesellschaft zu leisten
und uns auch an der Arbeit zu helfen, damit wir desto schnel-
ler wieder nach Hause kamen. Die Kinder waren lauter Mädchen . . .«
Solche Familien mit Kindern gingen also an Ostern kaum
nach Lustnau hinaus. Wie in Goethes Faust traf man vor
dem Neckar wie vor dem Lustnauer Tor »Spaziergänger aller
Art«, vor allem junge Leute, die in den umliegenden Dörfern
tanzen, und ältere, die einkehren wollten. In einer 1831 ge-
reimten Studentenpoesie, »Daniels Spaziergang durch Tübingen« überschrieben, liest man: »Wir wollen lieber mit den
andern/Hinaus nach Lustnau wandern.« Dies ist eine deut-
liche Anspielung auf den »Osterspaziergang«, der damals
also schon so bekannt war wie heute. Nur daß dort die sich
über das Ziel ihres Osterspaziergangs streitenden »Burschen«
Handwerksburschen, nicht Studenten sind. Die einen wollen
aufs Jägerhaus. Darauf Widerspruch: »Wir aber wollen nach
der Mühle wandern.« Und darauf ein Entschluß: »Ich gehe
mit den andern.« . . . Wir also wollen mit den andern hinaus
nach Lustnau wandern.

Hinaus aus der Stadt, auf der Lustnauer Chaussee ins Ammertal. »Außerhalb der Stadt und am Eingang der neuen

Wilhelms-Straße ladet zuerst das Museum zu einem Besuche ein, erbaut im Jahre 1821«, schreibt Pfarrer Max Eifert in seiner 1849 erschienenen »Geschichte und Beschreibung der Stadt Tübingen«. So ist es noch heute, doch dürfen wir uns hier leider nicht aufhalten. Die neue Prachtstraße nahm mit dem Bau der Universität ihren Aufschwung: dem baukundigen Auge ist es bis heute erkennbar, auch wenn die klassizistisch empfundenen, wohlproportionierten Fronten der Bürgerhäuser ihre sieben Fenster meist verloren haben: denn was nach Entfernung der Sprossen und Gliederungen geblieben ist, sind nur dunkle Löcher: selbst neuer Putz, der sie zum Jubiläum schmückt, kann dies nicht verbergen.

Die Bewohner dieser »brotzenhaften«, also protzigen Straße (wie sie der 1860 ins Amt getretene Muikdirektor Otto Scherzer einst einem Freund beschrieb), meist Professoren und Angehörige des gehobensten Bürgertums, konnten den gegenüberliegenden Botanischen Garten als ihren Vorgarten betrachten, wenn sie auf den blumengeschmückten Balkon traten. Denn die Straße war schmal und der Verkehr gering. Hinter den Häusern entstanden kleinere Nebengebäude, wie Waschhäuschen, Holzställe und Pferdeställe, die später oft in Garagen umgewandelt wurden; einfach gezimmert oder als kleine Tempelbauten, führen manche heute noch ihr verborgenes Dasein am steilen Österberghang. In der späteren Brunnenstraße stand bis zur Jahrhundertwende kein Haus. Doch biegt man von der Wilhelmstraße ab, entdeckt man nach ein paar Metern rechter Hand, im Schatten mächtiger Bäume, ein damals schon bestehendes Gewölbe, dessen unerklärter Zweck mich, den Österberganwohner, oft genug beunruhigt.

Doch bleiben wir auf der Prachtstraße, wo auch, wie wir schon wissen, die Schriftstellerin Ottilie Wildermuth im Giebelstock des Hauses wohnte, das heute ihre Gedenktafel trägt. Zur Straße hin genoß sie den »schönen Ausblick auf hohe grüne Bäume und liebliche Berge. Auf der Straße zog mancher Leichenzug zum Stadtfriedhof« vorüber, über den sie tagebuchschreibend sann. Aber lieber folgte sie den Kutschen und studentischen Reitern. Ab und zu eilte sie auch zu einem Vortrag oder Konzert in die Universität.

Obwohl sich baulich seit jenen Tagen, in denen das abgebildete Blatt der Neuen Aula entstanden ist, recht wenig verändert hat (denn die Erweiterungsbauten der Universität fallen aus dieser Perspektive kaum ins Gewicht), mutet das Bild doch fremd an: ein Fußgänger-Idyll. Bärtige, farbentragende Studenten, natürlich mit Hund, zwei plaudernde Paare und ein spätbiedermeierlich kariertes Kind, dem der Schwatz der Eltern (wahrscheinlich über Professoren-Kollegen) zu langweilig wird und das sich lieber am Reifspiel der gouvernantenbegleiteten Mädchen beteiligen will – und dies alles mitten auf der Straße.

Später wurde der Platz vor der Aula noch mit einem Brunnen geschmückt, und hinter dem Gebäude schuf man ein »Anlägle«, das dem Stifter edler Geselligkeit zu Ehren »Silcherwäldchen« genannt wurde. Der Obelisk mit dem Marmorrelief des 1860 verstorbenen Sängers trug eine Versinschrift, natürlich wie fast alle Inschriften jener Tage von Ottilie gereimt. Bewundernd hebt sie an: »Die alten goldenen Lieder, Die Klänge aus Volkes Mund, Du hast sie gefaßt in Töne...« Der Obelisk war also dem Volkslied-Komponisten Friedrich Silcher gewidmet, und Ottilie, deren stärkere Seite die Prosa blieb, war leider nach eigener Aussage völlig unmusikalisch. Doch dies tat ihrer Bewunderung des »Meisters der Töne« keinen Abbruch.

Die Wilhelmstraße bei
der Neuen Aula
um 1850

Vor der Universität war es weniger beschaulich. Schon im letzten Jahrhundert war hier die akademische »Rennbahn«, und munterer, doch ungefährlicher Verkehr zu Fuß, zu Pferd und im Wagen. In einem Aufsatz in Velhagen und Klasings Monatsheften (1905/06) erinnerte sich ein alter Herr an seine Tübinger Studentenjahre 1848 bis 1852: Professor Schwegler, der Vertreter der Wissenschaft vom klassischen Altertum, »war allzusehr Gelehrter, um ein wirksamer Lehrer zu sein. Man sah ihn nur auf dem Katheder oder wenn er zwischen eins und zwei nach alter Stiftler Weise auf dem Chausseewege nach dem nahen Lustnau, dem Korso von Tübingen, spazieren rannte, um dann sobald als möglich zu seiner Arbeit, der römischen Geschichte zurückzukehren.«

Auf diesem Korso hat sich nun seit der Mitte des vergangenen Jahrhunderts alles verändert. Die am Anfang des Jahrhunderts gebaute Bibliothek wurde längst erweitert. Die Turnhalle, die als Festhalle die Gäste des Universitätsjubiläums 1877 aufnahm, wurde durch die Gebäude des Sportinstituts, fast am Ende des Korsos, ersetzt. Wo einst der Marstall stand, werden heute Studenten gespeist. Dann kommt das Neophilologicum auf dem Gelände ehemaliger Tennisplätze, und Parkplätze, wo einst ein Chemisches Institut für die Versuche des Jahres 2000 gebaut schien . . . So weiter, bis die Chaussee in eine Allee mündete, die dem Verkehr weichen mußte.

Dieses Ziegeltal entlang dem sanften Abhang des Österbergs war einst Tummelplatz studentischen Übermuts. Schlittenfahrten, Schlachten mit den Metzgersburschen, angeblich wegen studentischer Tierquälerei geschlagen, Disziplinarfälle, die schon um 1800 die Herren Senatoren beschäftigten – dies alles gehört eher in die Kulturgeschichte der Universität als in unsere vorwiegend bürgerliche Spaziergeschichte, und Walter Jens wird die Vorfälle im Ziegeltal ins rechte Licht zu rücken wissen. Immerhin soll es auch zwischen Tübingen und Lustnau gewesen sein, wo Wilhelm Hauff, in den »Memoiren des Satans« den Satan persönlich in die Tübinger Burschenherrlichkeit einführen läßt.

Das gemeinsame Endziel bürgerlicher Spaziergänge und studentischer Ritte jedenfalls war der Lustnauer »Adler«, der schon jahrhundertelang auf die Tübinger Gäste wartete. Schon 1805 wollte der Adlerwirt ein »Billard« einrichten. Doch es wurden Bedenken laut, daß dies ein Anreiz für die Studenten sein könnte, »sich noch fleißiger als bisher dahin zu verfügen.« Ein schöner Wirtsgarten war eine harmlosere, doch vielleicht noch einträglichere Attraktion. Leider ist auch er verlassen, und nicht einmal langes Gras, wie im Garten des »Schloßküpers«, dem Mörike einst nachtrauerte, wächst am Ort früherer Geselligkeit. Das Haus ist eine Insel im Verkehr, der Garten größtenteils zum Parkplatz geworden.

Dieser »Adler«, ob als Endpunkt einer kleinen Wanderung um den Österberg, eines Ausritts oder als Zwischenstation einer studentischen Ausfahrt erreicht, war ein Lustort vor dem Tore, wie ihn Goethes Osterspaziergänger suchten. »Wer unter uns«, fragt Gerok in seinen Jugenderinnerungen, »erinnert sich nicht mit Vergnügen als einer echten Lustspielfigur des kleinen behäbigen Adlerwirts Stüber in Lustnau, der in kurzem braunem Fräcklein uns mit preiswürdigem Kaffee, einem guten Krüglein Bier, die Üppigeren auch mit einem feinen Gläschen Liqueur oder einer Flasche gefrorenen Weins allzeit freundlich bediente . . .« Viele erinnerten sich an diesen Adlerwirt und an die Adlerwirte nach ihm. Doch freilich waren es wenige, die – wie der spätere Stuttgarter Prälat – nur ein Krüglein oder gar Kaffee tranken. An die Heimkehr aus Lustnau erinnerten sich sicher viele nicht mehr.

MAUSÖHRLEIN GEGEN BLITZ UND DONNER

Himmelfahrt, dieser Donnerstag im Mai, war schon seit altersher ein allgemeiner Wandertag, wenn es die Witterung irgend zuließ. Schon lange vor den Vatertags-Ausflügen. Dabei wurden Bräuche aus heidnischer Vorzeit, die zu früheren Frühlingsfesten gehörten, christlich umgedeutet, oder ohne viel Nachdenken beibehalten. Wer denkt schon bei seinem Himmelfahrts-Spaziergang daran, daß er dabei alten Frühlingsriten folgt? Noch im letzten Jahrhundert zog man schon vor Sonnenaufgang hinaus auf die Berge, um die Sonne zu begrüßen, und um zu sehen, wie sie an diesem Morgen drei Freudensprünge macht. Gerade in unserer Gegend glaubte man an diesen feiertäglichen Übermut der Frühaufstehenden. Himmelfahrt ist aber auch ein Frühlings-*Donners*tag, und als solcher einst dem Gewittergott Donar heilig, und daher mit allerhand Gewitterzauber verbunden. In den Gegenden, in denen man ein hölzernes Christusbild durch die Kirche zu einer Dachluke (das heißt: zum Himmel) auffahren ließ, beobachtete man, in welche Richtung sich das Gesicht des geschnitzten Heilandes wandte, bevor es in der Bodenluke verschwand. Aus dieser Himmelsgegend sollten nämlich im folgenden Sommer die Gewitter aufziehen.
Sonnengruß und Gewitterabwehr und die Freude an frühlingsfrischer Natur, das verband sich im Tübinger Himmelfahrts-Brauch, der sich wie andernorts an die heimischen

Berggipfel knüpfte. Auch dafür hatte man eine christliche Erklärung gefunden: Christus hat seine Jünger an diesem Tage auf den Ölberg geführt. Und so gab es in vielen Gegenden einen ausgesprochenen Himmelfahrts-Berg und ganz bestimmte Spaziergänge für diesen Tag. Am Nachmittag ging man gerne hinauf nach Waldhausen und freute sich an den blühenden Apfelbäumen. Der rituelle Morgenspaziergang aber führte aufs Schloß, über das Schänzle, in Richtung Wurmlinger Kapelle. Der Himmelfahrtsberg Tübingens aber war der Spitzberg.

Max Eifert schrieb in seiner 1849 erschienenen »Geschichte und Beschreibung der Stadt Tübingen«: Ein Ziel, »das von ferne schon Schönes verheißt, ist im Westen der Stadt der Spitzberg, ein weit ins Tal vortretender Ausläufer des Höhenzugs hinter dem Schlosse. Entweder durch das Schloß selbst, oder durch die Weinberge auf der Neckarseite, oder auf den Stufen vom Haagtor herauf, gelangt man zu dem Weg, der vom Schlosse westwärts mitten auf dem Grat des Berges sich hinzieht, und der überall schöne Aussichten eröffnet. Nachdem man ihn eine halbe Stunde weit verfolgt hat – es ist ein Sandweg und daher immer trocken –, tritt man in ein kräftig duftendes Kiefernwäldchen, wendet sich nach wenigen Schritten links in ein Laubholz hinein, und kommt über einen schmalen Sattel, und über manche Erhöhung und Vertiefungen, zwischen Weingärten hinweg endlich auf die vorderste Spitze.

Der Wanderer steht mitten über dem Neckartal. Weilheim und Kilchberg mit ihren Baumkränzen gerade gegenüber, unter sich den leuchtenden Neckar von einem Steg überbrückt, rechts Rottenburg und die ragende Weilerburg, links schön am Neckar hingestreckt Tübingen, lieblich geöffnet das Steinlachtal, und wiederum die Alb in ihrer ganzen Länge über den Staufen und Rechberg hinaus.

Hier stand vormals die Oedenburg, das Vorwerk der alten Pfalz. Die weit von der Spitze entfernten äußeren Gräben,

welche noch deutlich erkennbar sind, lassen vermuten, daß
es keine ganz unbedeutende Befestigung gewesen ist. Ein alter Gebrauch sammelt alljährlich am Himmelfahrts-Morgen
die junge Welt von Tübingen auf diesem Berge, um den Sonnenaufgang mit Musik zu begrüßen, und sich ›Mausöhrchen‹
zu unverwelklichen Kränzen zu pflücken, welche um diese
Zeit den ganzen Berg mit ihren Blüten bekleiden.«
Das Mausöhrlein-Pflücken – die Pflanze hört übrigens auf
den lateinischen Namen Gnaphalium dioecum oder auf den
hochdeutschen Himmelfahrtsblume – war nicht nur in Tübingen der Brauch. In manchen Gegenden mußten es sogar Blu-
menkränze aus weißen und roten Mausöhrlein sein, die man
dann im Hause oder im Stall aufhängte, um das Haus vor
Gewitter zu schützen. Es ist aber fraglich, ob Tübingens junge
Welt im vergangenen Jahrhundert die Mausöhrlein nur zur
Gewitterabwehr sammelte. Zunächst war der Spitzberg (früher auch Ammerberg genannt) ein Treffpunkt, eine Möglichkeit, sich spazierend und blumenpflückend zu begegnen, die
man auch an anderen Sommersonntagen schätzte.

Wenn wir diesen und andere Spaziergänge der Jugend kennenlernen wollen, müssen wir uns wiederum an Ludwig Uhland, den unermüdlichen Sports- und Wandersmann, halten.
Jeden Tag, im Sommer und – soweit irgend möglich – auch
im Winter, war der hagere Dichter und Gelehrte unterwegs,
um sich schwimmend und wandernd zu stählen. Sein Tagebuch, das er in jungen Mannesjahren führte, verzeichnet seine
täglichen Strecken. So etwa am Himmelfahrtsfest 1818: »Frühstück mit Roser«, also noch in Stuttgart. Dann marschiert er
nach Tübingen, wobei er auf dem Berg über Waldenbuch den
Kutscher Binder einholt und wahrscheinlich aufsitzen darf.
Sonst schafft er es – ohne Einkehr – in 5^1/$_2$ Stunden. In Tübingen angekommen, streckt er nicht etwa alle Viere von sich
(denn Stuttgart-Waldenbuch erschiene manchem Zeitgenossen schon als rechte Wanderung). »Gewitter, Spaziergang auf

242

den Schloßberg«, fährt sein Tagebuch fort. (Das Gewitter selbst hatte sich also wenigstens an Sitte und Brauch gehalten!) Offensichtlich wollte er gerade den Himmelfahrtstag nicht beschließen, ohne auf dem Schloß gewesen zu sein, und bestimmt ist er dabei einigen verspäteten Spitzberg-Bezwingern begegnet.

Der Schloßberg und seine Verlängerung in Richtung Wurmlinger Kapelle gehörte schon seit Uhlands frühester Jugend zu seinem Wanderrevier: Durch die Haaggasse, vorbei am Hause seiner Großeltern, dann den Fußweg zum Schänzle, und weiter . . . Uhlands »Tannenwald« dürfte das »kräftig duftende Kiefernwäldchen« von Eiferts Stadtbeschreibung gewesen sein. Vom Hause seiner Eltern gegenüber Prinz Karl (und hinter der Stadtpost) war der Aufstieg nicht zu weit, und doch weit genug, um die Enge des alten Städtchens hinter sich zu lassen. Eigentlich ging Uhland täglich spazieren, und das war in seiner Zeit für Gelehrte nichts Ungewöhnliches. Ein paar Beispiele aus dem Tagebuch: 31. März 1811, Sonntag: »Spaziergang auf den Spitzberg, zum erstenmal nach der Zurückkunft (aus Paris); die zwei Mädchen, welche Arm in Arm auf der Sonnenseite des Berges saßen, gegen Rottenburg. Nachher darüber entworfenes Sonett.« 3. April: »Besuch von Schwab . . . Spaziergang mit ihm auf den Steinenberg . . . gewitterartiger Tag, weiterer Gang mit ihm nach Lustnau.« 4. April: ». . . auf dem Wall. Die vorübergehenden Unbekannten vom Spitzberge.« – Oder ein Jahr später: 3. April: »Altfranzösisch. Tannenwald.« 4. April: »Ablehnung der Defension (Strafverteidigung), Tannenwald.« 5. April: »Tannenwald. Abends das Gedicht Liebeserklärung gemacht.« Und so geht es auch im Mai, wo täglich etwas aus seinem juristischen Berufsleben und die Ziele seiner Spaziergänge – meist »Tannenwald« oder »Schloßberg«, aber auch »Österberg« und »Käsenbachtal« – verzeichnet werden.

Ein anderer beliebter Himmelfahrts-Spaziergang führte durch das Käsenbachtal nach Waldhausen – durchs »Elysium«, für

Uhland und seine Generationsgenossen also ein Gefilde der Seligen. Denn nur für unfühlsame Gemüter war diese tief eingegrabene Klinge einzig allein Aufstieg zur Waldhäuser Höhe und damit zu einem lohnenden Aussichtspunkt. Auch zu diesem Ziel können wir Ludwig Uhland folgen, dessen Lieblingstal Eduard Paulus folgendermaßen beschrieb:

»Wie schön ist nur ein Gang durch das nahe Elysiumtälchen, nördlich von der Stadt; erst zwischen ebenen Gärten und Obstbaumwiesen, dann wo das Tälchen eng wird, drängen sich Waldbäume in die Pflanzungen der Menschen; der zurückschauende Wanderer sieht noch die blauen Albberge drüben über dem schwankenden Morgennebel, aber immer tiefer schneidet das Tal sich ein, und immer mehr versinkt er in die stille Schönheit des Ortes. Aus der jäh eingerissenen Schlucht treiben Tannen, Birken, glänzende Erlen, ernstschöne Eichen und lichte hochschlanke Pappeln ihre Kronen empor; man fühlt wie die Sonnenstrahlen tiefer und tiefer hinabdringen in die laubige Nacht, wie hier unten in der dämmernden Schwüle die Wurzeln und Ranken und Blätter ihre Kräfte sammeln, sich sehnen und dehnen, hervor aus der Schlucht dem himmlischen Tag entgegen; je höher hinauf, um so lichter das Grün, die Spitzen der Pappeln, von lustigen Sommervögeln umtanzt, stehen wie versilbert in blausonnigem Dunste. Und ganz im Grunde der Schlucht sickert der kleine Bach über reinliche Felsenbänke zusammen in dunkle Becken – so rinnt auch dem Wanderer das Blut im Herzen zusammen und führt ihm wieder empor schöne vergessene Bilder. Schweigend und halbmüde klimmt er vollends hinan, in kahler Rinne bis auf die hohe Heide, und unermeßlich dehnt sich wieder zu seinen Füßen das Land.

Es war doch einsam hier unten in der Schlucht, frischer Hauch weht ihn an und stärkt ihm das Herz, das fast Schmerzen gelitten im engen träumerischen Tal, zu neuem tätigem Leben.«

Diese Beschreibung von Uhlands Lieblingsplätzchen hat etwas Pathetisches, ihrem Anlaß, Uhlands 100. Geburtstag im Jahre 1887, angemessen. Schon als sich Max Eifert (1849) mit den Schönheiten dieses Tälchens beschäftigt, sieht man deutlich sein leichtes Kopfschütteln, daß ausgerechnet dieser Aufstieg nach Waldhausen zum Vorschein himmlischen Glücks geworden war, dieser Weg, »das kleine Wässerchen entlang, durch frische Wiesengründe, unter schönen Gruppen von Bäumen und Gesträuchen hin, an kleinen niedlichen Wasserläufen vorüber, in einer Einsamkeit und Stille, welche die Nähe einer Stadt nicht ahnen läßt; und es ist wenigstens erklärlich, wenn jugendliche Empfindsamkeit − mit Wenigem zufrieden − die lieblich trauliche Gegend mit dem Namen ›Elysium‹ heiligen zu müssen gemeint hat. Neben einer wenigstens etwas mehr als mannshohen Felswand an welcher wirklich malerisch und romantisch das niedliche Tälchen, das mehr zur Schlucht geworden ist, sich endigt, führt der Fußweg nun hinan«, zu einer Stätte, »wo die umfassendste Aussicht sich auftut«.

Allerdings darf man solche Lieblingsplätzchen nicht nach dem bloßen Augenschein beurteilen. Sie wurden der Raum bestimmter Empfindungen, Erinnerungslandschaft. Am Sonntag, dem 7. April 1811, trug Uhland in sein Tagebuch ein: »Spaziergang in das Käsenbachtal; Sonnenregen, sommerliches Wetter; das wunderliche Gartenhäuschen am Bache; Saatengrün; Stück eines Regenbogens über dem Berg nach Waldhausen.« (Übrigens stieg er, vielleicht um seines seelischen Gleichgewichts willen, am gleichen Tag noch auf den Spitzberg!) Und nun lesen wir sein Tagebuch am 7. April 1812: »Spaziergang in das Käsenbachtal zum Andenken an das vorige Jahr.«

Das erhabene Tälchen, das seinen Namen »Elysium« vielleicht nie bekommen hätte, wenn nicht ausgerechnet ein »Käsenbach« auf seinem Grunde geplätschert hätte − es hatte auch traulichere Reize, die heute noch nachempfunden werden können, auch wenn vom einstigen Idyll nur noch ein kleiner Fußweg (der in der Gegend des Luise-Wetzel-Stifts mündet) geblieben ist.

Da waren (und sind) die fachwerkgeschmückten Gartenhäuschen, mit bunten Rabatten und vielfältigen Anpflanzungen umgeben, umgackert von Hühnern, die im unteren Stockwerk hausten, und so ständig von Fuchs und Marder bedroht waren. Auch gab es nicht nur Birken, Erlen, Eichen und »hochschlanke« Pappeln, sondern für die Buben, die sich im Sommer barfuß im Bachbett bis zum Wasserfall hocharbeiteten, waren die Haselnußbüsche viel interessanter. Doch eines begeisterte sie genauso wie die Dichter: die Undurchdringlichkeit des Vegetations-Gestrüpps; himmlische Abgeschiedenheit den einen, Anlaß zu Räuberspielen den anderen.

»Elysium« – dieser vielversprechende Name lockte auch Ottilie Wildermuth, als sie in einem »schönen, goldenen Mai« im Jahre 1839 ihre nach Tübingen verheiratete Freundin Auguste Eisenlohr besuchte. Im Lebensbild der früh verstorbenen Freundin erinnert sie sich:

»Wie schwärmten wir zusammen in der schönen Gegend ... Am Himmelfahrtsfest machten wir uns auf, um das sogenannte Elysium aufzusuchen, und dachten uns ein zauberhaft liebliches Tal darunter. Aber als man uns ins Elysium wies, da fanden wir's eben gar nicht schön genug für diesen Namen: ein bißchen Bächlein und Büschlein und Weglein und Steglein, hier und da ein philisterhaftes viereckiges Gartenhäuschen – nichts von dem Zaubertal, das wir gesucht. Wir gingen und suchten lange vergeblich, zuletzt legten wir uns ins Gras unter einen blühenden Baum und sahen zum blauen Himmel hinauf ...«

Ausgerechnet die als »gemütvoll« bekannte Ottilie war mit

Blick über die Neckarbrücke
zur Neckarvorstadt
um 1850

dem Idyll nicht zufrieden. Sie kam sich wohl vor wie jene Leute, die auf die klingenden Namen in Reiseprospekten hereingefallen sind. Ein Spießeridyll und nichts weiter war für sie das Käsenbachtal. Bei Auguste aber hatte der kleine Ausflug die Nachwirkung, auf der die Schönheit aller dieser Spaziergänge beruhte: indem man diese Wege immer wieder ging, wurde jeder Schritt vorwärts auch ein Schritt rückwärts in besonnte Vergangenheit. Im übernächsten Sommer schrieb sie: »Gestern habe ich mit den Kindern einen Gang ins Elysium unternommen; es war noch so schön wie dazumal, wo wir es suchten und nicht fanden und endlich doch göttlich schwärmten unter dem Blütenbaum.«

WO ORPLID GEBOREN WARD

Tübingen hat eigentlich nur eine Mörike-Gedenkstätte: das
Evangelische Stift. Aber diese Bildungsstätte muß für so viele
»Stiftsköpfe« bemüht werden, daß sie dem, der auf Mörikes
Spuren wandeln will, als Gedenkort nicht genügen mag. Ob-
gleich Mörike ohne den Bildungsgang der württembergischen
Theologen, den der Aufenthalt im Tübinger Stift krönte,
nicht denkbar wäre. Obgleich ihn die Stifts- und Stuben-
genossen auf seinem ganzen Lebensweg begleiten – bis hin
zum Grab, an dem der Stiftler Friedrich Theodor Vischer eine
Rede hielt. Eine Ansicht des Stifts, von Mörike nach einer
Vorlage gezeichnet, durfte nicht fehlen, als die Städtischen
Sammlungen, zusammen mit dem Universitätsarchiv und
der Universitätsbibliothek im Theodor-Haering-Haus eine
Ausstellung zum 100. Todestag am 4. Juni 1975 zusammen-
stellten.
Aber sonst zeigte sich, wie wenig greifbare »Souvenirs« an
Eduard Mörike in Tübingen sind. Seine Werke in frühen
Ausgaben, Mörikes eigenhändige Eintragungen, Dokumente,
die mit der Verleihung eines Ehrendoktors zusammenhängen. Geschriebenes, das der auf der ganzen Welt greifbaren
Mörike-Literatur – Gegenstand der Forschung in Amerika
ebenso wie in Marbach und in Tübingen – eben nur den Reiz
des Authentischen voraus hat: die Hand des Dichters ruhte
auf diesem Papier. Diese Urkunde hielt Mörike eines Tages,

erstaunt und überglücklich, in seinen Händen . . . Als wichtigstes Blatt vielleicht die Urschrift von Mörikes »Bildern aus Bebenhausen«, seiner letzten Dichtung von hohem Rang – aber Mörike hätte sich diese Ausstellung gerne angesehen, denn er ist immer ein Sammler von Passion gewesen, ein Liebhaber von Andenkenstücken, »die Archivare können noch heute ihre Freude an ihm haben« (Albrecht Goes).

Trotzdem: wer sich genügend Zeit nimmt, kann Mörikes Tübinger Welt kennenlernen. Denn die Städtischen Sammlungen sind geöffnet mit ihren zahlreichen Dokumenten zu Mörikes Freundeskreis. Aber alle diese Dokumente wollen nicht genügen, um dem Anschauungsbedürfnis eines Jubiläums zu genügen. Wenn einer fragt: »Was von Mörikes Dichtung spielt in Tübingen?« dann müßte man antworten: »Der größte Teil.« Oder auch: »Fast nichts.«

Als man in der Literaturgeschichte noch nach solchen Gedenkorten suchte, schrieb Karl Fischer, ein vielgelesener Mörike-Biograph (1901): Der junge Mörike hat »unzweifelhaft die liebliche Natur in Tübingens nächster Umgebung genossen und Tag und Nacht durchschwärmt. Da ging es durch das romantische Tälchens des Käsenbachs, durch das ›Elysium‹ hinauf auf die Heide und dann in die herrlichen Wälder nach Bebenhausen, oder durch das Goldersbach- und Entringer Thal nach Hohen-Entringen, dem hochliegenden Schlosse der Freiherrn von Ow, des Geschlechts, dem der Dichter des armen Heinrich angehört hatte; oder über das Schloß und Schänzle auf stillen, weichen Waldwegen rechts nach Schwärzloch, links auf den Spitzberg, oder noch weiter nach der vielbesungenen Wurmlinger Kapelle, von der der junge Student sich auch eine schmucklose Zeichnung im Sommer 1823 machte, die noch erhalten ist. Ganz besonders aber war es der dicht bei Tübingen gelegene Oesterberg, den Mörike mit Waiblinger und dem durch diesen neu gewonnenen Freund Ludwig Bauer im Sommer zum Mittelpunkte ihrer Schwärmerei gemacht hatte. Bauer, 1803 im fränkischen Oberamt

Oehringen als Pfarrerssohn geboren, war aus dem Seminar Blaubeuren schon 1821 in das Tübinger Stift gekommen. Er hatte in der schwärmerischen Art der Zeit um Mitternacht in einsamem Kreuzgange mit Waiblinger den Bund ›ewiger Freundschaft‹ geschlossen. Er gab sich mit seinem weichen Herzen und seinem offenen, fröhlichen Sinn anfangs ganz Waiblinger hin; nun kam Mörike in den Bund, um gemeinsam mit beiden zu schwärmen, zu lesen, zu dichten. »Da lagern sie«, erzählt J. Klaiber, »im dämmernden Halbdunkel des Waldes auf Moos; auf dem sonnigen Gipfel des Spitzberges bauen sie aus Tannenzweigen eine Robinsonhütte; in Pressels chinesischem Gartenhaus auf dem Österberg durchschwärmten sie den warmen Sommer und schauten zu den vier Läden hinaus in das geheimnisvolle Dunkel der nächtlichen stillen Natur.«

So gesehen ist ganz Tübingen ein Mörike-Gedenkort, und bei einem Dichter des Landschaftlichen müßte es verwundern, wenn es nicht so wäre.

Bebenhausen, das romantische Kloster als Ort eines Idylls, das paßt gut ins Mörike-Bild. Das Tübinger Schloß als Auftrittsort für Geister ebenso. Aber Österberg und Ammertal, sie haben zunächst wenig an sich, was dichterische Phantasie anregen könnte, und trotzdem sind sie geographische Orte für Mörikes größte Dichtung, für »Orplid«, sein utopisches Zauberland, das er als Stiftler zusammen mit seinem Freund Ludwig Amandus Bauer erträumte. David Friedrich Strauß geht in einer literarischen Skizze zum Andenken an Bauer (1847) von diesem »Orplid« aus, um Bauer und Mörike, seine Freunde, zu charakterisieren. Er schildert das Kleeblatt Waiblinger, Bauer und Mörike:

»Ganz anders wirkte Mörike auf uns. War Waiblinger imposant, so erschien Mörike rätselhaft. Er blendete schon deshalb nicht, weil er sich entzog. Von dem geheimnisvollen Brunnenstübchen, von dem am Tage künstlich verdunkelten und kerzenerleuchteten Gartenhause, wo er mit seinen Er-

wählten im Shakespeare lese, oder von Orplid, der Stadt der
Götter, sich unterrede, gingen nur dunkle, wunderliche Sagen im Volke. Nur wurde es einem einmal so gut – das hielt
aber schwer – in seine Nähe zu kommen, und, war er ernst,
von seinem aus innerstem Seelengrunde heraufquellenden
Worte getroffen, oder in heiterer Stunde von seinem unvergleichlichen Talente humoristischer Mimik fortgerissen zu
werden: Man wußte nicht, wie einem geschah; an die Genie-
frage dachte man gar nicht, so wenig als Mörike selbst daran
dachte; das aber wußte man, fast noch ohne seine Gedichte
zu kennen, daß hier ein Dichter sei.«
Aus der Vision Mörikes im Brunnenstübchen entsteht – man
möge dies in den »Gesammelten Werken« von Strauß nach-
lesen – eine Charakteristik Mörikes, die zugleich eine Stel-
lungnahme und ein Definitionsversuch der »Poesie« überhaupt ist.
Außer dem Stübchen, der Laube, ist es der Österberg mit
Quellen und Höhlen, der dieser Traumlandschaft Orplid entspricht. Ludwig Bauer schrieb an Mörike (am 27. Juni 1827):
»Eine Preisfrage gebe ich Dir auf. Besinne Dich doch und be-
rate Dich auch mit denen, die etwas wissen können, an welchem Tage Orplid geboren wurde? Es war, soviel ich weiß,
ein herrlicher Morgen. Du führtest mich an die Quelle, links
von der Reutlinger Straße, dann gingen wir noch eine Weile
im Wald spazieren. Als wir eben von dem Fußwege auf die
Straße kommen wollten, sagte ich: wir wollen mit Zweigen
eine Hütte bauen im Walde, und die sollte vorstellen, wie
sich die Leute eine Stadt bauen; wie möchte sie doch heißen?
›Orplid‹, sagtest Du. Nun stupftest Du mich, ob ich nicht einmal das Herz haben würde, nachts zu Dir zu kommen, und
sprachest auch davon, daß wir dann des Mährlens Klavier
heraustragen und in der Nacht auf freiem Felde darauf spielen wollten. Es schlug 10 Uhr, ich mußte fort, aber vor des
Bengels Kollegium, etwas vor 3 Uhr kamst Du zu mir, wir
schwänzten, und entwarfen so leichthin die Gestalt der Insel,

wie ich sie noch auf dem Papier habe.« Und weiter in einem späteren Brief: »Ja, wenn ich Dich wiedersehe – die hellen Tränen habe ich eben vergossen, als ich alle die Tage durchdachte, . . . wo uns die Sonne Homers leuchtete in der heiligen Frühe auf dem Berge hinter der Ammer, wo Orplid geboren ward, und wir uns freudig wiederfanden in einer neuen Heimat.«

»Orplid« ist in Ludwig Bauers und in Mörikes Dichtung eingegangen. Man möge Mörikes Roman »Maler Nolten« (veröffentlicht 1832) lesen, um es zu finden. Auch Maria Meyer, die Fremdlingin »Peregrina«, die diesen Roman durchzieht, ist in Tübingen aufgetaucht. Und trotzdem »spielt« der Roman nicht in Tübingen.

Andererseits liest man:
»Mörike durchlebte in Tübingen die äußerlich und innerlich ereignisreichsten Jahre seines Lebens. Hier entfaltete sich seine Persönlichkeit zu ihrer vollen Eigenart, hier gingen alle in ihm liegenden poetischen Keime auf, hier wurzelt im Grunde seine gesamte Dichtung. In Tübingen brachte er das ganze Vermögen zusammen, mit dessen Zinsen der Dichter sein Lebenswerk bestritt. Freilich nicht im fieberhaften, übersprudelnden Schaffenstrieb entdeckte sich der Poet; nur langsam und allmählich erwuchsen die Blumen, die sich in einem mehr denn siebzigjährigen Leben zu einem nur kleinen Strauße zusammenfanden, und ›spät erklingt‹ oft erst, ›was früh erklang‹.
Die Masse des schon in Tübingen Ausgeführten ist verhältnismäßig gering. Mörike begnügte sich hier im wesentlichen damit, die Welt im Spiegel seiner Seele aufzufangen; ein geistiger Epikureer, latente Poesie für sich allein auszukosten. Etwa Waiblinger gleich und nach der Art der meisten jungen Poeten ein Werk um das andre auf den Markt zu schleudern, war ihm nicht gegeben. Er hat kaum etwas geschrieben, dessen er sich später hätte schämen müssen. Wohl mag er man-

ches als unreif verworfen haben, dennoch trügt wohl der Eindruck nicht, daß seine reingestimmte Natur, wenn sie mit bewußter Kunst schuf, sich nur in vollwichtigen Dichtungen kundgeben konnte. Die Sehnsucht nach der Druckerschwärze um jeden Preis kannte er nicht, und Jahre vergingen noch, ehe sein Name der Öffentlichkeit bekannt wurde.

Kaum ein Dutzend Gedichte seiner ersten Sammlung sind außer der Peregrina-Reihe während der vier Tübinger Jahre entstanden. Aber ist dieser Liederfrühling auch nicht reich an Masse, so ist er doch reich an Gehalt.« Soweit Mörike und Tübingen in der Sicht von Harry Maync, eines seiner bedeutendsten Biographen.

Mit der Frage, was von Mörikes Dichtung eigentlich in Tübingen »spiele«, haben wir uns auf die Suche nach Handgreiflichkeiten gemacht, wie sie der Dichterkult ab dem vergangenen Jahrhundert liebte, und das Stift als eigentliche Gedenkstätte befunden – eine Gedenkstätte, die gleichzeitig insofern unbefriedigend ist, indem sie vielen großen Schwaben zugehört. Andererseits sind die Ammergefilde und der Österberg, soweit sie noch in ihrem landschaftlichen Charakter erkennbar sind, Mörike-Landschaften. Gerade dadurch, daß sie nichts Gewaltiges, Pittoreskes und Außergewöhnliches an sich haben mußten, um ihn und seine wenigen auserwählten Freunde zu begeistern.

Auch das Schloß Hohentübingen, die erste Station der meisten Stiftler-Spaziergänge, belebte sich erst nach seiner Studienzeit, in der Erinnerung des Vikars, mit den Geistern, die er in einer »Ballade, beim Weine zu singen« beschwor, und an seinen Freund Friedrich Theodor Vischer (damals Repetent im Stift) sandte, und zwar mit der für Mörikes Neckereien typischen Bemerkung: »Bei einem Glas Wein auf der Schloßküferei, sonst nirgends zu öffnen und zu lesen.«

Vischers Antwort, auch sie ein Bekenntnis gemeinsamer »Poetologie«: »Vielen Dank für die Ballade, die mich mit

Einem Schwunge wieder recht in die Eigentümlichkeit Deines Genius versetzt hat. Leider konnte ich sie nicht an Ort und Stelle lesen, denn hier hätte ich jeden Augenblick von Stiftlern gestört werden können; da nun ohnedem die wirkliche Gegenwart des Gegenstands oft weniger poetisch stimmt als die Vergegenwärtigung durch die Phantasie, so wirst Du mir meinen Ungehorsam verzeihen. Das erste Kriterium der Güte hat diese Ballade, daß man sie sogleich innerlich singen muß.« Und Vischer schlug ihm auch gleich eine Melodie vor.

Aber Lohbauers geheimnisvolles Gartenhaus an der Ammer war für Mörike sicher wichtiger als die balladenträchtige Schloßküferei, und weil Tübingen für ihn vor allem Freundes- und Stimmungsort war, gibt es außer dem Stift eigentlich keine Ausflugsstätten des Mörikekults, die nicht – um überhaupt imposant zu sein – Vertrautheit mit seiner Dichtung voraussetzen. Denn dann kann man sich in irgendeinem Garten an der Ammer die Sommerstunden der Freunde in »Lohbauers Laube« vergegenwärtigen. Dann kann man mit Hermann Hesse auf den Österberg steigen, und von der Wielandshöhe, in deren Nähe das Presselsche Gartenhaus stand, auf den Neckar blicken.

Natürlich kam Mörike auch nach seiner Stiftszeit nach Tübingen, um Freunde zu besuchen. Den eifrig mit ihm korrespondierenden Tübingern nicht oft genug. Friedrich Theodor Vischer, der Mörike übrigens schon aus Ludwigsburger Knabenjahren kannte, ließ im Juni 1851 einen der für ihn so typischen Hilferufe aus Tübinger Enge los: »Wenn Dich doch nur auch einmal irgendein Puck hierherschleppte! Denn wer sehnt sich schon nach Tübingen!«

Mörike zum Beispiel: im Sommer 1863. Er wandelte ganz auf den Pfaden der Erinnerung. Auch aufs Schloß stieg er empor, ein Vierteljahrhundert nach seinem Gedicht, das er einst schon in Erinnerung an seine Tübinger Stiftszeit geschrieben hatte. An den Freund Hartlaub schickt er »Anden-

Die Freunde in Lohbauers Gartenlaube.
Liegend: Lohbauer,
stehend: Sigel, mit Hut und Kranz: Mörike,
neben ihm vermutlich Waiblinger,
ganz rechts: E. F. Kauffmann

ken« mit folgenden Zeilen: »Ich ging nach Mittag auf das
Schloß, durch eine Tür der Küferei . . . wo außen ein Schild
zur Kegelbahn weist . . . die alten Tische sind noch da; ich
brach das rote Zweiglein von einer Laube im Andenken an
Dich und an den Platz, wo ich mit Ludwig Bauer nach der
Scheibe schoß! Ein Rausch von Erinnerungen!«
Mörike wohnte damals wie später nicht mehr in der Stadt
selbst, sondern als Gast seines Freundes Karl Wolff in Bebenhausen. Sicher sprach nicht seine bescheidene finanzielle Lage
für diese Ortswahl, denn auch in Tübingen wäre er mit offenen Armen empfangen worden. Aber von diesem Vorposten
aus konnte er die Besuche in Tübingen mit ihrem »Rausch
von Erinnerung«, die sein Gemüt so sehr in Anspruch nahmen, auf Stunden einschränken, um sich dann wieder ins
Bebenhausen-Idyll einzuspinnen.
An seine Frau schrieb er im Oktober 1863: »Ich kann Dir,
Teuerste, ausdrücklich noch bestätigen, daß mir die Tübinger
Tour samt allem, was sich daran knüpfte, vortrefflich wohl
bekommen ist. Über den guten Mayer hat die Clara geschrieben. Ich fand ihn äußerst eingefallen . . . und so ist mirs
ein wahrer Trost und süße Erinnerung, ihn noch besucht zu
haben.
Auf dem Weg zu seinem Hause (vor dem Neckartor) rief
mich jemand vom Fenster aus beim Namen an: als ich mich
umsah – wer wars? Das rotflammende Haupt, Professor Holland . . . Den andern Morgen, zehn Uhr, bei heiterstem Wetter zu Scherzers, um elf Uhr zu Frau Uhland . . . Nun wär ich
gerne noch zu Professor Beck, meinem Compromotionalen,
zu Prälat Roth, meinem alten Lehrer, und zu dem Maler
Leibnitz gegangen, aber ›Alles hat ja sein Maß und Ziel‹,
und ich habe desfalls redlich Deiner Besorgtheit gedacht.«
Der Dichter Karl Mayer, die Witwe Uhlands, der damalige
Musikdirektor Otto Scherzer, der auch Mörike-Kompositionen vertonte, der Maler Leibnitz, der auch in Bebenhausen
malte, vor allem der Germanist und Uhland-Freund Holland:

allein diese Liste läßt ermessen, wie stark Mörike noch mit Tübingen verflochten war. Er durfte auch spüren, wie man sein Werk schätzte, vor allem dadurch, daß man seine Lieder komponierte.

Mörike konnte solche Anerkennung brauchen. Denn die amtliche Laufbahn hatte wenig Erfolg gebracht. Deshalb wurde Tübingen auch für sein bürgerliches Leben so wichtig: 1852 wurde ihm der Ehrendoktor verliehen, und zwar auf Betreiben seines ebenfalls in Ludwigsburg geborenen Jugendfreundes Friedrich Theodor Vischer. Dessen Gesuch zielte zunächst auf Anerkennung von Mörikes »Classischer Blumenlese« (1840), einer Sammlung von Übersetzungen griechischer und römischer Lyrik, als »Doktorarbeit« – dann wegen der finanziellen Lage Mörikes auf den Doktor ehrenhalber, denn der war gebührenfrei.

Das Gesuch und das gerührte Dankschreiben sagen mehr über die soziale Stellung eines Dichters im vergangenen Jahrhundert als manche ausschweifende Schilderung. Vischer schreibt über Mörikes Lage:

»Eure Spectabilität. Von langem körperlichem Leiden seit kurzem befreit, hat sich derselbe in Stuttgart niedergelassen und sucht sein Fortkommen durch Vorlesungen, deren eine – im Katharinen-Institute – ihm amtlich aufgetragen ist, und durch literarische Arbeiten. Als ich ihn in den letzten Ferien besuchte, kam es zur Sprache, daß ihm irgend ein Titel ... erwünscht wäre; es hat in den Verbindungen, in welchen er lebt, doch sein Unbequemes, den Leuten die sichtbare Verlegenheit anzumerken, ob sie ihn mit ›Pfarrer‹ oder ›pensionierter Pfarrer‹ oder gar nicht titulieren sollen. Ich riet ihm, sich um das Doktorat zu bewerben.«

Aus Eduard Mörike wurde so Dr. Mörike. Mancher schwäbische Einzelgänger brauchte einen Titel, um sich dem Bürgertum gegenüber auszuweisen; kaum aus Gründen der gesellschaftlichen Repräsentation, sondern um zu zeigen, daß man kein verbummeltes Genie ist, kein verkrachter Student, sondern das Seinige zum Fortgang des menschlichen Geistes beigetragen hat. Vor allem aber wurde Frau Mörike zu Frau Dr. Mörike. Ihr Mann, der Privatier, bleibt auch mit den Segnungen des Titels ein schwieriger Charakter. In Stuttgart zieht man von Wohnung zu Wohnung, und er widmet sich nach wie vor seinen seelischen »Grillen«, die ihn oft wochenlang krank und arbeitsunfähig machen. Die Freunde legen ihm dies sogleich als Faulheit aus. Vischer berichtet 1869 an Strauß nach Darmstadt: »Frau Dr. Mörike: ›Mein Mann ist gar so aufopfernd. Er opfert sich so für seine Familie auf, er schont sich so für sie.‹«

Die Stuttgarter Damen indessen waren von Dr. Mörike, dem seelenvollen Vortragskünstler, entzückt. Sein Bild sei sogar in Schaufenstern ausgestellt, bemerkt Vischer, der brillante Redner-Konkurrent aus dem Königsbau, der Mörike, den Dichter, nicht immer schätzt. Seine poetische Welt ist ihm zu klein. Als Strauß und Vischer 1867 eine Neuauflage von Mörikes Gedichten diskutieren, bemerkt der Ästhetiker: »Ich weiß, daß dem Dichter das Kleinste in kleinem Kreise genügt, Poesie daraus zu machen; aber die allgemeine Frische der Seele will doch eine Vielheit, der Dichter soll in die Welt. Aber wie soll die Welt sehen und von ihr durchbraust werden, wer sein Bett aufpackt und mitnimmt, wenn er einmal in den Bregenzer Wald reist? – Manches ist sehr schön, namentlich die Disticha auf Bebenhausen; aber Kutter ist doch auch viel aufgelesen.«

Die »Bilder aus Bebenhausen« waren 1863 entstanden. Mörike, dem in der Tat schon die Reise nach Bebenhausen schwerfiel, kam noch einmal im Sommer 1874 in die kleine Welt seiner Tübinger Jugend zurück, und steigert den Ausflug in seiner Phantasie zur Badereise. Doch später mehr über diesen letzten Sommer seines Lebens.

»Mörike durchlebte in Tübingen die äußerlich und innerlich ereignisreichsten Jahre seines Lebens«, schrieb Harry Maync.

In der Tübinger Landschaft haben ihn spätere Geistesverwandte auch wiedergefunden. So der Komponist Hugo Wolf. Er gehört zu den besten musikalischen Deutern von Mörikes Lyrik. Der Freund Otto Scherzer, der Komponist Robert Franz hatte seine Gedichte komponiert, und Mörike-Lieder wurden in württembergischen Pfarrhäusern, Schulhäusern und anderen literarischen Kreisen vorgetragen. Doch Hugo Wolfs Mörike-Lieder sind für die Wirkung des Dichters epochemachend. 1882 hatte er das »Mausefallensprüchlein« komponiert, 1886 das Gedicht »Dir anvertrauet am Altar«; 1888 waren 53 »Gedichte von Eduard Mörike für eine Singstimme und Klavier« erschienen.

Durch die begeisterte Begrüßung dieser Mörike-Lieder in der Münchener »Allgemeinen Zeitung« im Jahre 1890 kam es zum Briefwechsel zwischen Hugo Wolf und Emil Kauffmann, dem Tübinger Universitätsmusikdirektor und Nachfolger von Otto Scherzer. Eine persönliche Bindung Wolfs zum »Tübinger Kreis« sollte daraus entstehen. Hugo Wolf wollte nicht etwa durch die Tübinger Landschaft zu seinen Mörike-Vertonungen inspiriert werden, sondern – als er endlich in die »geistige Heimat« Mörikes kam – suchte er nur friedliche Bestätigung.

Die Ankunft des egozentrischen, unduldsamen Komponisten mag im Hause Emil Kauffmanns, Neckarhalde 60, viel Unruhe gestiftet haben. Seinen Kaltwasserkult hatte Wolf mit den Stiftlern des 19. Jahrhunderts gemeinsam. Doch stieg er nicht – von Mörike angeregt – im Morgenstrahl in den nahen Fluß, sondern er hatte zu seinen kalten Waschungen eigens ein Lederbecken mitgebracht. Aber nicht nur mit den hygienischen Einfachheiten, auch mit den Klavierverhältnissen war er unzufrieden. Er fand das Instrument des Herrn Universitätsmusikdirektors vollkommen unzureichend. Durch ein großherziges Geschenk jedoch – einen prächtigen Bechstein-Flügel – waren auch diese Nöte bis zum dritten Besuch Wolfs

behoben. Nichts stand den Weihestunden eines kleinen Kreises von Musikenthusiasten im Wege.
Doch wichtiger als Musik war dem Gast die Landschaft: Mörikes Landschaft. Mit seinen Gedichten in der Hand wanderte man durch die Umgebung – auf Mörikes Spuren bis
nach Urach.
Nach seinem ersten Aufenthalt in Tübingen sandte Wolf
seine Fotografie an Kauffmann, auf die er die ersten Takte
seiner Vertonung des Gedichts »Auf einer Wanderung« geschrieben hatte:

> »In ein freundlich Städtchen trat ich ein,
> In den Straßen liegt roter Abendschein,
> Aus einem offenen Fenster eben,
> Über den reichsten Blumenflor
> Hinweg, hört man Goldglockentöne schweben . . .«

Die vielflügeligen Fenster, aus denen Hugo Wolfs Klavier-
phantasien ins weite Neckartal hinausschwebten, gibt es nicht
mehr, seitdem das Tunell durch den Österberg gebaut wurde.
Als das großbürgerliche, hoch über der Neckarhalde stehende
Haus verlassen war, das in anderen Orten als dem erinne-
rungsreichen Tübingen sicher in bedeutendem Ruf gestanden
und für erhaltungswürdig erachtet worden wäre, ging ich
durch die großen Räume, durch klassizistische Flügeltüren
hinaus in den steilen Garten, um einen Strauß zu pflücken,
wie er bestimmt auch zu Hugo Wolfs Einzug in dessen Zimmer im zweiten Stock gestellt worden war.
Nicht gerade von Selbstunterschätzung geplagt, äußerte sich
Hugo Wolf bei seinem ersten Aufenthalt ganz frei über die
Mörike-Kompositionen des Vaters seines Gastgebers: Ernst
Friedrich Kauffmann, der mit den jüngeren Vischer, Strauß
und Mörike seit Ludwigsburger Jugendtagen befreundet, mit
einer Tochter von Mörikes Gartenhaus-Gastgeber Lohbauer
verheiratet war, und uns schon in Verbindung mit dem
schwierigen Paar Strauß-Schebest als Heilbronner Lehrer und

Musik-Enthusiast begegnet ist: »Nun ja, das ist auch ein Wind; aber der bläst da unten von der Ecke der Neckarhalde her. Meiner bläst schon mehr durchs Universum.«

Der alte Kauffmann war der Hauskomponist des schwäbischen Dichterkreises, und er steht auf dem Widmungsblatt von Mörikes Novelle »Mozarts Reise nach Prag«. Sicher hat Hugo Wolf (geb. 1860) Eduard Mörike, den beinahe zeitgenössischen Dichter, besser verstanden als Mörike selbst, der vielleicht Kauffmanns Lieder bevorzugt hätte. Wolf hatte Mörikes Freunde, Mörikes Berge und Täler erst nach seiner musikalischen Anverwandlung des Dichters Mörike kennengelernt. Sein Zugriff war universal. Das Universum wehte durch die Neckarhalde.

EIN AUSFLUG NACH BEBENHAUSEN

Im September 1834 war Hoffmann von Fallersleben, der Dichter des Deutschlandlieds, zum erstenmal bei seinem älteren Gesinnungsgenossen Uhland zu Besuch. Er schreibt in sein Tagebuch: »Wir freuten uns über die Fülle des Obstes, das überall an den Bäumen zu beiden Seiten des Weges hing und erreichten unter heiteren und anregenden Gesprächen Tübingen. Im Gasthof fragten wir (d. h. Hoffmann und sein Freund Schmeller, der am anderen Tage weiterreist) gleich nach Uhland, der war, wie wir auch in das Fremdenbuch eintrugen, unser Reisezweck.« Zunächst stand man sich allerdings fremd gegenüber. Hoffmann von Fallersleben hatte sich ein ganz anderes Bild von diesem »Reisezweck« gemacht, und Uhlands erwarteten von ihrem Gast »preußische« Steifheit. Bald aber waren beide Seiten angenehm überrascht. Um dem jungen »Liedermacher« (»Meine Waffe war das Lied«) zu zeigen, daß sein Besuch willkommen war, unternahm das Ehepaar Uhland am folgenden Tag einen »Ausflug zu Wagen« – nach Bebenhausen.

Ganz ähnlich ist es noch heute. Ob Elternbesuch, Austauschschüler, Fachgenossen, Kongreßteilnehmer, Gastprofessoren: ihnen allen zeigt man Bebenhausen. Was in anderen Städten der Zoo oder der Fernsehturm ist, jene nicht zu nahe, nicht zu ferne Örtlichkeit, für alt und jung bequem zu erreichen, das ist in Tübingen das gesetzlich geschützte Örtchen mit

Jagdschloß und Zisterzienserkloster: *der* Ausflugsort schlecht-
hin.
Um dieses Idyll schweben großelterliche Erinnerungen an
Schul-, Konfirmanden- und Gesangvereins-Ausflüge mit
Klosterbesichtigung und Einkehr, und als Höhepunkt das
freundliche Winken der württembergischen Königin von ih-
rem Altan . . . Als sichtbares Zeichen der Huld gab's ein
Schokolädle oder ein Bombole, das dann – zur kostbaren Er-
innerung verklärt – jahrelang nicht gegessen wurde. Mit
Bebenhausen verbinden sich auch heute noch Erinnerungen
an einen Hochzeitstag . . . oder an einen festlichen Empfang
mit Waldhornklang . . . oder an eine Sonntagswanderung im
Schönbuch, der zum Naturpark geadelt wurde . . . oder an
eine Einkehr mit Freunden, an Gespräche bei Reh- und
Hirschbraten.
Wie erreichte man zu Uhlands Tagen den Ort, der außerhalb
der Grenzen eigentlicher Spaziergänge lag?
»Ohne Zweifel der für die Geschichte Tübingens wichtigste,
aber auch durch seine eigene Geschichte und Bedeutung merkwürdigste Ort der Gegend ist Bebenhausen. Der Weg dort-
hin ist entweder die Landstraße nach Stuttgart, wohin man
durch das anmutige Tal nahe am Kloster vorüber fährt, oder
für den Spaziergänger vorzuziehen der Fußweg über Waldhausen. In kleiner Entfernung hinter diesem Hofe zieht er
sich durch einen Wald hinab, aus welchem hervortretend
man in den von waldigen Höhen gebildeten, von Wiesen
umsäumten, vom Goldersbach durchrieselten Talkessel hin-
absieht, in dessen Mitte das alte Kloster mit seinen Neben-
gebäuden liegt.« So schreibt Pfarrer Max Eifert in seiner
1849 erschienenen Beschreibung Tübingens.
Bebenhausen über die Fahrstraße nach Stuttgart zu erreichen,
kann man heute allerdings keinem Fußgänger mehr empfehlen, will er gesund ankommen und dabei nicht durch weg-
lose Wiesen stapfen. Auch der Anmarsch über Waldhausen
hat sich verändert, denn der heutige Wanderführer würde

statt der Höfe von Waldhausen eher das Hochhaus bezeichnen, an das man sich zu halten hat. Doch ist man erst einmal im Wald und tritt dann heraus an des Waldes Saum, dann könnte man die »Ansicht von dem königlichen Jagdschloß und Dorf Bebenhausen bei Tübingen von der Südseite« vor sich legen, die der Königliche Forstkandidat Keckeisen 1828 aufgenommen und gezeichnet hat, und die von ihm gezeichneten und numerierten Baulichkeiten suchen.

Bebenhausen als gepflegtes Idyll, als Ausflugsort mit Klosterführung und Einblicke in königliche Gemächer: das ist keineswegs selbstverständlich. Denn nicht immer wußte man die Architektur der Klosterbauten zu schätzen.

Für König Friedrich, den man den »Dicken« nannte, hatten Klostermauern und Landschaft wenig Reiz. Als er sich – nach der Aufhebung der Klosterschule Bebenhausen – im ehemaligen Abtshaus und jetzigen Forsthaus als Schloßherr einrichtete, sah er dieses nur als Stützpunkt für seine berüchtigten Jagden. Nicht etwa das alte Kloster, sondern ein von Thouret in die Landschaft gezimmerter Dianentempel war der Blickpunkt der großen Festinjagd 1812. Sein Lobredner Friedrich Mathisson – nicht umsonst heiratete er bald darauf in eine berühmte Landschaftsgärtner-Familie ein – entdeckt jedoch das malerische Ensemble, das Kloster und Landschaft bilden: »Der zierlich durchbrochene gothische Kirchturm« ist ihm ein Blickpunkt in dem »romantischen Tale, welches zwischen dem Bergrücken und der Chaussee fortstreicht«, er ist »eine wahrhaft malerische Zierde der herrlichen Landschaft, welche das Bebenhauser Thal mit seinen reichbewaldeten Berglehnen bildet.«

Hier sieht es so aus, als hätten die Mönche – wie Architekten, die auf stimmungsvolle Architektur für englische Gärten sannen – ihr Kloster nach dem Gesichtspunkt des Malerischen ins Tal gestellt und seien nur der romantischen Stimmungsreize wegen herausgezogen (Eifert schreibt von Valentin Andreä, dem evangelischen Abt, daß er »in diesen geheim-

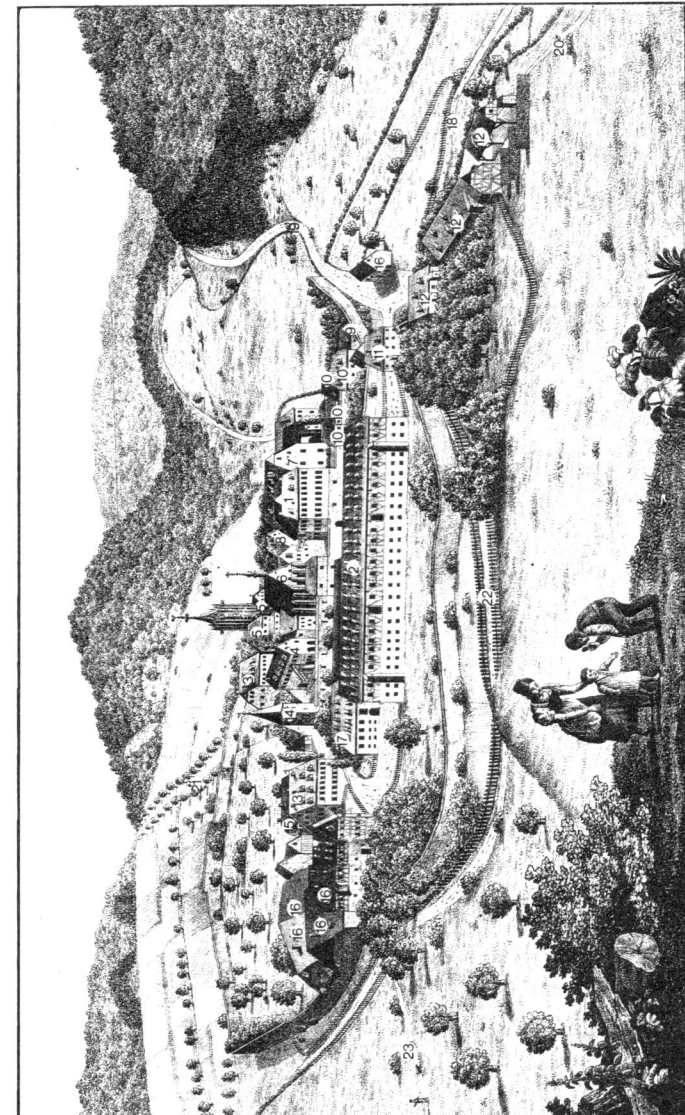

Ansicht von dem Königl: Jagdschloß und Dorf Bebenhausen bei Tübingen
von der Süd-Seite

Erklärung

1. Königliches Schloß und Wohnung des Oberförsters
2. Königl. Jagdzeughaus
3. Wohnung des Königlichen Revierförsters
4. ehemalige Wohnung des Königl. Forstwarths u. künftige Försterwohnung
5. größere Bau-Kirche
6. früheres Collegiengebäude zur Klosterwirt
7. der sogen. neue Bau- oder Fruchtkasten
8. ehemalige Wohnungen der Studirenden
9. der ecg: Bergbau, ehemalige Wohnung der Professoren, zum Stein-reiche Land-gebäude
10. Mühlen und Pflasterey Gebäude
11. Gasthof zum Hirsch
12. Liegnitz Gebäude

der Zahlen

13. Ehemaliges Forsthaus, junge Wohnung des Schultheißen
14. Eingang des Forstorts
15. Gasthaus zum Waldhorn
16. Privat Wohnungen
17. Ehemaliges Klösterliner Jagdzeughaus
18. Straße nach Lustnau u. Tübingen
19. ──── auf den Einsiedel
20. ──── nach Waldhausen
21. ──── nach Röblingen und Stuttgart
22. ──── mein Entringen
23. Lustnaujahm

Das Kloster Bebenhausen, »aufgenommen und gezeichnet
von J. B. Keckeisen, Forstcandidat, 1828.« (siehe auch hinterer Vorsatz)

nisvollen Talgründen und Waldschluchten mit Muße seiner phantasievollen Mystik nachgehen« konnte).

Zum Malerisch-Romantischen kam noch der Reiz, daß sich hier nicht nur »Kunst und Natur« (so ist das erste Gedicht von Mörikes »Bildern aus Bebenhausen« überschrieben), sondern auch im Kloster-Kunstwerk selbst Kunstgebilde von verschiedenen Meistern aus verschiedenen Zeiten so selbstverständlich verbinden, als seien sie organisch »gewachsen«.

Hierzu aus der Einleitung von Herbert Grafs noch »schüchternem« (so Leins 1877) und sich entschuldigenden Versuch, das Kloster in Wort und Bild zu würdigen:

»Nicht um der, in der neuesten Zeit sogar zur Mode gewordenen, Liebhaberei für mittelalterlichen Baustil zu dienen, wurde die Herausgabe dieser Zeichnungen unternommen, sondern um für unbefangene Freunde wahrer Kunst, die in allen Zeiten und unter verschiedenstem Gewande immer dieselbe ist, ein wenig bekanntes Denkmal darzustellen, das bei kleiner Ausdehnung und verhältnismäßig geringem Aufwande der Ausführung eben so anziehende als belehrende Beispiele sinnreicher Konstruktionen, malerischer Gruppierungen und wahrhaft geschmackvoller und erfindungsreicher Ausschmückung in sich vereint. Obgleich im Laufe mehrerer Jahrhunderte erbaut, und, wie viele ähnliche Bauwerke, nicht aus einem ursprünglichen Bauplane hervorgegangen, gestalten sich diese Klostergebäude zu einem Ganzen, dessen verschiedene Teile ein lobenswertes Anschließen der späteren Künstler an die Arbeiten ihrer Vorgänger beurkunden.«

Nicht nur Kunst als Natur, sondern auch Kunst mit Natur wurde an Bebenhausen gerühmt: von der Pflanzenornamentik auf Fußböden, an Decken und Wänden bis zu der sinn-

Blick durch das Maßwerk
des Kreuzgangs auf Gärtchen
und Turm
(Heinrich Graf, 1828)

H. Graf

fälligen Verbindung, die im Rankenwerk von Efeu und Schöllkraut, aber auch im malerischen Durchblick durch Bäume und Hecken gegeben ist.

Zu Grafs romantisierender, doch noch nicht stimmungsverwischter Auffassung paßt auch die Erklärung, die er dem abgebildeten Blick durch das Maßwerk des Kreuzgangs auf Gärtchen und Turm beigibt: »Die Zeit hat das Anmutige dieses Bildes durch die Abwechslung der Farben erhöht. Über dem schwärzlichen mit Moos und Efeu bewachsenen Gemäuer des Kreuzganges erhebt sich der gelblichte Giebel der Kirche, und der hellgraue Turm, dessen Pyramiden und durchbrochene Ornamente sich zart in den blauen Himmel zeichnen. Der schönste Effekt ist in der Morgenbeleuchtung.«

Unter Friedrichs Nachfolger, König Wilhelm, begann zwar die Restaurierung des Klosters. Doch Gotik und Mittelalter waren nicht im Mittelpunkt seiner Interessen. Der Jagd zog er die Pferdezucht vor; dem Kloster seinen »Rosenstein« und die »Wilhelma« mit ihren maurischen Bädern; den verblaßten Fresken lebensvolle Statuen – vor allem weiblichen Geschlechts. Eifert berichtet, daß nach den »großartigen, üppigen, beim Volke noch jetzt verrufenen Jagdfesten« und ihrem »Halloh«, daß Bebenhausen unter König Wilhelm »als Sitz eines Forstamts und eines damit verbundenen Revieramts doch seine einsame Stille wiederfand, aus der erst seit wenigen Jahren die Erbauung der Stuttgarter Straße es aufs Neue geweckt hat«.

Sehen wir uns zur »Verkehrslage« noch einmal den Stich von Keckeisen an, der 1828, im gleichen Jahr also wie Grafs »Aufnahmen«, entstanden ist. Damals war Bebenhausen gerade zur bürgerlichen Gemeinde geworden, während früher nur königliche Beamte ansässig waren. Daher ist vieles »ehe«- oder »dermalig«. Das heißt, das Kloster ist noch nicht zum späteren Jagdschloß ausgebaut, sondern ganz so, wie es die Schüler (bzw. Studenten) des ehemaligen evangelischen Seminars (»Kloster« genannt), zu denen auch Schelling gehörte, verlassen haben. Was als »Schloß« benannt wird, ist nur der hohe Bau des heutigen Forstamts. Vorläufig hatte sich sogar eine Lederfabrik in den verlassenen Mauern niedergelassen. Das »Waldhorn« war noch nicht an der Straße nach Stuttgart, weil es die Straße nach Stuttgart an dieser Stelle noch nicht gab, und so weiter. Forst und Jagd herrschen vor. Selbst der Schreibturm, vor dem die beiden schönen Linden stehen (heute eine mächtige und eine Nachwuchs-Linde), und der von einem Kruzifix verschönt wird, figuriert hier einfach als »Forstgefängnis«. Keckeisen dürfte an ihm sein besonderes Interesse gehabt haben, denn er war ein Spezialist des Forststrafrechts.

Im Vordergrund hat er sich übrigens bemüht, mit dem Fingerhut eine Spezialität der Schönbuch-Flora festzuhalten. Nebenbei – als Staffage – eine biedermeierliche Kleinfamilie: Vater möchte die noch unsicheren Schritte des oder der Kleinen durch einen buntschillernden Schmetterling beflügeln. Und all dies, um dem ziemlich nüchtern aufgefaßten Ortsbild nach Art der Vedutenmalerei etwas Tiefe und Leben zu verleihen.

Noch in der Mitte des vorigen Jahrhunderts war es sehr still im Ort; es »lag das alte Zisterzienserkloster in äußerster Verwahrlosung. Seine Hallen waren als Dreschtennen verpachtet, das Winterrefektorium diente als Zimmerplatz, und wenn die Zimmergesellen Feierabend machten; hieben sie die Äxte in die Säulen, daß sie über Nacht aufgehoben wären.« Dr. Heinrich Leibnitz, der beliebte Tübinger Maler und Kunsthistoriker (er durfte auch Ottilie Wildermuth unter seine Hörerinnen zählen) schreibt 1855 in einer Reihe über die Kunst des Mittelalters in Schwaben: »Die Haupträume der alten Abtei stehen leer und werden in jenem lobenswerten Sinne erhalten, der den ehrwürdigen Rost des Altertums zu achten weiß und nur das Wankende stützt oder das gänzlich Zerfallende ersetzt.«

Mit König Karl hatte diese »Ruinenpoesie« ein Ende. Wäh-

rend das »Jagdschloß« für Friedrich eher eine Art königliche
Jagdhütte mit Hundelege und anderen der Jagd dienlichen
Einrichtungen war, wurde Bebenhausen für Karl eher zum
Schloß für Aufenthalte nach Jägerart. »Wer aber heute« –
so konnte der Stuttgarter Finanzrat, Konservator und Schriftsteller Eduard Paulus 1886 jubeln – »durch die Forste des
Schönbuchs dem einstigen Kloster zuwandert, findet die so
lang öde gestandenen Räume durch die Huld eines hochherzigen und kunstsinnigen Königs in erneuter Schönheit, erfüllt mit kostbaren Kleinoden der Kunst und umgeben von
sorgfältig gepflegten Baumwegen und Gärten, durch deren
grünende Wipfel die ernsten und zarten Formen der zusammengedrängten Gebäude malerisch hindurchschauen ... In
diesen Anblick versunken, wird der Wanderer auch dankbar
gedenken jenes fernen längst erloschenen Pfalzgrafen-
geschlechtes, dessen frommer Sinn in den kampfbewegten
Zeiten des Mittelalters hier dem Geiste der Entsagung eine
sichere Heimat, sich selbst die letzte Ruhestätte bestellt hat.«
Die Huld, von der Eduard Paulus schreibt, sie hat nicht nur
in Bebenhausens Mauern gewaltet; sie lag über der ganzen
Gegend, die sie mit Olga-Hain und Karls-Bänken verschö-
nerte. Und auch dort wird der Wanderer an das alte Tübinger
Pfalzgrafengeschlecht denken, weil er in der Schule Ludwig
Uhlands Gedicht vom »letzten Pfalzgrafen« gelernt hat.
Denn dieses Gedicht von 1847 (und somit ein Nachzügler
von Uhlands Lyrik) begründete die Bebenhausen-Romantik
im Sinne der zweiten Jahrhunderthälfte, wie etwa »Droben
stehet die Kapelle« das kleine Kirchlein erst mit seinem Nim-
bus umgab.

>>Der letzte Pfalzgraf

Ich, Pfalzgraf Götz von Tübingen,
Verkaufe Burg und Stadt
Mit Leuten, Gülten, Feld und Wald:
Der Schulden bin ich satt.

Zwei Rechte nur verkauf' ich nicht,
Zwei Rechte gut und alt:
Im Kloster eins, mit schmuckem Turm,
Und eins im grünen Wald.

Am Kloster schenkten wir uns arm
Und bauten uns zu Grund:
Dafür der Abt mir füttern muß
Den Habicht und den Hund.

Im Schönbuch um das Kloster her,
Da hab' ich das Gejaid:
Behalt' ich das, so ist mir nicht
Um all mein andres leid.

Und hört ihr Mönchlein eines Tags
Nicht mehr mein Jägerhorn,
Dann zieht das Glöcklein, sucht mich auf!
Ich lieg' am schatt'gen Born.

Begrabt mich unter breiter Eich,
Im grünen Vogelsang
Und lest mir eine Jägermess',
Die dauert nicht zu lang'.«

Das ist ein Gedicht ganz im Sinne gemütvoll-bürgerlicher
Romantik. Die »Gülten«, das »Gejaid«, der »Born«, diese
Ausdrücke versetzen sogleich in die Welt des Mittelalters; der
»grüne Wald«, der »schmucke Turm«, die »breite Eich'«, das
sind Volksliedtöne und Sachverhalte, die jedem Ausflügler,
der in Bebenhausen einkehrt, einleuchten müssen.
»Ich, Pfalzgraf Götz von Tübingen«, beginnt Uhland: das ist
zugleich Urkundensprache und Ausdruck pfalzgräflichen
Selbstbewußtseins des wilden Jägers. Doch – harte Schale,
weicher Kern – der Pfalzgraf denkt nicht nur an sich, sondern
auch an Gott, seinen Herrgott, der ihm im Walde erscheint,
und an Gottes Diener, die ihm, dem rauhen Waidmann, vor-

kommen wie Riesenspielzeug: daher »Mönchlein«, »Glöcklein«.

Beim letzten Willen des Pfalzgrafs setzt sich Uhland ganz über das Historische hinweg, und der Graf wird zu einem Jagdherrn des 19. Jahrhunderts, dem das Herz weich wird. Eine »Jägermess'« in freier Natur wäre im frühen Mittelalter undenkbar gewesen (und sie ist ebenso Gefühlsreligion, wie sie Uhlands »Schäfers Sonntagslied« kennzeichnet) – undenkbar in einer Zeit, wo alles auf den geweihten Ort ankam.

Die Klosterromantik war eine eigene Abteilung innerhalb der romantischen Vorstellungen des vergangenen Jahrhunderts: gerne schmunzelte man über diese geistlichen Herren, den Bruder Kellermeister, das Mönchlein, und dies besonders in evangelischen Gegenden, wo es an anschaulichen Beispielen des Klosterlebens fehlte. Gutes Essen, edler Wein gehörten ebenso fest zum Bilde wie stilles Gelehrtentum in der Klosterbibliothek (und dies alles natürlich nicht zu Unrecht).

Daher findet sich auch in der »Musenstadt Tübingen« (1904), dem Werk, das als Geschenkband für Stiftungsfeste und als Tübingen-Souvenir vorzüglich geeignet war, eine recht effektvolle Gegenüberstellung von aktivem Leben und passiver Meditation, frei nach Uhlands Motiven: »Welch merkwürdiger Wandel in den Jahrhunderten der Geschichte: einst erschallte hell das Hifthorn von Hohentübingen herab, und im stillen Hause des heiligen Bebo schrieben die Mönche ihre gelehrten Folianten. Heute werden zu Hunderttausenden die Bände der Gelehrsamkeit im Rittersaal des alten Schlosses aufgehäuft und aus der alten Klause am Goldersbach zieht der königliche Jagdzug aus zu frohem Gejaid. Die Rollen sind vertauscht, aber die Stiftung der alten Pfalzgrafen kommt in unseren Tagen neu zu Ehren; sie wird ein Lieblingssitz erlauchter Gäste, nicht um sich hier zu vergraben vor der Welt, sondern um am Jungbrunnen der Natur Herz und Sinn neu zu erfrischen.«

Wie desillusionierend dagegen die neue amtliche Kreisbe-
schreibung, die vermeldet: »Eine Schilderung des spätmittel-
alterlichen geistigen Lebens (in Bebenhausen) muß der wei-
teren Forschung vorbehalten bleiben. Aus dem Kloster sind
keine bedeutenden Werke religiöser oder wissenschaftlicher
Art bekannt.«

Man könnte die Fäden weiterspinnen: die Gelehrsamkeit ist
schon längst wieder aus dem Rittersaal ausgezogen (1816
wurde die Bibliothek aufs Schloß verlegt), und auch die Klostermauern stehen leer . . . Solche Klosterromantik war indessen nur denkbar durch den königlichen Herrn, König
Karl, der Bebenhausen zu seinem Landsitz machte.

Dabei kam ihm nicht von allen Seiten Begeisterung entgegen.
Nicht allen Tübingern war es angenehm, den König so nahe
zu wissen, und erst recht nicht dem Herrn Forstrat von Bebenhausen, Fr. August (von) Tscherning. Er hatte beileibe
nichts vor dem allerhöchsten Auge zu verbergen. Doch fürchtete er jeden Umtrieb in seinen Revieren.

Einerseits fanden es die Freunde des Klosters schön, daß sich
der König dafür interessierte und die Renovierung zügig vor-
angehen konnte; andererseits fürchtete man den Trubel sonn-
tagsjägerlicher Jagdgesellschaften und das Unverständnis für
die Erhaltung des kunstgeschichtlich Bedeutenden, und
schließlich, daß die Vorliebe für die »Eremitage« im Goldersbachtal nur eine königliche Laune sein könnte.

Der Forstrat, beratend tätig bei den Erneuerungsarbeiten,
war etwas in Verlegenheit, wie er den Landsitz seiner Majestät bezeichnen sollte, und beriet sich darüber schriftlich mit
seinem Freund, dem Orientalisten und Direktor der Tübinger Universitätsbibliothek Rudolf (von) Roth. Wie wäre es
mit »secessus«, erkundigt sich der Bebenhäuser Humanist
(der seine humanistischen Kenntnisse dem Unterricht bei seinem Großvater, dem Heilbronner Gymnasialrektor, ver-
dankte) beim Herrn über hunderttausende von »Bänden der
Gelehrsamkeit«, und dieser antwortet, »secessus« bezeichne

»bei Sueton die Villen und andere sommerliche Aufenthalte des Kaisers; und paßt besonders zu dem zurückgezogenen Bebenhausen.«

So schrieb denn der Maler als Krönung des Restaurierungswerkes eines Tages in derselben Schrift, welche die Spruchbänder der doctores und philosophi zeigen: »Refecit adornavit Carolus Rex placidi huius secessus cultor.« In Deutsch, für den einfacheren Wandersmann und die hohen Frauen: »Hergestellt und verschönert durch König Karl, den Freund dieses friedlichen Landaufenthaltes.«

Die Altertums-Freunde Roth und Tscherning beobachteten den König anfänglich nicht ohne Skepsis, ob er die Einsamkeit des Landlebens überhaupt ertrage. Der Oberbibliothekar berichtet etwa ins Forsthaus nach Bebenhausen von einem rauschenden königlichen Festdiner in Stuttgart und der unmittelbar anschließenden Reise des Königs, und schließt: »Ich hoffe, daß ihm der secessus um so mehr einleuchtet.« Die Beobachtungen der bürgerlichen Gelehrten sind dabei natürlich von Vorurteilen gegen den Adel und das Höfische bestimmt und treffen weniger König Karl als seinen Stand: »Es freut mich zu hören«, schreibt Roth an seinen Bebenhäuser Beobachter, »daß Seine Majestät das Bedürfnis hat und es überhaupt erträgt, allein zu sein. Die eigentlichen Leerköpfe höherer Regionen können das gar nicht.«

Mit Karl zog die altdeutsche Nostalgie der Gründerzeit in Bebenhausen ein. Er träumte sich ins Butzenscheiben-Idyll zurück und setzte seine Vision sogleich in Wirklichkeit um: 1869 läßt er das Standbild des Grafen Eberhard im Bart in die Brunnenkapelle stellen: »Herrlich nimmt sich die wohlgelungene, von Bildhauer Wagner in Stuttgart in Lebensgröße ausgeführte Statue aus und dient zugleich als würdiger Schmuck der wie zur Aufnahme eines Standbilds geschaffenen Kapelle.« So feiert der Lehrer Hermann Frölich in seinem 1873 erschienenen Klosterführer (»Das Kloster Bebenhausen, nach seiner Vergangenheit und Gegenwart geschildert«)

Die Klosterkirche Bebenhausen
(Heinrich Graf, 1828)

eine der charakteristischen, bis dahin ausgeführten »Verschönerungen«.

Folgen wir seiner Führung durch einige der Gemächer, um einen Eindruck von dem zu bekommen, was man damals schätzte: »Der Vorliebe Seiner Majestät des Königs Karl für altertümliche Baudenkmale ist es nun zunächst zu verdanken, daß die alten Klosterräume nicht zu modernen Wohnungen umgeschaffen, sondern vielmehr im Sinne ihrer früheren Bestimmung restauriert wurden. Wer daher heutigen Tages sich in jenen Räumen bewegt, wird sich unwillkürlich um mehrere Jahrhunderte zurückversetzt glauben.« »Die Räumlichkeiten des Herrenbaus, welche schon in der Klosterzeit zur Aufnahme ausgezeichneter Gäste bestimmt waren, hatte sich der König besonders für seine Zwecke auserlesen und diese Räume sind es auch, welche durch ihre Schönheit für die Besucher des Klosters am meisten Interesse haben.«

Hier nur einige Details unserer Schloßführung: »Die Böden in den königlichen Gemächern, sowie im Rittersaale sind Parquetböden der einfachsten Art, ohne alle Einlage aus farbigen Hölzern. Teppiche sind, außer einigen Angorafellen, keine vorhanden, nur größere Bettvorlagen, welche jedoch moderner Natur sind. Erwähnenswert ist ein schönes Seehundsfell, das der König von der deutschen Nordpolexpedition zum Geschenk erhalten hat, und das sich im Salon der Königin befindet.«

Folgen wir der Führung weiter in den Rittersaal. Dort sind die »nicht vertäferten Wandflächen mit Trophäen aus alten, größtenteils sehr kostbaren Waffen und Jagdgeräten aller Art geziert, abwechselnd mit Hirschköpfen mit kolossalen Geweihen und mächtigen Eberköpfen. Als besonderer Schmuck ist hier noch der herrliche vergoldete Kronleuchter und eine auf dem Wandgetäfel und auf dem Büffet des Saales aufgestellte Sammlung alter, sehr kostbarer Majolikageschirre und silberner Trinkbecher der alten Ritter zu erwähnen.«

Sozusagen wieder im Freien angekommen, meint der Führer Hermann Frölich: »Wir haben nun unsere Wanderung durch die alten und neuen Klosterräumlichkeiten Bebenhausens vollendet, und in der Tat, dieselben haben sowohl für die Kunst-, als auch für die Altertumsfreunde viel Schönes und Interessantes aufzuweisen. Namentlich können wir es uns nicht versagen, der Bauleitung unsere verehrende Anerkennung zu zollen, daß sie bemüht gewesen war, die Restaurationen usw. derart durchzuführen, daß von der Ursprünglichkeit des Altertümlichen soviel wie möglich erhalten blieb oder wieder hergestellt wurde. Wir sprechen deshalb auch hier den Wunsch aus, daß von dieser kunstverständigen und umsichtigen Bauleitung nach und nach das ganze Kloster restauriert werden möge.«

So geschah es auch. Im Sommerrefektorium, der »Perle« des Klosters, wurde »durch königliche Munifizenz ein herrlicher Mosaikfußboden gelegt, eine Holztäfelung zieht sich über einer Estrade an den Wänden den ganzen Umfang entlang her, und prächtige Verglasung nach stilgerechten Teppichmustern füllt die stattlichen Fenster«. 1877, zum 400jährigen Jubiläum der Universität war fast alles fertig, und der König konnte 800 Gäste in sein Jagdschloß laden. Karl Gerok, der Prälat und Dichter der Palmblätter, hub an:

> »In den alten Klosterhallen
> Welch' ein fröhlicher Konvent?
> Gläser klingen, Lieder schallen
> Hell durch Kreuzgang und Dorment.
>
> Es sind keine Kirchenpsalmen,
> Ist kein frommer Mönchsgesang,
> Wie es einst dem Graf im Barte
> Zum Willkomm entgegenklang . . .
>
> Fröhlich schäumen alte Becher
> Köstlich schmeckt der Klosterschmaus.

Lustig lachen alle Zecher
Tun als wären sie zuhaus.

Und der blaue Sommerhimmel
Und der goldne Sonnenschein
Blickt durch bunte Fensterrosen
Wundermild aufs Fest herein.«

Dieses Gedicht, das der Prälat beim »Königsfest in Bebenhausen« am 10. August 1877 vortrug – ein schwacher Ab-
glanz von Uhlands Lyrik mit der wörtlichen Reminiszenz
»wundermild« – habe ich übrigens einem Notizbüchlein von
Forstrat F. A. Tscherning entnommen, ein sonst beileibe sehr
unpoetisches, unpersönliches Bändchen, das mit einigen anderen, randvoll mit winziger lateinischer Schrift beschrieben,
in der Tübinger Universitätsbibliothek aufbewahrt wird. In
diesen Notizbüchern, zu denen noch Bändchen mit Aufschrif-
ten über den Schönbuch kommen, findet sich jeder Schluß-
stein, jede Inschrift, jede Urkunde und alles, was nur irgend
eine Beziehung zu Bebenhausen und seinen Äbten hatte. Ferner alle Flurnamen seines Reviers, mit Erklärungsversuchen.
Das eigentliche Jagdliche (wie etwa »kapitalen Bock geschos-
sen«) fehlt, denn Tscherning war kein begeisterter Jäger und
empfand den Hofjagdbetrieb mehr als Störung. Sicher sind
Tschernings Niederschriften eines der nüchternsten Tagebücher, die je geschrieben wurden. Die »persönlichsten« Eintragungen sind Fahrten wie »Tübingen–Niederau« (sehr
häufig, da Tscherning ja auch für den Bau der Weilerburg –
beziehungsweise dessen Verzögerung – zuständig war) oder
eine Aufstellung, was er in Tübingen einkaufen wollte, und
schließlich auch ein paar Rezepte, so Schlafmittel und Mittel
gegen Korpulenz.

Aber sonst finden sich nur Materialien zur Klostergeschichte,
die Tscherning teilweise im Staatsanzeiger veröffentlichte
und die auch in das Bebenhausen-Buch des Altertumsvereins
eingingen. Seine Verbundenheit mit dem Kloster und seiner

Renovierung ging bis ins Persönlichste: der Architekt, der die Arbeiten leitete (und der auch die Vollendung des Ulmer Münsters verantwortete), August (von) Beyer, wurde sein Schwiegersohn. Damit ist hinlänglich erklärt, warum der nüchterne, verschlossene Tscherning sein Notizbuch öffnete und sich das Gedicht des Prälaten zum Abschreiben geben ließ, in dem das neue Leben in den alten Mauern gefeiert wurde.

Typisch die Zeilen: »Es sind keine Kirchenpsalmen, Ist kein frommer Mönchsgesang . . .« Denn nicht nur die königlichen Bewohner, auch die bürgerlichen Besucher wollten bei der Besichtigung der Klosterräume ins Mittelalter entrückt werden.

Butzenscheiben, Dämmerlicht durch efeuumrankte Fenster und phantasievolle Beschreibung – wie die des Parlatoriums im Führer durch »Tübingen und seine Umgebungen« (1887) – kamen dem Einfühlungs-Bedürfnis entgegen:

»Hinter dem Tor fand sich ein vergittertes Fenster zum Verkehr der Mönche mit den Besuchern. Die anstoßende Halle mit den drei schmalen Fenstern war nämlich der freilich düstere Saal, wo der schweigsame Mönch, der sich im gewöhnlichen Verkehr nur einer Zeichensprache bediente, das Nötigste reden durfte. (Parlatorium.) Ernst! Wir wandeln hinter dem Kapitelsaal. Hören wir nicht aus der Halle dumpfe Töne dringen? Sind's Worte des mahnenden Abtes? sind's Seufzer eines Büßenden? oder wird einem der innen Begrabenen, etwa dem Stifter Pfalzgraf Rudolf zum Gedächtnis, eine Messe gelesen?«

Doch nun genug von Kloster-Romantik, Mittelalter und Poesie, oder Mittelalterpoesie. Der Führer entläßt die Klostergäste ins Freie. Die Pferde sind schon unruhig geworden. Dr. Ludwig Uhland, seine Gattin Emma und ihr norddeutscher Gast Hoffmann von Fallersleben steigen in den Wagen . . . und wir ins Auto, in den Bus. Oder sollten wir den Versprechungen der Gastlichkeit folgen? Aus dem Kloster allerdings sind die Brüder Keller- und Küchenmeister ausgezogen. Auch die Küche des königlichen Jagdschlosses ist verwaist, und nur zu repräsentativen Empfängen öffnet sich gelegentlich – fliegend bewirtschaftet – ein ehedem königlicher Saal. Doch wenn der Ausflug mit Einkehr enden soll, gibt es dazu in umliegenden Gasthäusern Gelegenheit genug.

Ruhebank für Eduard Mörike

Denkzeichen glücklicher Tage

Als Tübinger Stiftler, im Jahr 1825, kam Mörike wohl zum erstenmal ins Goldersbachtal. Also in jener Zeit, in der man die Schönheit des Klosters Bebenhausen wieder schätzen lernte. Heinrich Grafs Stichwerk wurde 1828 gedruckt. Der abgeschiedene Ort war dem Dichter unvergeßlich, und daher willigte der schwierig-schwerfällige Poet ein, als sich ihm 1863 die Möglichkeit bot, einen Sommeraufenthalt in Bebenhausen zu verbringen. Wir sind ihm in den Straßen Tübingens begegnet, als er sich für Stunden dem »Rausch von Erinnerungen« aussetzte, um sich bald wieder »klösterlich« abzukapseln.

Bei diesem Sommeraufenthalt entstanden die »Bilder aus Bebenhausen«, seine »letzte Dichtung von hohem Rang« (Herbert Meyer). Es waren die Jahre, in denen man sich darauf beschränkte, das »Wankende zu stützen, und das gänzlich Zerfallende zu ersetzen.« Daher sind seine Klosterspaziergänge Elegien der Vergänglichkeit.

Auf dem Dorment klagt der Dichter:

»Aber auch Alles / fast in Trümmern, und nur seufzend verließ ich den Ort.« Im Sommerefektorium fallen ihm Szenen aus dem Klosterleben ein (»Wenn von der Jagd herkommend als Gast hier spei'ste der Pfalzgraf, / Sah er beim Becher mit Lust über sich sein Paradies«). Für Augenblicke überschneiden sich Gegenwart und Vergangenheit (»Aus dem Leben«), oder

der Dichter verweilt elegisch in der »Brunnen-Capelle am Kreuzgang«: »Hier einst sah man die Scheiben gemalt.« Die Dichtung, die auch ausschweifend nie die Anschauung des Architektonischen und Landschaftlichen verläßt, die im Refektorium und draußen am Brunnen epische Szenen stellt, ist wie geschaffen, die Monumente zum Sprechen zu bringen. Bald gehörten die Distichen zum geläufigen Repertoire der Klosterführer. Das Büchlein über »Tübingen und seine Umgebungen« zitiert Mörike auf Schritt und Tritt. Beim Eintritt ins Sommerrefektorium, der »Perle des Klosters, besonders seit seiner Renovation«: »Sommerlich hell empfängt dich ein Saal.« Ebenso Hermann Frölich, etwa: »Sehr schön sagt Eduard Mörike von dem Kapitelsaal«... Im Dorment, dem Schlafsaal der Mönche: »Hören wir, wie Eduard Mörike sich darüber äußert«... Auch die Brunnenkapelle bekommt durch seine Verse zusätzliche Poesie. Mörikes wehmütige Ruinenspaziergänge ließen die »Wiedererwecker« ihr teils wie von Makart dekoriertes traulich-altdeutsches Kloster-Idyll erst recht genießen.

Noch einmal kam Mörike nach Bebenhausen zurück, 1874, im letzten Sommer seines Lebens. Das Haus, in dem er wie bei seinem ersten Aufenthalt wohnte, steht heute noch, fast wie damals. Auf Keckeisens Ansicht ist es mit Nr. 3, »Wohnung des Revierförsters« bezeichnet. Wenn man von Tübingen kommt, geht man links vom Torturm am Klosterkomplex vorbei, bis zu der Stelle, an der die »Böblinger Straße« (das alte »Böblinger Sträßle«, bei Keckeisen Nr. 28) über dem Friedhof einen Knick macht. Das Haus, das dort steht und in dem einst der Jagdhüter der Klosterwälder saß und neben dem bis 1857 die »Hundelege« stand, hieß das Gasthaus, obwohl niemals ganz geklärt werden konnte, ob es in Klosterzeiten wirklich die Fremdenherberge war. Auf jeden Fall knüpfen sich gerade an dieses Haus die Erinnerungen an den jagdnärrischen Pfalzgrafen: denn dieses Haus soll er sich als »Jagdhütte« ausbedungen haben. Es ist auch das Geburtshaus des berühmten Naturforschers und Tübinger Professors Karl Friedrich Kielmeyer. Ein breites, behagliches Haus; im Stall stehen noch Kühe, und seit 1966 beherbergt es auch die Poststelle von Bebenhausen. Im westlichen Teil ist das Dach ausgebaut, und von einem der Mansardenfensterchen aus schaute Mörike ins Land. Wie er beschrieb, und wie mir auch von einer aus dem Fenster lehnenden Hausbewohnerin bestätigt wurde, hat man von da oben eine prächtige Aussicht bis zur Alb. Durch Erbe war dieses »Gasthaus« an Karl Wolff und seine Frau gekommen, und er ließ seinen Besitz von einer Familie Jaud verwalten. Wolff war nicht nur Mörikes Freund, sondern damals als Rektor des Stuttgarter Katharinenstifts, an dem Mörike Literaturstunden gab, auch sein Vorgesetzter. Bei seinem zweiten Aufenthalt war es an Luise Walther, Wolffs Stieftochter, übergegangen.

Hier (zitiert nach den von Friedrich Seebass herausgegebenen »Unveröffentlichten Briefen«) einige Ausschnitte von Mörikes Briefen aus Bebenhausen. Zunächst die erste Sommerfrische, beginnend mit einem Ende August 1863 entstandenen Brieftagebuch für Mörikes zu Hause gebliebene Frau, der er berichtet, wie es ihm, seiner Schwester Klara und seiner Tochter, dem »Mariele« ergeht:

»Freitag.

Abfahrt vom Tübinger Bahnhof um ein Uhr Nachmittag. Marieles Vergnügen in einer offenen Kutsche zu sitzen. Als wir Lustnau und den dortigen Klosterhof hinter uns hatten, gedachte ich lebhaft meines erstmaligen Besuchs von Bebenhausen im Jahre 1825 von Tübingen aus ... An dem herrlichen Schreibtor vorbei und Halt vor dem Wolffischen Gasthaus! Freundliches Gesicht der Pächtersfrau ... Während ausgepackt wurde, ging ich dem leisen Rauschen eines Brünnleins nach. Einladender Steinsitz am Waschhaus. – An Ludwig

Richter gedacht. – Erste Augen- und Seelenweide am Kloster, der Epheu bewachsenen Ringmauer u.s.w. Endlich die Stiege (in die Gastzimmer) hinauf. Wohltätiger Eindruck der Einfachheit in allen Zimmern, das natürliche Braun des Holzwerks an Türen und Gesimsen; Erinnerung daher an die Pfarrhäuser von Bernhausen und Cleversulzbach bis auf den Geruch hinaus ... Nach drei Uhr ein vortrefflicher Kaffee von Frau Jaud. Dann, ohne gehörige Orientierung, die mancherlei Räume des Klosters durchstreift, und zwar vom Gasttor ausgegangen. ... . Hierauf ein Vorgeschmack der Anmutigkeiten des Gartens. Mariele abends beim Melken im Stall, wo sie gleich ihr Quantum trinkt und sich am Kälblein vergnügt. Später im Zimmer fragt sie mich aber besorgt, ob die Küh die Stieg herauf können? Daß es die Gänse wenigstens probierten, hatte sie gesehen.

Samstag.

Nach Tisch mit Mariele beim Schreibtor; einzig schöne Stellung der beiden Linden zu ihm. Die Skulptur durch das Fernglas betrachtet. Die kindliche Behandlung der Brust am Crucifix – lauter kleine Halbkugeln – bemerkt. Ein Glas Wasser am Brunnen, dann an dem Mühlbach hin zum Ort hinaus und rechts den Hügel aufwärts, um zum Jordan zu kommen, den ich aber verfehlte; wir kamen unterhalb eines Hopfengartens in den Wald und gingen sofort in gleicher Höhe den Feldweg hinter dem Wolffischen Garten zurück. ... . Später im Kreuzgang. Dann auf dem Arietensitz eine saure Milch mit schwarzem Brot genossen, hierauf bis Nacht die nötige Motion (Bewegung) in dem langen Gang vor unserem Schlafzimmer. Dieser Dorment mit seinem Bretterboden ist für mich, zumal bei schlechtem Wetter (was wir indes noch gar nicht hatten) ein unbezahlbar großer Vorteil.
Als wir nachher von der Wohnstube aus den vollen Mond so in aller Stille prächtig hinter dem Wald des Kirnbergs her-

aufsteigen sahen und von der andern Seite wieder die Nacht-
gestalt des Klosterturms betrachteten – das Gilfen eines hung-
rigen Raubvogels, im Gegensatz zu dieser Ruhe, vermehrte
das Gefühl erwünschter Einsamkeit – summierten wir das
ganze Glück so eines Bebenhauser Taglaufs. ... Und jetzt
sind wir auf Wochen so gut wie daheim!

Sonntag.

Nachmittag in den Wald bis zu Wiedmanns Denkmal, das ich
mit der kleinen Marie fand. Wir saßen unter einer Buche und
ließen die Kinder hie und da eine geröstete Mandel finden.

Montag.

Morgens mit einer Cigarre in die Ecke bei der Scheuer, bis
uns die Sonne vertreibt. Mariele spielt mit der schwarzen
Katze im Gras: ›Ein gutmütiges Tier von großer Erfahrung
und Menschenkenntnis‹, wie Clara sagte. Spaziergang ...
Hierauf Verschiedenes in Klunzingers Büchlein und Wolffs
Exzerpten zur Vorbereitung auf einen Besuch im Innern des
Klosters nachgelesen, der aber wegen Abwesenheit des
Schulmeisters wieder verschoben werden mußte. Den Schwä-
bischen Merkur nachgeholt. Im Garten nach Tisch den Am-
moniten auf der Ecke des Mäuerchens ausgereinigt, wozu
Mariele Wasser trägt ... Große Schwüle der Luft; heftiges
Gewitter; wir hörten bei der Bühnensteige unter dem Dach
mit Lust dem Regen zu; zuletzt aber fielen haselnußgroße
Kiesel, und man war um den Jaud und sein Vieh auf dem
Felde besorgt. Nachher, in Folge des Unwetters, schöner An-
blick der weißen Nebel, die sich in langen Schwaden um die
Seegegend herziehn.«

Einen Monat später vermeldet Mörike dem Stuttgarter
Freund die »Kurerfolge«, die ihn sogar zu einer Verlängerung

des Landaufenthaltes bestimmen, und kündet als »Denkzeichen« seine »Bilder aus Bebenhausen« an:
»Wir sitzen eben alle noch warm in unserem unvergleichlichen *refugio monastico* (Klosterrefugium), es schmeckt uns hier noch völlig wie den ersten Tag und Dein freundlicher Brief vom 17., der mich nebst der Beilage außerordentlich freute, er streckt ja unsre Frist aufs Neue mit so herzlichem Zuspruch, daß wir Willens wären, die erste Woche des Oktobers noch zu bleiben ... Der hier gewonnene Nutzen für meine Gesundheit stellte sich inzwischen besonders seit dem regelmäßigen Gebrauch des Dietzenbacher Wassers, das Du mir so dringend empfahlst, immer klarer heraus. Wie vielfach und wie groß ist Deine und Deiner lieben Frau Aufmerksamkeit für uns, bester Wolff!
Ich schicke hiermit eine kleine Reihe neuer Distichen in Verbindung mit den früheren, wodurch nun ungefähr ein Ganzes, als dankbares Denkzeichen meines Bebenhäuser Lebens, hergestellt ist.«

Mörikes Lebensdokumente aus Bebenhausen zeigen ihn ganz als Feriengast, der seine Freizeit als Bürger des 19. Jahrhunderts genießt. Auf das ländliche Idyll reagiert er »sentimentalisch«, wenn er bei seinem Anblick gleich notiert »an Ludwig Richter gedacht«; wenn er in seiner Ferienwohnung den »wohltätigen Eindruck der Einfachheit in allen Zimmern, das natürliche Braun des Holzwerks an Türen und Gesimsen« rühmt – beinahe eine Werbung für »rustikales Wohnen.«
Auch das Aufsuchen eines »Refugiums« gehört zu dieser Haltung, und will das Gleiche bezeichnen wie das Wort »secessus«, das Roth und Tscherning für den Lieblingssitz des Königs wählten. Feinfühlend gaben sie letzterer Wendung nur den Vorrang, weil sie es als Bezeichnung römischer Kaiservillen belegen konnten.
Zu Mörikes Kurprogramm gehörten die drei Milchkühe der

Eduard Mörike
(photographiert von Brandseph
vermutlich 1864)

Pächtersfamilie Jaud ebenso wie das Sauerwasser, das ihm der Stuttgarter Freund empfahl, und ab und zu auch ein Glas Bebenhäuser Wasser, frisch vom Brunnen.

Paul Jaud, der Sohn der Pächtersfamilie, erinnert sich als 83 jähriger im »Schwäbischen Merkur« an die Kurgäste: »Die Herrschaften lebten hauptsächlich von Milch, Butter und Vegetabilien; ihre Ansprüche waren sehr bescheiden. Nur ab und zu sah man die hohen Gäste auf leichten Sohlen durch den Flur wischen und dem nahen Walde zueilen.« Der kleine Paul konnte ja nicht wissen, daß in den Paketen, die von Rektor Wolff aus Stuttgart auf der Poststation ankamen, nicht nur Ferienlektüre, sondern auch ein habhafter Schinken steckte, von dem sich die leichtfüßig dahineilenden Herrschaften ab und zu ein handfestes Stück abschnitten und Mörike in einem nicht in die »Bilder« aufgenommenen Gelegenheitsgedicht ironisch mit den Bade-Wallfahrts-Ideen seiner Zeitgenossen spielt: »Wer da hustet und keucht, bei / Wem kein anderes Mittel / Weiter verfängt, auch kein homöopathisches mehr / Walle nach Bebons Tal und esse westphälischen Schinken / Den ihm die gastlichste Hand segne — er ißt sich gesund.«

Mörike inszeniert einen Kuraufenthalt, und wie es sich gehört, wurde offensichtlich viel von Krankheiten gesprochen, denn sonst könnte er seinem Freund Wolff nicht folgende »Kinderrede« seines Töchterchens Marie berichten: »Papa, gelt, der Unterschied von homöopathisch und den andern Arzneien ist nur wie katholisch und deutsch. Die Mutter ist katholisch und wir sind deutsch!«

Zu Mörikes »Kurmitteln« gehört auch die Klosterromantik. Der lange Gang vor seinem Schlafzimmer wird ihm plötzlich zum klösterlichen Schlafsaal (den er ja nur als langen Gang mit abgetrennten Zellen, also nicht in seiner ursprünglichen Form kennt). Er erscheint ihm zugleich als »Wandelhalle« (eine wichtige Bauaufgabe in den Kurbädern des vergangenen Jahrhunderts).

Auch die Tätigkeiten des Dichters sind neuzeitlich müßiggängerisch. Selbst wenn seine elegischen Distichen die Zeit überdauern, sind sie zunächst nur Blätter für ein Souvenir-Album, »dankbares Denkzeichen meines glücklichen Bebenhäuser Lebens«. Zigarre rauchend, auch einmal »in Pantoffeln«, macht er kleine Spaziergänge, betrachtet dieses und jenes Motiv durchs Fernglas, zeichnet und besichtigt und liest (außer der ausführlicher als gewöhnlich genossenen Zeitungslektüre) die Bücher, zu denen er sonst nicht kommt. Worin besteht der Kurerfolg, den Mörike an sich feststellt? Er macht eine Kur, indem er sich in die Idylle einspinnt – eine Atmosphäre-Kur – oder, um es mit den Worten des Mörike-Forschers Kelletat zu sagen: »Eine wundersame Stimmung umfing den alten Dichter in diesen Tagen, als er von dem schönen Platz Besitz ergriff, an dem sich die edelste Architektur mit einer unsäglich friedlichen und harmonischen Landschaft vereinigt. Er fühlt sich als wie in einer halb durchsichtigen Wolke eingewickelt.«
Zum Bebenhausen-Idyll gehört vor allem der Wald, gehören sanfte Hügel, Brünnlein (Mörike: »Während ausgepackt wurde, ging ich dem leisen Rauschen eines Brünnleins nach«), gehören Bächlein und Vogelgezwitscher, und zu diesen Zügen, die seit der Antike jeden »Lustort« kennzeichnen, kommt als Grundakkord die klösterliche Einsamkeit.
Was trug vor allem zu diesen malerischen Reizen bei, die Mörike in seinem Gedicht »Verzicht« als unbeschreiblich und nicht mit Bleistift und Pinsel zu bannen dann doch beschreibt (ein alter literarischer Trick!): »Hinter den licht durchbrochenen Turm, wer malt mir dieß süße, schimmernde Blau, und wer rundum das warme Gebirg?«
Bebenhausens Stimmungsreize waren Durchblicke, Perspektiven, gebaute und vor allem auch gewachsene Rahmen, »durch deren grünende Wipfel die ernsten und zarten Formen der zusammengedrängten Gebäude malerisch hindurchschauen.« Und zum Bild gehört bei Paulus (1886) als Hintergrunds-

effekt, wie im Gemälde eines Landschaftsmalers, »ein kleiner Streifen der blauen Höhe der Alb«, der »aus der Ferne herein in das schweigende Waldtal sieht«. Und in diesem Rahmen »das ummauerte Klosterdorf, welches seltsam von dem dunklen Grün der benachbarten Höhen absticht« (Frölich, 1873).

Noch mehr literarische Spiegelungen des Bebenhausen-Idylls? Paulus beschreibt den Schönbuch, der »das Kloster Bebenhausen mit einer echten, von der Welt abgeschiedenen Waldlandschaft« umfängt. »Schmale Wege führen an den vollen Bächen, die in kleinen Wasserfällen über Sandsteinbänke rauschen, empor in tiefe Stille, nur durchbrochen von den Stimmen der Waldvögel ... Klimmt man südlich von Bebenhausen auf die Höhe, so verläßt uns bei Waldhausen der Wald und gibt wieder den Anblick der Albkette, des Neckartals und der Stadt Tübingen mit dem alten Pfalzgrafenschloß. Von der sonnigen Heide schaut man entzückt in die Weite der Welt und denkt kaum mehr zurück an das im waldigen Goldersbachtal versteckte Kloster.«

Eduard Paulus rühmt in seinem Bebenhausenband (1886) die schwarz-weiß reproduzierten Aquarelle des Freiherrn Ernst von Hayn (er war der Vorsitzende des Württembergischen Altertumsvereins, in dessen Namen Paulus das Werk herausgab!). Er meint, durch diese Kunstwerke fehle auch »der hohe landschaftliche Reiz, der über dem Kloster, wie auf jenen Aquarellen ausgegossen ist, diesem kunstgeschichtlichen Werke nicht«. Allerdings sind die freiherrlichen Morgen- und Abendstimmungen allerhöchstens ein Hinweis auf das, was man reizvoll fand, und keine auch noch so entfernte Spiegelung.

Noch mehr Nachempfindungen der Waldesstille? Etwa in der Version von Hermann Frölich: »Wohltuend ist in ihm (dem Schönbuch) die Waldesstille, welche nur durch das Rauschen der klaren, in tief eingeschnittenen, einsamen Waldtälern munter dahinfließenden Bäche unterbrochen wird. Seine schattigen Haine sind von einer Menge von Singvögeln belebt, deren schmetternde Lieder vom Morgen bis zum Abend gen Himmel tönen und auch an Wild fehlt es nicht, obgleich dasselbe nicht mehr so stark gehegt wird wie in früheren Zeiten.«

Dazu immer wieder die Ausblicke, die sich dem überraschten Auge des Wanderers auftun, der aus der Stille der Wälder heraustritt und – sei es von Waldhausen her, sei es vom Goldersbachtal aus – das Kloster erblickt.

Wen wundert es, wenn Eduard Mörike, der als Student, dann als Gymnasialprofessor seine Zuflucht im stillen Bebenhäuser Tal gesucht hat, 1874 als kranker Pensionär (wieder mit seiner Schwester) noch einmal gerne in die ländliche Abgeschiedenheit zurückkehrt. Hier einige Briefe von diesem letzten Aufenthalt:

»Bebenhausen, den 9. Juni 1874
Lieber Freund!
Nach Überwindung jenes Dir mitgeteilten Bedenkens gegen einen mehrwöchigen Aufenthalt in Bebenhausen bin ich am letzten Samstag mit Schwester und Tochter hierher gereist ... So säß ich denn zum erstenmale wieder seit elf Jahren hier, im Angesicht des Klosters, dessen schöner Turm mir auf zweihundert Schritte in das Fenster sieht, höre die alten Glocken wieder schlagen, den Guckuckruf vom nahen Buchenwald herüber, und komme eben aus dem Garten, auf dessen oberster Terrasse ein langer schmaler Weg an einem niedern Mäuerchen hingeht, das seiner ganzen Länge nach mit Pfingstnelken bewachsen ist, welche die frische Morgenluft durchwürzen.

Es ist halt einzig hier! die gute Walther hat uns herbegleitet, um unsere kleine Einrichtung zu machen. Wir haben zwei größere Zimmer und einige kleine zur Disposition. Alles höchst ländlich: die Wände nur geweißt, die Türen und Gesimse natürlich-braunes Holz, altväterliche Meubles aus der Kielmeyerschen Familie, ein ganz erträgliches Clavier von Kulmbach ... In Tübingen lasse ich mich vorerst gar nicht sehen, wünsche auch keine Besuche für den Anfang von dort, zumal da ich etwas zu arbeiten hoffe. Gegen den Schluß meines hiesigen Aufenthalts will ich ganz wenige Leute, namentlich den Musikdirektor Scherzer und die Kurzischen aufsuchen ... Die schönsten Grüße von uns Allen.

Dein alter Mörike«

Ein späterer Brief berichtet an die Hausbesitzerin Luise Walther, die den Mörikes einen Besuch abgestattet hatte (ihren Abschiedsspaziergang können wir auf Keckeisens Stich nachspazieren):
»Gestern gingen wir den abhängigen Weg, auf welchem Klara von Dir Abschied nahm und Deine flüchtigen Füße zu bewundern hatte. Wir spazierten eine Strecke auf der Chaussee gegen Böblingen zu, wo wir lang mit Vergnügen dem mannigfaltigen Gesang eines im nahen Tannenwald versteckten Vogels zuhörten, der mir immer sehr merkwürdig war. In Ochsenwang heißt er der Siebensprachenvogel ... Ich hätte gern gewußt, wie man den Vogel, dessen wahrer Name mir unbekannt ist, hier herum nennt ...«
Im Juli 1874: »Wir sind halb im Himmel hier – (halb aber ist für einen Erdenmenschen ja wahrscheinlich mehr als genug). ... Heut früh beim Aufstehn nahm ich ein Fußbad, ein großer Krug mit kaltem Wasser stand dabei; den stieß ich glücklich um und trat zum Überfluß in meiner Verzweiflung mit den frischen Strümpfen in die breite Lache. Mag dies das größte Unglück sein, das mir hier widerfährt!
Lebt wohl, und seid vergnügt wie wir!

Euer getreuer Mörike

Nachschrift: Bis jetzt bekam ich hier noch keinen gebildeten Menschen zu sehn als den Pfarrer Pressel von Lustnau, der gestern früh ganz unerwartet bei mir eintrat. Woher er von meiner Anwesenheit hörte, vergaß ich zu fragen und kann mir's nicht denken. Er ist Schriftsteller, Verfasser eines urchristlichen Romans, an welchem er zuweilen hier in einer Ecke des Klosters arbeitet. Ich mußte ihm versprechen, etwa an einem Sonntag Nachmittag ihn zu besuchen und die von seinem Bruder Gustav in Berlin componierten Lieder aus meiner Sammlung am Clavier zu hören, die sehr schön sein sollen. Übrigens weiß er, daß ich keinen Umgang hier suche und wird mich sicherlich nicht viel in Anspruch nehmen. Er hat mir wirklich wohl gefallen.«

Der letzte Brief geht wieder auf die kleinen Begebenheiten im Bebenhäuser Tageslauf ein, wobei sich auch hier der Dichter als Kurgast stilisiert, der seiner »Kurordnung« folgt:

»Und übrigens geht es bei uns in aller Ordnung zu. Soeben machte ich einen vertraulichen Abendbesuch in Pantoffeln bei Rieckerts, und nachmittags verrichtete ich meine Sonntagsandacht nach der Weise Sr. Majestät des Königs, der, wie mir der Schulmeister sagt, sich öfters von ihm auf der Orgel in der Schule spielen läßt und dabei in dem Kreuzgang oder auf dem Dorment spazieren geht. Ich sah zum erstenmal die schöne Restauration des Letzteren und einige Gemächer.«

Dann kommt die Abreise nach Stuttgart, und Mörike denkt wehmütig an die schönen Tage. Er berichtet den Freunden, die sich indessen auf ihrem Landsitz erholten:

»So säßen wir denn wieder hier in unserem schwüligen Talkessel! Wir finden alle, daß uns die dortige Luft sehr gut getan hat.« Am 7. August schreibt er in seliger Erinnerung einen Nach-Ferien-Brief, und bedankt sich für alle Teilnahme, für Grüße, Briefe und den Scherenschnitt (»Ausschnitt«), den die Adressatin, Luise Walther, von ihm fertigte. »Ich war nicht ganz wohl, die Schwüle meines Zimmers greift mir entschieden die Nerven an, und das wirkt schlecht auf meine ganze Stimmung . . .

Was Du von Herrn Revierförster und seinem Interesse für

meine Gedichte schreibst, hat mich gar sehr gefreut . . . Emp-
fiehl mich doch Herrn Pfarrer Pressel zum schönsten und sag
ihm meinen besten Dank für seine freundliche Teilnahme.
Schade, daß ich seine Bekanntschaft so spät, und die des
Herrn Forstrats gar nicht machte.
Vielen Dank für den nachträglich übersandten Ausschnitt,
der äußerst ähnlich ist . . . Lebt wohl und seid vergnügt!

Dein Eduard«

Ob sich der Herr Forstrat – also F. A. Tscherning – über Mörikes Bekanntschaft gefreut hätte? Wie aus seinem Notizbuch
hervorgeht, war er gerade auf einer Reise in die Schweiz:
»1. 7. Abreise Lustnau; 11. 7. am Rheinfall. Unterwegs
Herr X. Ein Rindvieh mit kahlem Haupt und weißer Kra-
watte« . . . Zumindest an Mörikes »Entdeckungen« wie jener, die er mit seiner Schwester beim ersten Sommeraufenthalt gemacht hat – nämlich eine Wandkritzelei ihres Groß-
vaters, der Klosterschüler war, in der Brunnenkapelle –
hätte sich der aufs »Wesentliche« ausgerichtete Tscherning
sicherlich wenig erfreut.
Und Gott sei Dank lernte Mörike den Herrn Pfarrer Pressel
nur als »Mensch« und nicht als Schriftsteller kennen. Denn
weder sein frommer Briefroman »Priscilla an Sabina«, noch
sein späterer »Romanzenkranz« über Bebenhausen (mit der
Legende vom Klostergründer Bebo und vielen Genreszenen
aus dem Mönchsleben, ein typisches Erzeugnis jener grün-
derzeitlichen Klosterromantik) hätten Mörike gefallen können. Ob ihn, den Hochmusikalischen, die Kompositionen von
Gustav Pressel erfreut haben, oder ob er sie – um nicht durch
die Kritik, die er auch an anderen Komponisten seiner Lieder
übte, zu verletzen – lieber gar nicht gehört hat?
In den elf Jahren zwischen Mörikes erstem und zweitem
Sommeraufenthalt hatte sich in Bebenhausen viel verändert.
Vom verschlafenen Idyll war es Neben-Residenz geworden.
War es beim ersten Aufenthalt noch schwer, ins Innere der

Baulichkeiten zu gelangen, konnte er jetzt sonntags im Kloster wandeln, ganz wie S. Majestät. Übrigens ahmt Mörike bei der Beschreibung dieser »Sonntagsandacht« seinen offenbar wie Uhlands »Letzter Pfalzgraf« empfindenden König schalkhaft nach. König Karl huldigte also auch jener in Kunst, Wald und Wiesen schweifenden Religiosität, die sich lieber vom Orgelschalle ins Weite und Unbestimmte forttragen läßt, als am Gemeindegottesdienst teilzunehmen. Fausts Glaubensbekenntnis, verbürgerlicht. Sie fanden den »lieben Gott« in seinen Werken – eine ganz andere Haltung als die empfindsame Naturschwärmerei jener Jünglinge um Hölderlin, denen Wiesen, Wälder, Flüsse und Quellen göttlich beseelt waren. Mörike, mit hohem Hut und geschultertem Regenschirm, zelebriert die religiöse Stimmung eines Jahrhunderts, von dessen Natur- und Kunstgenuß uns die Bebenhausen-Besucher jener Tage vieles vermittelten.

Der alte Mörike hatte sich trotz seines Wunsches nach größter Zurückgezogenheit doch zwei Besuche in Tübingen vorgenommen. Von den Freunden, die er 1863 noch im Städtchen wußte, lebten viele nicht mehr. Bei Musikdirektor Scherzer und bei den »Kurzischen«, den Hinterbliebenen des 1873 verstorbenen Dichters Hermann Kurz, wollte er seine Aufwartung machen. Doch sie kamen ihm möglicherweise zuvor. Isolde Kurz, die Mörike im Winter 1873/74 in Stuttgart kennengelernt hatte und ihm dabei gleich angesehen haben möchte, »daß er nur in der ländlichen Idylle, nicht in der modernen Welt des Dampfes heimisch war«, berichtet über diesen Besuch:

»Nur einmal sollte ich noch das Glück haben, Mörike wiederzusehen, als er sich im Sommer 1874 mit seiner Schwester Klärchen zum letzten Mal in seinem frühgeliebten Bebenhausen aufhielt, dessen romantische Lage und edler Klosterbau es ihm angetan haben. Ich besuchte ihn mit meiner Mutter von dem nahen Tübingen aus. Er war jenes Tages in der besten Laune, mitteilsam und voll schalkhaften Humors, der in vielfarbigen Lichtern spielte.«

Isolde Kurz erzählt nun eine der »drolligen Geschichten«, die der Dichter zur Unterhaltung der Gäste erzählte, und fährt fort:

»Während wir so im Grünen auf Bänken und Stühlen um einen verwitterten Holztisch saßen, und ich mir die Physiognomie des Dichters beim Sprechen betrachtete, kam über mich die wunderliche, aber unabweisliche Vorstellung, daß dieser große Kopf eines schwäbischen Landpfarrers mit den etwas schlaffen Zügen und den stehenden grämlichen Falten nur eine scherzhafte oder schützende Maske sei, unter der jeden Augenblick ein feiner jugendlicher Griechenkopf oder ein lächelnder Ariel zum Vorschein kommen könnte. Die beiden alten Geschwister begleiteten uns auf dem Rückweg ein Stück weit durch Wiesen und Wald. Schwester Klärchen, die auf dem schmalen Fußweg mit meiner Mutter voranging, erzählte ihr, während Mörike und ich unter anderen Gesprächen folgten, von geheimnisvollen jenseitigen Manifestationen, woran beide Geschwister glaubten; soll ja sogar bei Mörikes Brautwahl die Mystik eine Rolle gespielt haben. Indes mochte doch die Schwester diese Dinge buchstäblicher nehmen als der Dichter selbst, denn wenn Mörike geheimnisvolle Töne anschlug, so gingen sie aus dem Feierlichen leicht ins Spielende über, und man fühlte, daß er selbst die Grenze nicht festhielt. Beim Abschied wurde mit den Geschwistern ein Wiedersehen verabredet, aber übers Jahr um die gleiche Zeit, als ich mit meiner Mutter und einer Freundin von einer mehrtägigen Schwarzwaldwanderung zurückkam, empfing uns auf der Schwelle des Hauses die Nachricht vom Tode Mörikes.«

EIN NACHWORT DES SPAZIERGÄNGERS

Ich nehme an, ich sei auf einem Spaziergang und stünde auf
dem Österberg, feierabendlich. An seinem nördlichen, in me-
lancholische Ammergefilde übergehenden Hang bezog ich im
ersten Semester ein Zimmer und kam seitdem nie mehr ganz
von diesem bescheidenen Hügel los. Wenn ich hinter dem
Haus durch wilde Brombeerhecken auf die Wiese komme, bin
ich bald an jener Stelle, von der aus die biedermeierliche Gesellschaft des Schutzumschlags das Städtchen betrachtet.
Ich weiß nicht, ob diese Spaziergänge ohne die Vogelschau
vom Österberg entstanden wären. Der äußere Anlaß war die
nicht ungewöhnliche journalistische Aufgabe, zu Ostern 1972
etwas dem Feste und dem Frühjahr im allgemeinen An-
gemessenes zu schreiben, und da das Aufsatzthema so gestellt war, ging ich – nicht eben originell – von Fausts Osterspaziergang aus. So kam der erste »Spaziergang« ins »Schwäbische Tagblatt«. An ein Buch war zunächst wirklich nicht gedacht. Nur der Wunsch einiger Liebhaber konnte mich dazu
bringen, diese von Jahreszeit zu Jahreszeit, von Anlaß zu
Anlaß und von Entdeckung zu Entdeckung (übrigens mit
wachsender Begeisterung) fortgeschriebenen »Spaziergänge«,
ergänzend und kürzend, zu einem Buch zusammenzufassen.
Manches ist schon oft geschildert worden und gehörte trotzdem in diese Spaziergänge. Am Hölderlinturm etwa kann
man nicht vorübergehen, obwohl die Dokumente von Höl-

derlins Leben längst veröffentlicht sind. Auch wiederholt sich manches, wie es bei täglichen Spaziergängen zu sein pflegt. Doch es ließ sich nicht verwischen, daß diese »Spaziergänge« einzeln und über lange Zeit erschienen sind. Sicher fehlt auch vieles: weder Geographisches noch Literarisches strebt Vollständigkeit und Systematik an. Die »Spaziergänge« waren natürlich auch nicht als wissenschaftliches Quellenwerk gedacht. Daher sind die Zitate meist neuer Schreibung angepaßt; daher sind die Übersetzungen frei und die Quellen oft nur beiläufig nachgewiesen. Bibliographie, Anmerkungen und Register wären dem Spaziergänger wie eine übertriebene Wanderausrüstung erschienen. Das heißt natürlich nicht, daß flüchtig und ohne Sorgfalt zusammengeschrieben wurde.

Der Blick ins Tal erinnert auch an Dankbarkeit in alle Richtungen. Dankbarkeit für die Benutzung einer Gelehrtenbibliothek im eigenen Hause; Dankbarkeit für die vielen freundlichen Helfer in der Universitätsbibliothek: vom Bibliographiensaal, der Handschriftenabteilung, der Ausleihe, dem Archiv, bis zur Lesesaalaufsicht, die nachsichtig lächelte, wenn ich fünf Minuten vor Torschluß noch in die württembergische Ecke des Lesesaals stürzte, um etwas nachzuschlagen; Dankbarkeit gegenüber den Städtischen Sammlungen und für die Hilfe freundlicher Buchhändler und Antiquare; Dankbarkeit schließlich für die vielen Hinweise der freundlichen Leserschaft und für alle, die vor mir über Tübingen geschrieben haben. Dankbarkeit auch für die Kollegen vom »Schwäbischen Tagblatt«, die zur Fortsetzung drängten und ausschweifende Landschaftspoesie auf Samstags-Zeitungsformat einstrichen. Dankbarkeit für den unvergeßlichen E. M., den freilich etwa an David Friedrich Strauß mehr der Linkshegelianer als der Liebhaber des Minele aus der Neckargasse interessierte. Trotzdem: wenn wir vom Hölderlin, vom Uhland und vom Mörike sprachen, war die Distanz eines Jahrhunderts aufgehoben und ich meinte, er sei ihnen soeben begegnet. Als »gemeinsame Bekannte« kamen sie auch mir noch näher.

So müßte – im Sinne des 19. Jahrhunderts gesprochen – an jedem »Spaziergang«, den ich vom Österberg aus sehe, ein Denkmal der Dankbarkeit stehen. Letztlich ist es auch Dankbarkeit dafür, daß das vielgeschmähte und vielgerühmte »Dorf Tübingen« auch in unserem Jahrhundert noch grüne Wiesen hat, auf denen – ein paar Schritte von der Universität – Schafherden weiden. Vor allem aber gibt es dort Mitbürger, die den Traum vom idyllischen Musensitz ohne fortschrittsfeindliche Schwärmerei mitträumen, wie einst die Verteidiger der Pappeln an der Rottenburger Chaussee, und damit sogar in Tagesentscheidungen hineinwirken. Diesen Spaziergängern sei das Buch gewidmet.

Im Mai 1977   Martin Kazmaier

Der Verlag dankt der Stadtverwaltung Tübingen, den Städtischen Sammlungen im Theodor-Haering-Haus Tübingen, der Universitätsbibliothek Tübingen, dem Bildarchiv der Stadt Tübingen, dem Landesmusikarchiv Tübingen, der Landesbibliothek Stuttgart, sowie der Familie Bernd Autenrieth, Stuttgart, für die bereitwillige Überlassung des Bildmaterials.

BILDNACHWEIS

Karte auf dem vorderen Vorsatz:
»Charte der Gegend von Tübingen, entworfen und gezeichnet von H. E. von Hoff, 1822«, entnommen der »Beschreibung und Geschichte der Stadt und Universität Tübingen«, herausgegeben von Dr. H. F. Eisenbach, verlegt bei C. F. Osiander, Tübingen
Universitätsbibliothek Tübingen, L XV, 7

Stich auf dem hinteren Vorsatz:
»Ansicht vom Königlichen Jagdschloß und Dorf Bebenhausen bei Tübingen von der Südseite«, aufgenommen und gezeichnet von J. B. Keckeisen, Forstcandidat, 1828
Universitätsbibliothek Tübingen, L XV, V/5

Aufgenommen u. gezeichnet von I.B. Keckeisen Forstcandidat 1828